Claus Beckenbach

Der Herr Verleger aus Heidelberg
Aufstieg und krimineller
Niedergang einer Tageszeitung und des Zeitungsverlegers
Willi Jennewein,
Despot und Menschenverächter

Gesamtherstellung: WAP Waldkirch Produktion GmbH, Mannheim
Satz & Gestaltung: Verena Kessel

ISBN 978-3-927455-78-8

Verlag Waldkirch KG
Schützenstraße 18
68259 Mannheim
Telefon 0621-79 70 65
Fax 0621-79 50 25
E-Mail: verlag@waldkirch.de
www.verlag-waldkirch.de

© Verlag Waldkirch Mannheim, 2010
Alle Rechte vorbehalten. Nachdruck verboten.
Dieses Werk ist urheberrechtlich geschützt.

Claus Beckenbach

Der Herr Verleger
aus Heidelberg

Aufstieg und krimineller
Niedergang einer Tageszeitung
und des Zeitungsverlegers
Willi Jennewein,
Despot und Menschenverächter

Roman

Verlag Waldkirch

Vorwort des Verfassers

Sie lesen jetzt eine Geschichte über Zeitungen. Zunächst geht es auf den Nachfolgeseiten im Prolog um reale Dinge, genauer, wie sich die Situation des Zeitungswesens im alltäglichen Leben nach dem Zweiten Weltkrieg dargestellt hat. Den jüngeren Leserinnen und Leser unter Ihnen werden manche Dinge fremd erscheinen, was verständlich ist, die meisten von Ihnen waren damals noch gar nicht geboren. Sie waren keine so genannten Kriegskinder und blieben gottlob vom Krieg und seinen schlimmen, manchmal auch nachträglichen Leiden verschont.

Aber es gibt viele Menschen, die eine oder mehrere Personen, seien es Brüder, Väter aber auch Schwestern, in diesem sinnlosen Krieg verloren haben. Viele der Deutschen wussten nicht, welche Grausamkeiten sich an den Fronten abspielten. Woher auch? Das einzige aktuelle Kommunikationsmittel war das Radio. Und das wiederum war Mittel zum Propaganda-Zweck. Die wenigen Zeitungen, die noch Meldungen publizierten, waren meistens von der Herrschermacht sowohl selektiert als auch kontrolliert. Die anderen mussten wegen fehlender Mitarbeiter, die sich im Krieg befanden, ihre Pforten schließen. Wer nicht konform berichtete, der war unweigerlich weg vom Fenster, wie es so schön heißt.

Also, woher Informationen nehmen? Es gab schlicht und einfach keine und wenn, dann waren sie verändert, geschönt, auf jeden Fall aber verlogen.

„Der Wahrheit verpflichtet" ist ein Spruch, den sich jeder ehrenwerte Journalist oder Redakteur zum Grundsatz gemacht hat. Wenn ich schreibe „jeder" dann habe ich das Wörtchen „fast" vergessen. Also fast jeder.

Bei dieser Gelegenheit möchte ich mich für die Sprache in diesem Roman entschuldigen. Die Zeitungssprache ist zwar verständlich, aber trotzdem wird unter Kollegen jeder Couleur eine etwas lockerere, leichtere und vielleicht sogar ein wenig sehr umgangssprachliche Wortwahl verwendet – also bitte, stören Sie sich nicht daran.

Natürlich gibt es auch Journalisten oder Redakteure, die sich auf dem Olymp der künstlerisch-kulturellen Berichterstattung wähnen. Sie haben eine geschliffene, wohlausgewogene Ausdrucksweise, manchmal auch gespickt mit Fremdwörtern – das soll dem Werk eine besondere und wichtige Note geben. Manchmal besteht ein verschachtelter Satz aus fast einer ganzen Buchseite. Nur: Wer mag das lesen? Allzu viele mögen es nicht sein. Es beschränkt sich wohl auf Gleichgesinnte. Wenn man sich allerdings privat mit diesen Menschen unterhält, sprechen sie völlig normal, so wie ich in diesem Buch auch spreche bzw. schreibe.

Warum wird übrigens täglich die Bild-Zeitung in großer Millionenauflage produziert? Angeblich liest sie doch niemand. Diese Frage ist leicht zu beantworten: Es wird präzise und ohne Schnörkeleien berichtet, einfach so, wie der Mehrheit von uns „der Schnabel gewachsen ist". Dieses noch als Ergänzung zum angerissenen Thema Sprache in diesem Roman. Gute Journalisten sollten viele Sprachnuancen beherrschen.

Was den Roman anbelangt: Er zeigt Ihnen, der Leserschaft, wie eine Zeitung produziert wird. Dieses Herstellungsprinzip gilt weltweit, mit kleinen, unwesentlichen Varianten, die meist technischer Art sind. Die Kämpfe um Fusionen und Streitigkeiten um Synergien, Eifersüchteleien, Gebietsbeherrschungen und um große Anzeigenkunden – es gab und gibt sie überall und heute wird mit noch härteren Bandagen gekämpft.

Doch darf man nicht vergessen, dass es Verleger gibt, die nicht nur erstklassige Techniker, Verwalter mit beachtlichem betriebswirtschaftlichem Wissen und brillante Schreiber sind, sondern auch höchst sozial denkende Menschen, die für ihre Mitarbeiter Großartiges leisten oder geleistet haben. Das sind für mich die wahren und glaubhaften Verleger.

Stellvertretend für die eben zuletzt Genannten denke ich an den verstorbenen Senator e. H. Franz Burda, den ich die Ehre und das Vergnügen hatte, persönlich zu kennen.

Mein im Roman beschriebener Verleger Willi Jennewein war allerdings ein Menschenverächter und Heuchler, also das exakte Gegenteil vom Senator, wie er von seinen vielen Mitarbeitern liebevoll und hochachtungsvoll genannt wurde.

Claus Beckenbach

Prolog

Während des Zweiten Weltkrieges – Ende der 30er Jahre bis Mitte der 40er Jahre wurde das Erscheinen vieler Tageszeitungen in Deutschland von den Nationalsozialisten verboten.

Nach dem Ende des unseligen Krieges, Deutschland lag noch in Schutt und Asche, wurden Tageszeitungen in den verschiedenen Bundesländern von den jeweiligen Besatzungsmächten unter ganz bestimmten Bedingungen lizenziert und konnten dann wieder täglich erscheinen und der Öffentlichkeit berichten.

In Baden-Württemberg, Besatzungsmächte waren hier die Amerikaner, bekam 1945 als eine der ersten Zeitungen die Heidelberger „Rhein-Neckar-Zeitung" eine Lizenz zum Erscheinen. 1946 konnte beispielsweise die „Westfälische Rundschau" durch Lizenzvergabe durch die Briten wieder erscheinen und bereits 1948 durften die deutschen Behörden in den jeweiligen Bundesländern, ebenfalls unter strengen politischen und wirtschaftlichen Auflagen, entsprechende Lizenzen zur Herausgabe von Zeitungen und Magazinen an vorhandene und neu gegründete Verlage vergeben.

1948 beispielsweise erhielt Springer die Genehmigung zur Herausgabe des „Hamburger Abendblatt", 1950 folgte die „Hör zu" und 1952 erschien erstmals die „Bild-Zeitung", konzipiert nach dem Vorbild eines englischen

Boulevard-Blattes. Im gleichen Verlag, und zwar 1953, folgten die „Welt" sowie die „Welt am Sonntag".

In den Folgejahren entstanden eine ganze Reihe von Tageszeitungen mit allen möglichen politischen Richtungen – entweder durch Verlagsneugründungen, durch Fusionen diverser Verlage oder durch geänderte Fortsetzung der bereits auf dem Markt vorhandenen Blätter.

Übrigens gab es 2006 in Deutschland 353 Tageszeitungstitel mit einer täglichen Auflage von 21,19 Millionen Exemplaren – davon 334 regionale Blätter mit einer Gesamttagesauflage von 14,85 Millionen Exemplaren. Die Auflagendifferenz bezieht sich auf die Verbreitung der überregionalen im ganzen Bundesgebiet vertriebenen Zeitungen. Bedauerlicherweise reduzieren sich zur Zeit die Auflagenzahlen stetig; im Jahre 2007 fiel die Jahresgesamtauflage um 1,85 Prozent auf 25,9 Milliarden Exemplare. Viele Experten glauben, dass das Internet die Zeitungen ersetzen könne – die Meinungen gehen stark auseinander. Es wird wohl weitere Reduktionen sowohl der Zeitungen selbst und naturgemäß auch der Auflagen geben – aber sterben werden die Zeitungen niemals; die guten überleben ganz sicher.

Noch ein Wort zur Geschichte der Tageszeitung: Die erste Tageszeitung erschien bereits im Juli 1650 in Leipzig. Der Dreißigjährige Krieg war gerade beendet, als der Leipziger Drucker Thimotheus Ritzsch die „Einkommende Zeitung" sechs Mal pro Woche auf den Markt brachte.

Der Vorläufer der Tageszeitung war übrigens die im alten Rom erscheinende „Acta diurna", ein täglich erschienenes Nachrichten-Bulletin.

Bis hierher haben Sie Fakten gelesen, die authentisch sind und nichts Romanhaftes an sich haben. Ab jetzt beginnt der Roman und Sie werden sicher manchmal glauben, dass eine Zeitung auf diese Art und Weise niemals entstehen kann. Täuschen Sie sich nicht! Möglicherweise erkennen die Zeitungsmenschen unter Ihnen typische Verhaltensmuster und ziehen Parallelen zu ihrer Zeitung oder ihrem Verlag: Das wäre aber reiner Zufall.

Intriganten und merkwürdige Vorgesetzte gibt es überall, in allen Berufssparten, nicht nur in Verlagen. Ich weiß aber wohl, dass in den meisten Verlagen rechtschaffene und engagierte Mitarbeitende zum Wohle des Hauses arbeiten. Sie opfern sich auf, manchmal unter Vernachlässigung ihres Privat- und Familienlebens. Noch mehr als in anderen Branchen ist eine Zeitung dem täglichen Termindruck ausgesetzt: Aktualität und deren Umfang lässt sich nicht im Voraus bestimmen. Das ist das Handicap aller Zeitungsmenschen, einschließlich Druckern und Zeitungsträgern.

Bis Mitte der siebziger Jahre des letzten Jahrhunderts hatten einige Glücksritter Zeitungen gegründet, wohl in der Hoffnung, damit schnelles Geld zu verdienen. Aufgrund fehlender journalistischer und kaufmännischer Qualifikation mussten viele ihre Pforten wieder schließen

– so auch die „Heidelberg Post". Sie ging mit großem Getöse und unter Hinterlassung eines riesigen Schuldenberges bankrott. Dieses nahm ein Heidelberger Kohlen- und Heizölhändler namens Willi Jennewein zum Anlass, die bankrotte Zeitung und ihre Überreste mitsamt der Druckerei zu kaufen. Willi Jennewein beschaffte sich das Geld durch den teilweisen Verkauf seiner ererbten Grundstücke und investierte es in den Verlag. Er selbst taufte sein neues Blatt „Heidelberger Zeitung", abgekürzt „HZ", und unter diesem Namen bürgerte sie sich auch bei den Lesern ein. Gründungsdatum war der 1. Juli 1980, gleichzeitig der 60. Geburtstag von Willi Jennewein. Er erzählte gerne von seiner Soldatenzeit im Zweiten Weltkrieg und von seinen Auszeichnungen. Recherchen haben aber ergeben, dass er niemals im Krieg war, sondern die Kriegszeit im Schwarzwald überlebte, wo er sich angeblich als Knecht bei einem Bauern verdingt hatte.

Die HZ stellte im Dezember 2003 mit dem bis heute noch nicht aufgeklärten Tod des Willi Jennewein ihr Erscheinen mangels Masse ein – nach wie vor sind einige Verlage und auch Privatpersonen interessiert an einer Wiederbelebung und Weiterführung dieser Zeitung. Jennewein war vier Mal verheiratet und vier Mal geschieden, hat offiziell zwei uneheliche Kinder, einen Sohn, Hannes und eine Tochter, Eva, die er beide adoptierte und deren Mütter unbekannt sind. Die im Laufe der Jahre von ihm gehamsterten Gelder, es handelte sich um größere Beträge, sind nie wieder aufgetaucht. Er war nicht nur

Kinderhasser sondern auch, trotz seiner angeblich hohen moralisch-christlichen Einstellung, ein bösartiger Menschenverächter - kurzum: Er war weder freundschaftsfähig noch menschlich integer.

Fremdsprachenkenntnisse besaß Willi Jennewein nicht, aber er schmückte seine Gespräche und Reden sehr gerne mit lateinischen Sprüchen und Zitaten. Vermutlich hat er diese nach Bedarf auswendig gelernt.

Zum Andenken an ihn und als Buchzierde werden in diesem Roman lateinische Kapitel-Floskeln eingestreut.

Dieser Roman soll keinesfalls die Zeitungsverleger verunglimpfen – die meisten von ihnen sind ehrenwerte Menschen und oft hochangesehene Mitglieder nicht nur der schreibenden Zunft sondern auch im gesellschaftlichen Leben. Sie fühlen sich der Wahrheit verpflichtet und sie sind sich ihrer Aufgabe, die Öffentlichkeit wahrheitsgemäß zu informieren, voll bewusst.

Orte und Situationen in diesem Roman sind frei erfunden. Vergleiche mit realen Situationen wären reiner Zufall.

Sollten die Leserinnen und Leser Ähnlichkeiten mit lebenden oder verstorbenen Personen feststellen, so wäre dies ebenfalls rein zufällig und vom Autor auf keinen Fall beabsichtigt.

Die Hauptpersonen dieses Romans:

Willi Jennewein
Hauptgesellschafter und Verleger der Heidelberger Zeitung, beherrscht diktatorisch den kompletten Verlag.

Hannes Jennewein
Unehelicher Sohn des Verlegers, technischer Druckereidirektor, Diplom-Kaufmann und gelegentlich für Überraschungen gut.

Eva Jennewein
Uneheliche Tochter des Verlegers, repräsentiert die Zeitung überall, auch redaktionell fit und unternehmerisch denkend. Widmet sich auch gerne ihren Hobbies.

Frieder Mack
Chefredakteur und für den Inhalt der Zeitung (nach jeweiliger Rücksprache mit dem Verleger) verantwortlich.

Werner von Silberburg
Verlagsdirektor, allgemein anerkannt als versierter Fachmann, sehr einflussreich in viele Richtungen, wird vom Verleger geschätzt.

Carl Becker
Geschäftsführer der Zeitung, verheiratet mit Orelia, geborene Forêt-du-Lac, eine Tochter, Krista. Wird vom Verleger in fast alles involviert, mit Werner von Silberburg eng befreundet.

Else Sander
Carl Beckers Sekretärin und Vertraute seit vielen Jahren.

Hedda Mahler
Willi Jenneweins Sekretärin – sie sieht den Verleger nicht als Respektsperson.

Heinrich Wesseling
Buchhalter, für die Finanzen des Verlages zuständig, hört es gerne, wenn er als Finanzminister bezeichnet wird, hat mit dem Verleger sicher gemeinsame Untugenden.

Winfried Roth
Besitzer mehrerer Großdruckereien und Verlage in Süddeutschland, sehr einflussreich, hat Kaufinteresse an Zeitungsverlagen. Mit vielen hochkarätigen Menschen eng befreundet.

Betrachtungen zur Magie des Flusses

Effugit irreparabile tempus
(Unwiederbringlich enteilet die Zeit!)

Heidelberg, Stadt am Fluss. Warum am Fluss? Flüsse haben Namen. Rhein, Mosel, Elbe, Mississippi. Und Flüsse sind oft schicksalsträchtig. Der Fluss, der Heidelberg in zwei Hälften schneidet, heißt Neckar. Die rechte Hälfte von Heidelberg glaubt, sie sei die bessere. Schon wegen Neuenheim, dem Nobelvorort und dem Philosophenweg, aber auch wegen dem Heiligenberg. Die linke Seite glaubt andererseits, sie sei die bessere und auch das hat seine Berechtigung. Immerhin steht dort das weltbekannte Heidelberger Schloss. Und einen Berg hat sie auch: Den Königstuhl mit 568 Metern Höhe. Nicht zu vergessen die weltberühmte Universität – die ist aber, dem Himmel sei es gedankt, auf beiden Seiten des Flusses angesiedelt.

In Wirklichkeit ist doch alles eins: Die Brücken verbinden die Stadt zu einer Einheit.

Der Verlag und die Druckerei der Heidelberger Zeitung haben ihren Standort am Ende der Heidelberger Hauptstraße, fast am Fuße des Heidelberger Schlosses, also auf der linken Seite des Neckars und weit hinter dem Rathaus. Von den Bürofenstern des Verlages sieht man auf den Fluss. Das Büro des Verlegers ist so ausgerichtet, dass er von seinem Schreibtisch aus direkt und durch zwei Fenster auf den Neckar schauen kann.

Sicher bestehen tragische Verbindungen zwischen Jennewein und dem Fluss. Dies ist bei vielen Menschen, die an einem Fluss geboren sind und dort wohnen, der Fall. Meistens fließt er träge und friedlich vor sich hin. Er trägt Lastenschiffe, Personendampfer aber auch Ruderboote und kleine Yachten auf seinem Rücken. Menschen, die am Fluss aufgewachsen sind wissen, dass er meistens friedlich ist.

Fließen steht auch für Zeit, man kann den Fluss auch als eine Zeiteinheit betrachten. Ein kleines Stück Holz schwimmt vorbei, man sieht es ein paar Sekunden, nach weiteren wenigen Sekunden ist es verschwunden: Der Fluss hat uns die Zeit genommen.

Willi Jennewein, der Zeitungsverleger, ist am Fluss aufgewachsen. Carl Becker auch, nur ein paar Kilometer weiter flussabwärts. Beide kennen den Fluss, in guten und in schlechten Tagen. Sie haben im Fluss schwimmen gelernt, sind mit Binsenbündeln flussabwärts und mit den Lastenkähnen wieder flussaufwärts gefahren – obwohl die Schiffsführer geflucht haben. Auch da war der Fluss Zeitmesser: Eine Auf- und eine Abfahrt hat jeweils ungefähr eine und eine halbe Stunde gedauert.

Carl Becker saß an seinem Schreibtisch im Verlagshaus und schaute sinnend auf die braunen Fluten. Momentan war der Fluss böse; die halbe Altstadt war durch das Hochwasser überschwemmt, unter der Alten Brücke konnte man wegen den reißenden Fluten nicht hindurch fahren. Der Fluss führte Treibholz mit, ganze Baumstämme, ein Tisch schwamm vorbei. Manche Menschen nutzten das Hochwasser auch aus, um heimlich ihren alten Kram den Fluten zu übergeben. Der Fluss nimmt mit, was ihm beliebte, manchmal auch Menschen. Sie lassen ihr Leben im Fluss, unfreiwillig oder freiwillig. Menschen, die, wie man landläufig sagt, „in den Neckar gegangen sind", die das Leben nicht länger ertragen konnten, es deshalb dem Fluss überlassen haben.

Sicher blickten noch mehr Augenpaare aus dem Verlagshaus auf den Fluss. Wer dabei welchen Gedanken nachhing, wäre für Carl Becker zwar interessant gewesen; es würde aber wohl nie zu ergründen sein.

Ob Willi Jennewein auch gerade auf den Fluss schaute und vielleicht an frühere Zeiten dachte? Ob er überhaupt etwas dachte, wenn er auf den Fluss schaute? Auch das würde Carl Becker wohl nie erfahren. Wenn er auf den

Fluss schaute, wurde ihm häufig bewusst, dass die Zeit vorbeischwamm. Unwiederbringlich. Und das stimmte Carl Becker bisweilen sehr traurig.

Kapitel 1

Mundus vult decipi, ergo decipiatur
(Die Welt will getäuscht werden, also soll sie getäuscht sein)

Mit ihren drei Rädchen am starren Fahrwerk setzte die alte Cessna 172 quietschend auf der Landebahn des Regionalflughafens Mannheim auf und rollte knatternd Richtung Hangar. ‚Immerhin hat der Verlag der Heidelberger Zeitung eine eigene Garage und ein Flugzeug, so drückte es der Herr Zeitungsverleger Willi Jennewein in seiner manchmal unbegreiflichen humorvollen Art gerne aus. Carl Becker stand am Hangar-Eingang und wartete, bis die Cessna davor eingeparkt hatte. Seit mehr als einer Stunde hatte er hier ausgeharrt. Das übliche Geruchskonglomerat nach Kerosin, verbranntem Gummi und nicht zuletzt der Chemiegestank der BASF, der heute wieder einmal in Schwaden über den Rhein zog, wirkte wenig erheiternd auf Carl Becker. Genauso wenig wie die Ankunft des Verlegers.

Die Tür der Cessna öffnete sich und Willi Jennewein schob sich heraus, in der Hand seinen unvermeidlichen Plastikbeutel; niemand wusste, was außer Geschäftsunterlagen da drin steckte. „Na, auch schon da?", murmelte er mit Leichenbittermiene. „Seit über einer Stunde, Herr Jennewein; wir hatten ja 18 Uhr ausgemacht", entgegnete Becker.

„Stellen Sie sich nicht so an, ich bin Ihr Verleger, Ihr Brötchengeber, ich gehe und komme, wann ich will, merken Sie sich das, sehr geehrter Herr Becker („sehr geehrter' sagte er immer, wenn er schlechte Laune hatte). Und jetzt will ich nach Hause. Wo steht mein Auto?"

„Es war kein Firmenwagen greifbar, ich bin mit meinem Wagen hier."

Mit mürrischem Gesicht, aber ohne Beckers Bemerkung weiter zu kommentieren, stieg Willi Jennewein in das Fahrzeug. „Lassen Sie sich bloß nicht einfallen, Kilometergeld abzurechnen. Offensichtlich werden Sie von mir üppig bezahlt, sonst könnten Sie sich dieses Auto nicht leisten. Und jetzt fahren sie endlich", giftete Jennewein.

„Ist die Sitzung in Baden-Baden gut verlaufen?", fragte Becker, nur um überhaupt etwas zu sagen. Mittlerweile waren sie auf der Autobahn Richtung Heidelberg.

„Lassen Sie mich mit Ihren unsinnigen Fragen in Ruhe. Das Geschwätz in Baden-Baden hätte ich mir sparen können. Sie haben gesagt, dass es wichtig wäre, dabei war es das ganz sicher nicht", keifte Jennewein.

Immerhin war das Thema dieser Tagung die Schaffung von Synergie-Effekten, die sich die einzelnen Verlage in Nordbaden zu Nutze machen wollten. Aber Willi Jennewein hatte bestimmt wieder, wie so oft, nur mit halbem Ohr zugehört.

In Heidelberg angekommen, setzte Becker den Verleger vor seinem Haus ab. Auf das höfliche „gute Nacht, Herr Jennewein", erhielt er keine Antwort.

Um 19.30 Uhr war noch eine Redaktionssitzung angesetzt, an der Carl Becker teilnehmen musste. Becker stellte seinen alten, mit viel Herzblut gepflegten Jaguar XJ 6 auf dem Menglerbau-Parkplatz ab und schlenderte langsam Richtung Hauptstraße, an deren Ende die Gebäude von Verlag und Zeitungsdruckerei lagen. Ein leichter Nieselregen hatte eingesetzt, der Herbst kündigte sich mit einem tristen, kühlen Oktoberabend an.

Das Verlagsgebäude kam in Sicht. Helle Spots beleuchteten die Fassade und spiegelten sich im feuchten glänzenden Grau des Straßenpflasters. Es war der ausdrückliche Wunsch des Verlegers, dass das Verlagshaus nachts „ganz hell sein muss, damit die Leute es sich merken können." Was ihn dazu bewegte, wusste niemand so genau.

Carl Becker war froh, als er den Eingang erreicht hatte. Es regnete mittlerweile stärker, trotzdem war der anheimelnde Geruch der Heidelberger Altstadt unverkennbar - eine Mischung von Tabak und Bier kombiniert mit dem typischen Geruch einer Druckerei nach Papier, Druckfarben und Lösungsmittel. Im Seitenbau war schon Druckbetrieb. Sicherlich war einer der wenigen Fremdaufträge zu produzieren. Auf ausdrücklichen Wunsch des Verlegers wurden derlei Aufträge selten angenommen. „Die sollen ihren Kram irgendwo anders drucken lassen, aber nicht bei uns." Beachtliche Umsätze gingen deshalb leider verloren.

Im Foyer des Verlagshauses, dessen Chrom und Marmor durch die Halogenbeleuchtung strahlte und blitzte, stand Hannes Jennewein, der uneheliche Sohn von Willi Jennewein, seines Zeichens technischer Direktor der Heidelberger Zeitung.

„Aha, der Herr Becker ist auch schon eingetroffen, reichlich spät, nicht wahr?", meinte Hannes Jennewein freundlich und jovial, fast ein bisschen gönnerhaft.

„Ich habe mehr als eine Stunde auf dem Flugplatz auf ihren Vater warten müssen", brummte Becker zurück.

„Sie wissen doch, dass der Alte sich nie an eine Zeit hält. Mich wundert ohnehin, dass er noch nicht vom Himmel gefallen ist, ha ha", freute sich der Junior-Chef.

„Malen sie den Teufel nicht an die Wand. Die Cessna ist nicht mehr die Jüngste und ihr Vater ist auch schon fast 80 Jahre alt", meinte Becker. Er wunderte sich sowieso, dass Willi Jennewein in diesem Alter immer noch seine Pilotenlizenz erneuert bekam.

„Lassen wir's, gehen wir rein, die anderen warten bereits", meinte Hannes Jennewein und eilte mit wichtigen Schritten voraus in den Konferenzraum, der es mit der Empfangshalle eines Fünf-Sterne-Hotels aufnehmen konnte. Die Redaktionskonferenz zu den einzelnen Regionalteilen des Blattes hatte bereits mittags stattgefunden. Zu welchem Zweck zwei Mal wöchentlich abends noch eine zusätzliche Besprechung stattfinden musste, wusste niemand. Das geschah auf ausdrücklichen Wunsch des Verlegers. Und keiner wagte es, sich dem zu widersetzen.

Willi Jennewein war kein Lateiner, schon aufgrund seiner mangelhaften Ausbildung nicht, aber er hatte immer ein paar Sprüche auf Lager – wahrscheinlich hatte er diese auswendig gelernt. *Gens una sumus,* wir sind alle eine Familie. Das war sein Leitmotiv zu den abendlichen unnötigen Gesprächen, an denen er nur selten teilnahm. Weder in Heidelberg noch in der Bundeshauptstadt war etwas Gravierendes passiert. Die übliche Selbstbeweihräucherung der Politiker, das Gemeckere aus München und die Never-Ending-Story Afghanistan und Umgebung beherrschten die Meldungen von dpa und den anderen Presseagenturen.

Derartige Redaktionskonferenzen laufen überall in der Welt nach dem gleichen Schema ab: Ein paar Leute hören sich gerne reden und kommentieren alles, aber auch wirklich alles – obwohl es niemand interessiert. Der Nachteil ist, dass diese Sitzungen meistens endlos dauern, sinnloserweise. Jedenfalls wurde der gesamte Sinn und Unsinn aufbereitet und für die zu druckende Ausgabe produziert. Diese kam, wie üblich, am nächsten Tag pünktlich in die Briefkästen der Leser. Manchmal konnte man es kaum glauben, bei allem Geschwätz und Durcheinander, aber es wurde gedruckt und es klappte. Immer. Oder sagen wir fast immer.

Inzwischen war es schon fast 23 Uhr, die Sitzung hatte sich aufgelöst. Carl Becker verließ das Verlagsgebäude in Richtung Friedrich-Ebert-Anlage. Es hatte aufgehört zu regnen, war aber ziemlich kühl. Irgendwie hing ein merkwürdiger Friedhofsgeruch in der Luft – eine Mischung aus Buxbäumen, Zypressen und feuchter Erde. Der Geruch wehte vom Park an der Kurfürstenanlage herüber. Becker fand ihn widerlich, aber irgendwie passte er zur Laune und dem regnerischen und ereignislosen Abend. Kurz überlegte er, im „Shepard's" noch etwas zu trinken und mit den Anwesenden ein paar Worte zu wechseln - man erfuhr dabei immer irgend etwas Neues – entschloss sich dann aber doch, Richtung Parkplatz Menglerbau zu laufen und nach Hause zu fahren.

Als Becker den Parkplatz überquerte, kam ihm eine Frau entgegen. Sie trug ein auffallendes, türkisfarbenes Kopftuch, unter dem sich blonde lockige Haare hervorzwängten. Eigenartig war, dass das Tuch auch noch einen Teil des Gesichts bedeckte; die Augen aber waren frei und starrten den Vorbeilaufenden intensiv an. Selbst im diffusen Licht der Straßenbeleuchtung fiel Becker der stechende, glitzernde Blick auf. Er drehte sich um und nahm einen hellen, wallenden Mantel und die auf den Rücken fallende blonde Haarmähne wahr. Irgendwie erinnerte ihn diese Person an jemanden. Ein vager Verdacht keimte in ihm auf. Becker schob den Gedanken beiseite.

Am Wagen angekommen, steckte er den Schlüssel ins Schloss, es klackte leise und die Verriegelung löste sich. Becker stieg ein und der typische und von ihm so sehr geliebte Ledergeruch wehte ihm um die Nase. Mit einem satten Brummen erwachten die sechs Zylinder des Jaguars, um ihre Arbeit zu tun. Becker steuerte den Heidelberger Vorort Ziegelhausen an. Dort, direkt am Waldrand lag das kleine, aber sehr gemütlichen Einfamilienhaus, in dem er mit Frau und Tochter lebte.

Becker stellte den Jaguar in der Garage ab und sah, dass im Wohnbereich seines Hauses noch Licht brannte. Er schloss die Haustüre auf und hatte unmittelbar den ganzen Wohnbereich im Blick: Die gesamte untere Etage war als offenes Element so konstruiert, dass Wohn- und Esszimmer fließend, unter Einbeziehung der Küche, ineinander übergingen. Der Fernseher lief vor sich hin, die Tagesschau war zu sehen und Orelia lag, wie so oft, wenn Becker spät nach Hause kam, schlafend auf der Couch. Sie erwachte aber sofort und schaute schlaftrunken zu ihm hin. Das Gefühl, erwartet zu werden, tat Becker immer wieder gut.

„Na du, Carlo, bist du endlich da? Magst noch etwas zu essen? Was gibt es Neues in eurem Laden?" Eigentlich waren es immer die gleichen Begrüßungsfloskeln, sie kannten sich eben gut.

„Ach Orelia, was soll es Neues geben? Es gibt nichts. Der Alte hat mich mal wieder auf dem Flugplatz warten lassen und dumm daher geredet. Sonst nur das Übliche. Und das ist ja eigentlich schon positiv. Und Hunger habe ich auch keinen, du weißt ja, dass ich abnehmen will." Sie tranken noch einen Schluck Rotwein zusammen und gingen zu Bett.

Es war wieder einmal Vollmond und Becker schlief miserabel. Er träumte, dass ihm eine Frau mit einem türkisfarbenen Kopftuch und langen blonden Haaren über den Weg lief. Immer wieder lief sie Becker entgegen und starrte ihn mit schlangenähnlichen, kalten Augen an. Plötzlich verwandelte sie sich in Willi Jennewein. Carl Becker wachte schweißüberströmt auf – jetzt wusste er, weshalb ihm vor ein paar Stunden die Augen dieser Frau so bekannt vorgekommen waren: Sie hatten Ähnlichkeit mit Willi Jenneweins Augen. Aber diesen Gedanken schob Carl Becker schnellstens wieder weg.

Kapitel 2

Nondum omnium dierum solem occidisse
(Es ist noch nicht aller Tage Abend)

Am nächsten Morgen, kaum saß Carl Becker an seinem Schreibtisch, fiel ihm das Erlebnis vom Vorabend wieder ein. Er griff zum Telefon und meldete sich bei seinen alten Freund Werner von Silberburg zum Besuch an. Dieser hatte sein Büro acht Etagen über dem von Becker. Von Silberburg war Verlagsdirektor und wahrscheinlich auch der einzige Mensch im Verlag, der vom Verleger immer höflich und zuvorkommend behandelt wurde. Becker erzählte seinem Freund von der merkwürdigen Begegnung auf dem Parkplatz und auch von seinem nächtlichen Traum.

„Mein lieber Carlo, was erzählst du mir da? Das ist ein alter Hut, allerdings wissen nur ganz wenige Menschen Bescheid: Das war ganz sicher der Alte. Er verkleidet sich und glaubt, dass ihn niemand kennt und auf diese Art und Weise besucht er die Prostituierten in der Stadt – es gibt in Heidelberg schließlich eine große Auswahl von netten Mädchen. Aber vergiss' es gleich wieder", von Silberburg lachte lauthals und freute sich darüber, dass es Becker tatsächlich die Sprache verschlagen hatte.

„Du lieber Himmel, das habe ich wirklich nicht gewusst, das ist ja das Hinterletzte. Dieser Mann hat unglaublich viele Gesichter, ekelhaft", meinte Becker angewidert.

„Du weißt vieles nicht, mein Lieber. Vielleicht ist auf diese Art und Weise der Alte auch zu seinen außerehelichen Kindern gekommen. Einige davon sitzen dem Geizkragen ganz schön auf dem Geldbeutel, lustig, lustig", amüsierte sich von Silberburg.

Die beiden verabredeten sich noch für den frühen Abend zu einem kleinen Arbeitsessen, dann ging Becker zum Fahrstuhl, drückte den Knopf für die erste Etage und fuhr mit dem von allen Seiten mit Spiegeln ausgestatteten Fahrstuhl hinunter. Er öffnete die Bürotür und Else Sander, seine langjährige persönliche Sekretärin, kam ihm entgegen.

„Mensch, Chef, wo waren Sie denn so lange? Der Otto hat schon mehrfach angerufen, er braucht Sie dringend. Soll ich gleich verbinden?"

„Klar Else, was will er denn?"

„Das hat er mir nicht gesagt, er tat mal wieder sehr geheimnisvoll!"

Otto Wolter war Kriminalrat bei der Heidelberger Polizei und mit Carl Becker seit vielen Jahren befreundet.

Das Telefon auf dem Schreibtisch klingelte, Otto Wolter war in der Leitung.

„Hallo Otto, was haben wir denn so Dringendes?"

„Hallo Carlo, ich habe eine schlimme Nacht hinter mir. Frag' mich bloß nicht, ob wir gesoffen haben, das haben wir nämlich nicht".

„Du lieber Himmel, was ist denn passiert?"

„Zwei Mädchen aus der Szene hat es erwischt!"

„Was heißt erwischt? Erzähl' doch mal mehr", meinte Becker.

„Beide wurden erdrosselt aufgefunden, in zwei verschiedenen Wohnungen. Eine Jüngere und eine Ältere. Beide sind uns bekannt, aber es gab nie Unstimmigkeiten. Könnt ihr morgen etwas Größeres veröffentlichen? Bilder vom Tatort, Zeugensuche, du kennst das ja."

„Etwas Größeres? Bei diesem heiklen Thema muss ich mich erst einmal kundig machen, ich rufe dich nachher an", teilte Becker dem Kriminalrat mit.

Solche Dinge durften immer nur mit allergrößter Vorsicht veröffentlicht werden, das war im Hause so üblich. Und in Fällen, die mit Moral zu tun hatten, so drückte es der Verleger jedenfalls aus, da musste er vorher gefragt werden.

Becker griff zum Telefon und wählte die direkte Nummer von Willi Jennewein. Er war sofort am Telefon.

„Was gibt es denn so Dringendes, Herr Becker, weshalb stören sie mich in aller Herrgottsfrühe?" Immerhin war es schon 11.45 Uhr, eigentlich nicht mehr so früh. Für den

Verleger war aber mitunter auch nachmittags um 15 Uhr früh.

„Guten Morgen, Herr Jennewein. Wir sollen für die morgige Ausgabe eine größere Berichterstattung über zwei Morde veröffentlichen. Die Polizei hat darum gebeten. Sie wissen ja, wegen Zeugensuche um diverse aufgetauchte Fragen abzuklären. Die tappen noch völlig im Dunkeln, sind deshalb auf uns als Zeitung angewiesen. Ich schlage eine knappe halbe Seite vor. Wären Sie damit einverstanden?"

Eine ganze Weile kam keine Antwort, der Verleger überlegte anscheinend.

„Nein, ich bin nicht damit einverstanden. Wir sind ja schließlich nicht die Handlanger der Polizei. Warum sollten wir immer den teuren Seitenraum kostenlos zur Verfügung stellen?", keifte der Verleger ins Telefon.

„Wir können den Seitenplatz wohl kaum in Rechnung stellen, Herr Jennewein. Außerdem werden die Kollegen der anderen Blätter, vom Radio und vom Fernsehen sicher alle darüber berichten", erklärte Becker.

„Dann ist es ja gut, dann brauchen wir nichts zu machen. Ein kurzer Hinweis, sagen wir 10 bis 15 Zeilen, dürfte genügen."

„Aber Herr Jennewein, dass ist ja mehr als dürftig, da machen wir uns lächerlich bei so einer Sache, die eine breite Öffentlichkeit interessiert. Alle werden groß berichten und wir nicht, das finde ich nicht gut", wollte Becker die Entscheidung des Verlegers noch korrigieren.

„Kaufen Sie sich ein Hörgerät, Herr Becker. Sie haben mich doch verstanden, oder nicht? Und ob Sie das gut oder schlecht finden, ist mir egal. Ich bin immer noch der Verleger! Und jetzt gehen wir wieder unserer Arbeit nach, sehr geehrter Herr Becker, dafür bezahle ich Sie schließlich!", meinte der Verleger und legte mit einem lauten Knall den Hörer seines Telefons auf seinen alten, vorsintflutlichen Telefonapparat.

Becker hatte es fast geahnt, aber so waren nun einmal die Verhältnisse im Verlagshaus. Anschließend telefonierte Becker noch mit Frieder Mack, dem Chefredakteur. Auch der wusste schon von dem Mordfall.

„Wie viele Seiten wollen Sie über die Morde morgen bringen?" fragte Carl Becker scheinheilig den Chefredakteur. Dieser gab süffisant die Seitenanzahl mit zehn an.

„Ha ha, Sie meinen wohl zehn Zeilen?" fragte Becker.

Immer herrschte eine gewisse Spannung zwischen den beiden, obwohl klar war, dass Becker in seiner Eigenschaft als Geschäftsführer dem Chefredakteur Anweisung erteilen konnte, allerdings nicht in allen Belangen. Da dieses System ungewöhnlich war und in keinem Verlag so gehandhabt wurde, gab es immer wieder Ärger. Beide waren jedoch bemüht, möglichst gut miteinander auszukommen.

„Haben Sie schon mit dem Alten gesprochen?", fragte Mack.

„Ja klar! Gleich nachdem Otto Wolter mich angerufen hatte, habe ich mit dem Verleger gesprochen. Er billigt uns allenfalls 10 bis 15 Zeilen für dieses Dilemma zu".

„Mein Gott, das darf doch nicht wahr sein – es hat aber auch keinen Sinn, ihn nochmals anzugehen, oder?", fragte Mack, „wir sind bei den anderen Blättern mal wieder blamiert hoch drei."

„Sie können ihn gerne anrufen, ich jedenfalls rufe ihn nicht mehr an. Machen Sie eben eine kleine Meldung. Und ich rufe Otto Wolter an und sage ihm das Ergebnis. Er ist ja in solchen Dingen schmerzfrei. Sie wissen, was er sagt: Saftladen!", damit verabschiedete sich Becker von Frieder Mack, der mit einem Stoßseufzer den Hörer auflegte.

Carl Becker rief umgehend Kriminalrat Wolter an und berichtete ihm von dem Gespräch mit dem Verleger. Wie vorauszusehen sagte Wolter nur ein Wort: „Sauladen". Dieses Mal setzte er ein weiteres Wort dazu: „Elender".

Natürlich hatten am nächsten Tag alle Zeitungen, auch die Bild-Zeitung, auf der Seite eins diese tragischen Morde, mit Bildern von den Tatorten und umfangreichem Text. Für die Heidelberger Zeitung war es wirklich blamabel. Im Grunde genommen hätte die HZ den größten Beitrag bringen müssen – immerhin passierte die Tat schließlich im direkten Umfeld der Zeitung. Selbst die Fernsehsender stürzten sich auf dieses Geschehen.

Das Telefon auf Beckers Schreibtisch klingelte, Else Sander flüsterte verschwörerisch: „Ihr Freund ist am Telefon."

„Wer ist am Telefon?" fragte Becker etwas ungehalten.

„Die Buchhalter-Nase", lachte Else. Sie meinte damit Heinrich Wesseling, den für die Finanzen des Verlages zuständigen Mitarbeiter.

Kapitel 3

Nunquam retrorsum, fortes adiuvat fortuna !
(Niemals zurück, dem Tapferen hilft das Glück)

Wenn Heinrich Wesseling anrief, gab es nie etwas Erfreuliches, immer nur Unangenehmes, Ärgerliches und Tristes. Außerdem hatte er eine solch' schneidende und dazu laute Stimme, dass eigentlich niemand gerne mit ihm sprechen wollte, weder am Telefon noch Aug' in Aug'.

Eigenartigerweise war er heute sehr leise und freundlich – Becker hatte ihn so noch selten erlebt.

„Hallo, Herr Becker", Wesseling flüsterte beinahe, „könnten wir uns gleich mal sehen? Es ist sehr dringend."

„Na gut, soll ich hochkommen?", fragte Becker.

„Ja bitte, das wäre sehr nett."

Mein Gott, da musste wirklich etwas Gravierendes passiert sein, wenn Wesseling sich so merkwürdig und kriecherisch verhielt. Ganz entgegen seiner sonstigen nassforschen und frechen Art.

Carl Becker ging durch die Seitentüre in Else Sanders Büro. Sie saß wieder einmal fluchend an ihrem Computer, der einfach das Zahlenwerk, das er hätte ausspucken sollen, nicht hergab. Seit Tagen wollte Becker von ihr die Gesamtumsatzzahlen des letzten Quartals, aber immer wieder blockierte das System die Herausgabe.

„Wir schauen uns das nachher einmal zusammen an, jetzt muss ich hoch zu Wesseling", rief Becker und verschwand im Flur, um zum Lift zu kommen.

Wesseling hatte sein Büro exakt unter dem von Werner von Silberburg, also in der siebten Etage. Im Fahrstuhl stank es grauenhaft nach einem billigen Parfüm – dann bevorzugte er doch den heimeligen Geruch, der in den Druckereien weltweit der gleiche ist: Druckfarbe, Papier und Lösungsmittel. Den liebte Carl Becker.

Oben angekommen, schritt Becker eilends über den Flur zum Büro von Heinrich Wesseling. Nach kurzem Anklopfen ertönte die beinahe säuselnde Stimme von Wesseling: „Ja bitte, kommen Sie herein!"

Wesseling saß, oder besser hing an seinem Schreibtisch. Er wirkte, als ob er die ganze Nacht durchgezecht hätte. Da er aber aus religiöser Überzeugung überhaupt nichts trank, musste der Grund für sein Aussehen ein anderer sein.

„Grüß' Gott, Herr Wesseling", polterte Carl Becker bewusst laut und forsch.

„Ja, ja, auch", entgegnete Wesseling schwach.

„Was ist denn passiert, sie klangen am Telefon so merkwürdig?"

„Wenn ich ihnen das erzähle, dann wird es ihnen schlecht", wisperte Wesseling.

„Also, ich höre", meinte Becker, strammer als er eigentlich wollte.

„Stellen sie sich vor, uns fehlen 5,4 Millionen, sie sind einfach weg, spurlos verschwunden, buchhalterisch, kassenmäßig, weg, einfach weg, fort!"

„Erzählen sie doch keinen Unsinn, Geld kann ja schließlich nicht einfach verschwinden, es muss schließlich irgendwo sein, so ein Betrag geht doch nicht einfach verloren oder löst sich in Luft auf", jetzt war es Becker auch etwas komisch zumute.

„Ja eben, das weiß ich ja auch", jammerte Wesseling mit weinerlicher Stimme, „aber ich kann mir das alles noch nicht vorstellen, kann es nicht begreifen. Wenn der Verleger das erfährt, der bringt mich um."

„Jetzt erzählen sie mir mal der Reihe nach, wie Sie das Ganze überhaupt bemerkt haben."

„Gestern habe ich die gesamten Abrechnungen sowohl für das Finanzamt als auch für den Steuerberater richten wollen. Alle Summen habe ich mehrfach addiert, es kommt immer die gleiche Zahl heraus. Und trotzdem ist das Geld auf keinem unserer Konten zu finden. Es müsste, wenn man die Konten addiert, natürlich da sein. Es ist aber nicht da."

„Herr Wesseling, das alles kann doch kein Problem sein, Sie müssen alle Ab- und Zugänge überprüfen, dann haben sie doch den Fehler", meinte Becker beschwichtigend. Ihm tat jetzt das Häufchen Elend doch leid.

„Das habe ich doch alles schon gemacht, ich kann Ihnen das gerne zeigen. Es hat alles seine Richtigkeit, aber das Geld ist einfach nicht mehr da", sagte Wesseling mit jetzt kaum noch hörbarer Stimme.

„Gut", meinte Becker, „dann müssen Sie das dem Verleger berichten, und zwar sofort."

„Gehen Sie mit hoch zu ihm?", fragte Wesseling.

„Gut, gehen wir", antwortete Becker mit einem unguten Gefühl.

Sie schritten den Flur entlang Richtung Fahrstuhl. Genau in diesem Moment kam ihnen Willi Jennewein entgegen.

„Seien sie gegrüßt, Herr Verleger", sagte Carl Becker bewusst locker und jovial, „wir wollten kurz zu Ihnen, um eine wichtige Angelegenheit zu besprechen."

Überraschenderweise war der Verleger betont freundlich und lud beide sofort in sein Büro ein. Er ließ von Hedda Mahler, seiner Sekretärin, sogar Kaffee servieren, was nur alle Schaltjahre einmal vorkam. Diese dünne und geschmacklose Brühe musste man dann allerdings auch trinken.

„Was gibt's, meine Herren?", flötete der Verleger.

Carl Becker ergriff das Wort, offensichtlich hatte es Wesseling die Sprache verschlagen: „Herr Wesseling hat mir berichtet, dass in unserem Verlag definitiv 5,4 Millionen Mark fehlen. Wir wissen noch nicht, wie so etwas passieren konnte."

Das erwartete Donnerwetter von Willi Jennewein kam nicht, im Gegenteil, er sagte nur ein Wort, nämlich „Nanu!" Und dann schwieg er sich minutenlang aus. Niemand der drei Herren sagte auch nur ein Wort.

Die drei Männer starrten vor sich hin. Willi Jennewein räusperte sich mehrmals und sagte dann mit merkwürdig belegter Stimme: „Tja, da müssen wir mal sehen, wie wir das Geld wieder finden. Es kann ja nicht alleine außer Landes marschiert sein, ha!" Er schenkte ihnen ein mildes Lächeln, seine Augen blieben dabei allerdings eiskalt. Wesseling schwieg und Carl Becker konnte die Situation überhaupt nicht einordnen.

„Wir sprechen dieser Tage nochmals über diese Angelegenheit", meinte der Verleger, „wir machen da noch einen Termin aus."

Damit war die Sitzung beendet und sie hatten zu gehen.

Kapitel 4

Abyssus abyssum invocat
(Ein Fehler zieht den anderen nach sich)

Zurückgekommen in sein Büro, fand Carl Becker seinen Verlagsdirektor und Freund Werner von Silberburg an seinem Schreibtisch sitzend vor. Er hatte sich die Zeit vertrieben und die dort herumliegende Zürcher Zeitung gelesen.

„Na, mein Lieber, willst du mir meinen Stuhl streitig machen?", lachte Carl Becker.

„Ich bin froh, wenn du mir meinen nicht wegnimmst", antwortete von Silberburg grinsend. „Du kommst wahrscheinlich gerade vom Alten und hast ihm das fehlende Geld gebracht", prustete Werner von Silberburg.

„Ja, ja, es hat sich schon herumgesprochen, das alles ist ja mehr als eigenartig. Ich meine, dass wir zwei mal ganz diskret die Sache angehen sollten. Irgendwie kann ich mich des Eindrucks nicht erwehren, dass der Wesseling und der Alte mehr wissen, als wir annehmen und glauben. Was meinst du?", fragte von Silberburg.

„Hm, auf diese Idee bin ich noch gar nicht gekommen. Aber wenn du Anhaltspunkte siehst, dann sollten wir wirklich mal drangehen", antwortete Becker.

Unterbrochen von Telefonaten und von Else Sander, die schon bemerkt hatte, dass irgend etwas im Busch war – immerhin brachte sie nicht nur Kaffee, sondern freiwillig und ohne Aufforderung auch von ihren eigenen, selbstgebackenen herrlichen Linzertorten-Stückchen – hockten die beiden Männer mehrere Stunden beisammen und brüteten über dem Rätsel der nicht mehr vorhandenen 5,4 Millionen. Sie überlegten, wen man innerhalb des Hauses noch in die Sache einweihen könnte. Sie konnten sich nicht so recht darüber einigen, deshalb beschlossen sie, zunächst überhaupt niemanden zu informieren und verdeckt zu agieren. Carl Becker meinte jedoch, dass man seiner Sekretärin Else Sander durchaus vertrauen könne und sie schon deshalb brauche, weil sie das Computersystem so gut beherrsche wie kaum jemand Zweiter im Hause. Die Systembetreuer kamen alle aus Fremdfirmen. Ergo kamen diese schon einmal überhaupt nicht in Betracht.

Else wurde hereingerufen. Mit erwartungsvollem Blick trat sie ein, so, als habe sie geahnt, dass da etwas Bedeutungsvolles vor sich ginge. „Liebe Else", begann Becker, „wir haben da eine ganz diffizile Sache und ich muss Sie bitten, wirklich mit keinem Mensch darüber zu sprechen.

Ist das machbar?" Beinahe beleidigt schaute sie ihren Chef an: „Das brauchen Sie mich nicht zu fragen, ich habe gedacht, dass Sie das nach fast zwanzig Jahren endlich begriffen haben."

„Ja, ist ja gut, ich bitte untertänigst um Entschuldigung", meinte Becker. Von Silberburg grinste in sich hinein. Else Sander sagte den beiden, dass sie schon seit Tagen Probleme mit dem Rechner habe und auf unerklärliche Art und Weise keine Gesamtadditionen der Umsätze durchzuführen wäre. Jedenfalls beschlossen die drei, zunächst die Systemleute dahingehend anzuweisen, dass der Rechner schnellstens wieder funktionsfähig gemacht werden müsse. Wenn dieser Vorgang beendet wäre, dann wollte man sich wieder zusammensetzen.

Es klopfte an der Tür. Hannes Jennewein, technischer Direktor des Hauses und zuständig für den Druckereibetrieb, stand unter der Tür.

„Darf man eintreten in diese erlauchte Runde?" fragte er – eigentlich hatte er diesen lässigen Ton immer drauf. Im Großen und Ganzen war er auch kein unangenehmer Mensch, im Gegensatz zu seinem Adoptivvater.

„Treten Sie ein, was verschafft uns die Ehre dieses hohen Besuches?", gab Becker im gleichen lockeren Ton zurück.

„Wenn es sich hier um eine konspirative Sitzung handelt, kann ich ja gleich wieder gehen", erwiderte Hannes

Jennewein, der schlank, tief gebräunt und elegant gekleidet den Raum beherrschte.

„Jetzt nehmen Sie einfach Platz und hören Sie uns ruhig zu", ergriff Becker wieder das Wort.

Werner von Silberburg und Else Sander schwiegen, wahrscheinlich waren sie gespannt, ob Becker das Thema des verschwundenen Geldes ansprechen würde. Carl Becker ergriff die Gelegenheit beim Schopf, in kurzen Worten informierte er Hannes Jennewein. Der starrte vor sich hin und schüttelte wiederholt den Kopf.

„Ob Eva da die Hand im Spiel hat?", meinte er nachdenklich. Eva war, wie er selbst, ein uneheliches Kind von Willi Jennewein und ebenfalls vom großen Verleger adoptiert worden. Die Runde zuckte erstaunt zusammen. Hannes Jennewein meinte, dass seine Schwester einen sehr gehobenen Lebenswandel führe, sich öfters in Marbella verlustieren würde und kaum an ihrem Arbeitsplatz wäre. Vermutlich war er eifersüchtig auf seine Schwester, das hatte sich schon des Öfteren gezeigt. Eva Jennewein war ledig und ungebunden; sie führte ein relativ lockeres Leben. Trotzdem vernachlässigte sie ihre Pflichten gegenüber dem Verlag nie – im Gegenteil, sie war fachlich hoch qualifiziert und engagiert. Und die kriminelle Energie, 5,4 Millionen sang- und klanglos dem Verlag zu entziehen, die hatte sie sicher nicht.

„Ich werde die Sache mal vorsichtig eruieren", sagte Hannes Jennewein nachdenklich und verabschiedete sich freundlich. Die Linzerstückchen hatte er zwar verlangend angeschaut, es aber nicht gewagt, um eines oder mehrere zu bitten, trotz seiner bekannten Vorliebe für Süßes.

„Mein Gott", meinte von Silberburg, „also seine Schwester hat davon bestimmt keine Ahnung. Ich neige eher zu dem, wovon wir es gerade hatten."

Die Dreierrunde war schlussendlich so verblieben, dass sie warten wollten, bis die Rechner wieder betriebsbereit waren. Danach sollten Probeläufe gemacht werden, und zwar von Else Sander. Monatliche Umsatzadditionen waren mit Zahlungen zu vergleichen. Werner von Silberburg saß grinsend da und meinte, dass er vielleicht sogar schon eine schwache Ahnung hätte, wie das alles gelaufen sein könnte. Meistens hatte der alte Fuchs mit seinen Prognosen Recht.

Kapitel 5

Homo sum; humani nihil a me alienum puto
(Mensch bin ich; ich erachte nichts, was menschlich ist, als fremd für mich)

Winfried Roth saß in einem riesigen Miller-Sessel inmitten seines großmächtigen Büros. Als Besitzer mehrerer Großdruckereien, die über die ganze Republik verstreut waren, war er so etwas wie die graue Eminenz im Druck- und Pressewesen. Es ging wirklich nichts an ihm vorbei, überall hatte er Kontaktleute sitzen, die ihm einesteils aus Dankbarkeit wegen seiner Hilfsbereitschaft alles ins Ohr bliesen und andererseits gab es eine Gruppe von Menschen, die seine Nähe suchten, weil sie irgend etwas vom ihm wollten.

Carl Becker, der seit dem Kindesalter sehr eng mit ihm befreundet war, saß ihm gegenüber, die Beine halb über den Schreibtisch gelegt. Becker durfte das. In ihren Jugendjahren hatten beide als kleine Angestellte in einem grafischen Betrieb zusammengearbeitet. Es verband sie ein unerschütterliches Vertrauensverhältnis, so dass sie wirklich über alles sprechen konnten. Becker wusste auch, dass Winfried Roth seit Jahren schon darauf spekulierte, die Heidelberger Zeitung, aber auch andere Blätter zu kaufen. Er hatte bereits Planspiele mit Becker besprochen und diskutiert, die selbst Becker kaum begreifen konnte. Sein Ziel war es, ein riesiges Zeitungsimperium durch Zusammenfassung mehrerer Zeitungen zu schaffen. Er wollte alles vereinheitlichen und vereinfachen: Nur eine politische Redaktion, nur eine Wirtschaftsredaktion und jeweils an den verschiedenen Orten jeweils eine Regionalredaktion, die in abgespeckter Form sich um die entsprechenden örtlichen Gegebenheiten zu kümmern hatte.

Somit konnten Millionen eingespart werden. Roths Pläne gingen aber noch weiter. An einem Ort, der wahrscheinlich schon sein Eigentum war, wollte er eine technisch hochaufgerüstete Druckerei bauen mit italienischen und Schweizer schnelllaufenden Rotationsmaschinen und der dazu passenden Logistik. Innerhalb dieses Mammutgebildes wollte er dann mindestens fünf Tageszeitungen produzieren. Nach Carl Beckers Meinung würde die Rechnung durchaus aufgehen – nur müsste zunächst der Ankauf der Zeitungen realisierbar sein.

Immer wieder brütete Winfried Roth über diesem Thema und besprach sich in kurzen Abständen mit Becker.

„Irgendwann krieg' ich sie, da kannst du sicher sein," meinte Roth bei jedem Zusammensein mit Becker, „ich weiß, dass bei verschiedenen Verlagen gravierende Rückgänge bei Abonnenten und Anzeigenumsätzen zu verzeichnen sind. Man muss nur Geduld haben, dann fallen einem diese Blätter wie reifes Obst in den Schoß."

Yvonne Schmidlin, Roths hübsche junge Sekretärin, eine Schweizerin mit dem typischen Berner Akzent, kam herein und bot ihnen ihren legendären „Schümlichaffee" an, der wie immer umwerfend gut schmeckte.

Carl Becker konnte nicht umhin zu fragen, ob der Kaffee wohl von der Migros sei. Prompt fiel Yvonne Schmidlin darauf herein und sagte: „Ja chlar, immr wenn i z'Bäärn bi, bring i ihn mit. Uf mi eigini Rechnig." Nun ja, das war etwas übertrieben, denn Roth und Schmidlin arbeiteten so harmonisch und vertrauensvoll miteinander, dass die hervorragende Mitarbeiterin Schmidlin Zugriff auf alles hatte – auch auf die Kasse, zumindest die Portokasse, dieses mit ausdrücklichem Willen von Winfried Roth. Und das ist und war schon immer gut so.

Nach dem Yvonne Schmidlin das Büro verlassen hatte, dozierte Roth weiter. Es war nun einmal sein Lieblingsthema: Seit mehr als zwei Jahren schon stellte er Rechnungen auf, die sich auf den Einkauf der Rollenpapiere, aber auch auf den der Druckfarben bezogen. In diesen sehr viel größeren Mengen wären lukrative Rabatte zu erzielen, meinte er. Darüber hinaus könne auch die LKW-Flotte und die gesamte Distribution besser ausgenutzt werden, Synergieeffekte allergrößten Ausmaßes. Sicher hatte er Recht, nur wurde es Becker bei diesen Gedankengängen beinahe schwindelig. Roth jedoch saß seelenruhig in seinem Miller-Sessel und schaute Becker unverwandt an.

„Du bist doch dabei, mein Freund?", fragte er, „du kannst ja in eurem Laden schon mal alles für die freundliche Übernahme vorbereiten."

Ganz so einfach waren die Pläne wohl doch nicht zu realisieren, aber sie hatten für Becker schon etwas Faszinierendes. Wohl deshalb, weil Becker das Zeitungswesen von der Pike auf erlernt hatte und natürlich wusste, dass solche Pläne, in die Wirklichkeit umgesetzt, ein hohes Erfolgspotenzial hatten, schon allein aufgrund der inhärenten Rationalisierungsmöglichkeiten.

Die Rechnung von Winfried Roth war sogar schon ziemlich detailliert, als er Becker ein paar Zahlen präsentierte. Das hatte er eigentlich noch nie getan. „Nur fünf Tageszeitungen", er sagte wirklich „nur fünf", „haben ungefähr 700.000 Abonnenten. Die mittleren Abo-Gebühren liegt pro Abonnent bei 300 Mark im Jahr, also wären das 210 Millionen Mark. Die Anzeigenerlöse sowie die Erlöse für die Werbebeilagen müssen noch hinzugerechnet werden." Enorme Summen kamen bei diesen Berechnungen zusammen. „Legt man diese Summen auf die verschiedenen noch selbständigen Zeitungen um, geht es natürlich auch um große Beträge, aber die Kosten für Löhne, Gehälter, Produktionen, Fahrdienste, und Vertrieb sind ebenfalls sehr hoch. Durch die bereits genannten Synergieeffekte verringern sich Letztere um ein Vielfaches." Roth lächelte milde vor sich hin. Seine Rechnung stimmte zweifelsfrei.

„Das alles kostet doch ein Wahnsinnsgeld", meinte Carl Becker, „wo willst du das hernehmen? Oder hast du das Geld im Schreibtisch liegen?"

„Im Schreibtisch sicher nicht, und alles habe ich ja auch nicht flüssig. Aber innerhalb eines Tages bin ich in der Lage, mehr als ich brauche durch gute Freunde zusammenzubringen. Es gibt hier Investoren, du kannst dir schon denken, wen ich meine, die für derlei Dinge großes Interesse zeigen. Kommt noch hinzu, dass man durch eine Zeitung auch entsprechend Meinung machen kann. Und die ist unbezahlbar."

Aha, daher wehte der Wind. Winfried Roth wollte die Zeitungen gerne für seine speziellen Ziele benutzen.

„Mein lieber Freund", entgegnete Becker, „so einfach wird das nicht gehen. Ich meine, deine Gedanken zum Thema ‚Meinung machen'. Kein ordentlicher Redakteur lässt sich einspannen, um der Leserschaft womöglich falsche Informationen vorzusetzen. Das kannst du dir aus dem Kopf schlagen. Also mir passt das auch nicht."

„Mein Gott", meinte Roth, „es ist alles eine Frage des Geldes. Außerdem will ich weder falsche Informationen noch Lügengeschichten verbreiten."

„Ich meine, wir sollten mal abwarten, bis alles soweit ist. Dieses Thema müssen wir eben noch genauestens eruieren", meinte Becker.

Und damit war das Generalthema wieder einmal beendet.

„Sag' mal", begann Roth nach einer Pause, in der er seinen Kaffee schlürfte und Kekse dazu kaute, „sag' mal, dein Verleger muss ja im Geld schwimmen. Ich habe ihn dieser Tage bei einer meiner Sponsoring-Veranstaltungen getroffen und da habe ich gesehen, dass er Unmengen an Bargeld in seiner Tasche hatte. Ist ja merkwürdig, wer hat denn heute größere Mengen an Bargeld bei sich? Ich habe überhaupt keins", lachte Roth.

„Du sagst größere Mengen? Ja wo hat er diese denn gehabt?" fragte Becker, sehr wohl wissend, dass Winfried Roth seine Augen überall hatte.

„Er hatte so eine Art College-Plastiktasche dabei, ich hatte früher auch so ein Ding, und er suchte irgend etwas, ich glaube ein Papier, und da sah ich, dass Unmengen großer Scheine gebündelt in dieser Tasche waren. Ha, Winfried sieht alles", grinste er.

„Das ist ja mehr als merkwürdig. Ich kann das nicht nachvollziehen", sagte Becker nachdenklich, „na ja, irgend einen Grund wird er wohl gehabt haben. Es geht uns ja nichts an."

Die beiden Freunde verabschiedeten sich herzlich voneinander mit dem gegenseitigen Versprechen, sich in den nächsten Tagen einmal gemeinsam zum Mittagessen zu treffen.

Kapitel 6

Felix qui potuit rerum cognoscere causas
(Glücklich, wem es gelang, den Grund der Dinge zu erkennen)

Carl Becker überlegte kurz, ob er noch einmal im Verlag vorbeischauen sollte, erlag dann aber doch dem Wunsch, nach Hause zu fahren. Beim Abschied am Morgen hatte Orelia angedeutet, dass es abends „etwas Feines" zu essen geben würde. Diesen Hinweis verstand Becker sehr wohl und versicherte, dass er natürlich da sein werde. „Dein Wort in Gottes Gehörgang", war Orelias Antwort auf seine Versicherung.

Es war bereits 18 Uhr und auf der Schlierbacher Landstraße Richtung Neckargemünd war, wie jeden Abend um diese Zeit, ein endloser Stau. Becker ärgerte sich über diese Fahrstrecke, wie viele andere Autofahrer auch. Man hätte sie durchaus vierspurig ausbauen können. Jedoch war aufgrund der Gemeinderatsentscheidung und der

Rathauspolitik ein merkwürdiges Gebilde entstanden. Wegen der schönen Sicht auf das Neckarufer wollte man keine Auskragung für eine vierte Spur anbauen. Und dies bei immer dichter werdendem Verkehr.

Die Ziegelhäuser Brücke war in Sicht, Becker überquerte sie und der Jaguar schnurrte den steilen Weg hoch, als ob er sein Ziel erkennen würde. Zuhause angekommen, empfing ihn schon seine Tochter Krista mit dem Hinweis, dass sie etwas Leckeres vorbereitet hätten. Orelia begrüßte ihn ebenfalls an der Türe, sichtlich erfreut darüber, dass Becker so früh nach Hause gekommen war.

Orelia war Französin, geboren in Carpentras, im südlichen Frankreich, am Fuß des Mont Ventoux im Departement Vaucluse. Dass in dieser Gegend gut gegessen und getrunken wird, ist allgemein bekannt. Bei einem Trip durch Südfrankreich hatte Carl Becker seine Frau kennen gelernt. Sie studierte damals am Dolmetscher-Institut der Universität Heidelberg und machte zufällig ein paar Tage Urlaub zuhause in Carpentras. Das war vor dreißig Jahren.

Krista hatte die gleiche Berufswahl getroffen wie ihre Mutter, sie studierte ebenfalls am Institut für Übersetzen und Dolmetschen der Universität Heidelberg, nur „anders rum", wie Becker immer wieder bemerkte. Orelia hatte damals Deutsch studiert, Krista studierte heute Französisch.

Ein angenehmer Knoblauchduft zog durch den Flur – offensichtlich wurde eine Lammkeule geschmort. Dazu gab es immer Rosmarin-Kartoffeln und grüne Bohnen. Becker konnte es kaum erwarten, sich an den Tisch zu setzen. Dieses Ritual, mit der ganzen kleinen Familie gemeinsam ein gutes Essen zu genießen und sich auszutauschen, war ihm sehr wichtig. Leider war das viel zu selten möglich.

„Sag' mal", begann Orelia während des obligatorischen Pastis, „sag' mal, ist in eurem Laden alles in Ordnung?"

„Frag' doch direkt", entgegnete Becker, „was genau meinst du?"

„Na ja, man hört viel, manchmal stimmen die Dinge auch nicht, aber ich habe gehört, dass in eurer Kasse irgendwie Geld fehlen soll", meinte Orelia mit blitzenden Augen.

Carl Becker wusste, dass es sinnlos war, zu fragen, woher diese Informationen stammten, er hätte mit Sicherheit zum jetzigen Zeitpunkt keine Antwort bekommen.

Krista ergänzte sofort in der ihr eigenen direkten Art, die sie wohl von ihrem Vater geerbt hatte:

„Ha, Papa, hast wohl Geld gebraucht und in die Kasse gegriffen?"

„Red' keinen Unfug und verdirb mir mein Essen nicht", brummte Becker und ließ es sich trotzdem schmecken. Der rote Chateau Margaux, allerdings ein einfacher, schmeckte hervorragend zum Lamm und besänftigte Carl Becker.

Schlussendlich beschloss Becker, den beiden Frauen, von denen er wusste, dass sie den Mund halten konnten, einige Tatsachen mitzuteilen. Er erzählte kurz, dass tatsächlich Geld fehle, man wisse noch nichts Genaues, aber man würde den Fehler sicher bald finden. Ansonsten wunderte er sich wieder einmal mehr über die Informationsquellen seiner Frau Orelia.

Mittlerweile war es fast 23 Uhr und Carl Becker meinte, dass es Zeit wäre, ins Bett zu gehen. Vor einer Stunde hatte Krista endlos lange telefoniert und war mit ihrem VW-Käfer noch ins „Dorf" gefahren. Damit meinte sie natürlich Heidelberg, wo sie sich in irgendeinem In-Lokal der Jugend mit ihren Freunden traf. Davor musste sie sich von ihren Eltern anhören, dass sie selbst um diese Zeit nie ausgegangen wären und dass sie nichts trinken solle und sie solle aufpassen. Eben das übliche bla, bla besorgter Eltern, wie es, in Abwandlungen, schon immer praktiziert wird. Mit ihren 24 Jahren war Krista eine selbstständige, vernünftige Frau. Orelia und Carl waren sehr stolz auf sie.

„Carlo, ich glaube, unsere Tochter ist verliebt", grinste Orelia.

„Hä", meinte Becker, „in wen denn?"

„Wenn ich es wüsste, würde ich es dir sagen, aber ich weiß es wirklich nicht. Sie tut sehr geheimnisvoll. Hoffentlich ist sie nicht so einem Filou auf den Leim gegangen", meinte stirnrunzelnd Orelia.

„Na ja, so blöd wird sie ja wohl kaum sein", meinte Becker beschwichtigend.

In diesem Augenblick klingelte das Telefon. Verwundert schaute Becker auf die Uhr und meinte ärgerlich, dass das sicher wieder einmal die Druckerei sei, entweder hatten sie technische Probleme oder aber der Seitenablauf stimme nicht. Es war aber nicht die Druckerei, es war Otto Wolter, der Kriminalrat.

„Otto hier", knurrte er ins Telefon, „was denkst du, was wieder los ist? Ich sag' dir's gleich, wir haben schon wieder eine Leiche, ein Mädchen aus dem Milieu. Erdrosselt. Ist das nicht eine Oberscheiße?" Das war seine Art von Ausdruck, wenn er mehr als nervös war. „Langsam reicht es mir jetzt. Außerdem kommen wir überhaupt nicht weiter mit unseren Ermittlungen, wir treten auf der Stelle."

„Wo habt ihr sie gefunden?", fragte Becker.

„Am Tränktor, unten an der Alten Brücke. Ein Penner hat uns informiert", entgegnete Otto Wolter. Beide kamen überein, dass man am nächsten Tag versuchen wolle, doch eine größere Aktion in der Heidelberger Zeitung zu starten. Falls der Verleger nicht wieder sein absolutes Veto einlegen würde.

„Dieses Mal kann er es nicht ablehnen, ich habe keine Lust, mich schon wieder vor den anderen Medien zu blamieren. Alle machen solche Geschichten groß auf und wir, die wir vor Ort sitzen, wir bringen drei Zeilen, also so geht das nicht", ereiferte sich Carl Becker.

Mit einem „Also, dann mach' mal schön", verabschiedete sich Otto Wolter von seinem Freund Becker.

Es war nun wirklich Zeit, ins Bett zu gehen. Orelia wollte anscheinend noch etwas loswerden. Sie meinte in ihrer unnachahmlichen Art, dass sie einen Zusammenhang sehe zwischen dem verschwundenen Geld und den mittlerweile drei Morden.

„Ja, Miss Marple", brummte Carl Becker, der schon im Bett lag und vor sich hindöste, „gute Nacht und Grüße an Scotland Yard."

Kapitel 7

Difficile est saturam non scribere
(Es ist schwierig, darüber keine Satire zu schreiben)

Willi Jennewein saß auf seinem Schreibtischstuhl, im wahrsten Sinne des Wortes, es war ein ganz normaler Holzstuhl mit einem abgeschabten Kissen, vor ihm der relativ kleine Nussbaumschreibtisch, der sicher schon in Jenneweins Kohlenhandlung hatte einiges erleben müssen, zumindest sah er so aus. Carl Becker saß vor ihm, der Besucherstuhl war der gleiche, jedoch ohne Kissen. So war es wohl auch hygienischer. Im Büro des Verlegers war schon immer ein unangenehmer Geruch, eine Mischung aus ungelüfteten Kleidern, Schweiß und kaltem Zigarrenrauch – obwohl Jennewein, zumindest offiziell, nie rauchte.

Carl Becker informierte Willi Jennewein über die letzten Ereignisse im Hause, über Arbeitsgerichtsprozesse, die regelmäßig verloren gingen und auch darüber, dass vom Rathaus die Meldung gekommen war, dass der Bundeskanzler wegen einer Wahlveranstaltung in Heidelberg sei. Gerade wollte Becker zu diesem Thema etwas sagen, als es heftig an der Tür klopfte. Ohne zu wissen, wer draußen stand, sagte der Verleger spontan und mit salbungsvoller, lauter Stimme:

„Treten Sie bitte ein!"

Für Carl Becker war diese Situation wieder einmal nicht nachvollziehbar.

Heftig schnaufend und gestresst trat Frieder Mack, der Chefredakteur ein. Von Willi Jennewein bekam er sofort einen der Holzstühle angeboten. Überschwänglich bedankte sich Mack dafür. Es kam sehr selten vor, dass er im Büro des Verlegers Platz nehmen durfte, und er betrachtete es als besondere Ehre.

„Was bringt uns der Herr Chefredakteur denn, was wir nicht ohnehin schon wüssten?", wisperte Willi Jennewein mit süßem Lächeln und zynischem Blick.

„Sie wollen uns doch nicht sagen, das der Bundeskanzler kommt? Oder doch? Und dass Sie womöglich mehr Platz brauchen für die morgige Ausgabe? Sagen Sie bloß nicht, dass es das ist", brüstete sich der Verleger mit seinem Pseudowissen. Wenn Becker es nicht ein paar Minuten vorher erwähnt hätte, wäre der Verleger mit Bestimmtheit nicht informiert gewesen.

„Ähm, ja, doch, also der Bundeskanzler kommt und üblicherweise macht er in Städten, in denen Zeitungen herausgebracht werden, einen Redaktionsbesuch. Man verbindet das schließlich mit einem interessanten Interview, so etwas hat man ja nicht alle Tage. Unsere Leser sind für so ein Gespräch immer offen. Ich denke, dass wir mit einer Zusatzseite auskommen, Interviewtext und ein paar Bilder. Wäre das in Ordnung, Herr Jennewein?", meinte beinahe bittend Frieder Mack. Carl Becker unterstützte dieses Vorhaben sofort und empfahl dringend, dass auch der Verleger bei diesem Kanzlerbesuch dabei sein sollte.

„Der Kanzler bringt doch einen halben Waggon voll Menschen mit, die kommen doch alle nur, um bei uns umsonst Kaffee zu trinken. Also ich sehe das nicht ein, außerdem bin ich auf keinen Fall dabei, ich habe keine Zeit. Und eine ganze Seite wird auch nicht gemacht, ein Dreispalter genügt völlig. Warum sollen wir denen den Wahlkampf finanzieren? Die können bezahlte Anzeigen schalten, wenn sie Lust haben. Mehr sage ich dazu nicht. Ganz davon abgesehen, dass ich den Kanzler ohnehin nicht mag", sagte Willi Jennewein, stand auf und meinte, er komme gleich wieder. Leise schloss er die Tür und schwebte hinaus.

„Er hat heute mal wieder seinen merkwürdigen Tag, unser Verleger. Da muss man um Seitenplatz betteln, das ist ja widerlich. Wir können doch den Bundeskanzler nicht einfach übergehen. Und was den Kaffee angeht, das ist ja alles so lächerlich", zeterte Frieder Mack und meinte noch: „Am besten wäre wirklich, wenn man einfach gar nichts machen würde."

„Jetzt ärgern Sie sich nicht, wir spulen das ab, wie es sich gehört. Am besten ist, Sie nehmen noch zwei oder drei Leute von Ihrer politischen Redaktion dazu und den Hannes Jennewein laden wir auch ein. Werner von Silberburg als Verlagsdirektor passt ebenfalls sehr gut in die Runde. Die Mädels sollen Kaffee, Tee und Mineralwasser richten, vielleicht noch Gebäck oder Butterbrezeln, dann hat es sich doch, sind Sie damit einverstanden?", fragte Becker den Chefredakteur.

Dieser nickte erleichtert und machte sich gleich auf den Weg, um die Interview-Fragen für den Kanzler zusammenzustellen. Das machte er prinzipiell selbst und zwar immer hervorragend.

Gerade als Frieder Mack die Tür öffnete um zu gehen, kam Willi Jennewein zurück mit der Feststellung, dass ja nunmehr alles besprochen und in Ordnung sei.

„Ja, Herr Jennewein", antwortete Carl Becker, „in Sachen Kanzler ist alles geklärt. Ich habe aber noch eine Sache."

Carl Becker informierte seinen Verleger über das am Abend vorher geführte Telefonat mit seinem Polizei-Freund Otto Wolter. Der dritte Frauenmord innerhalb kurzer Zeit und noch keinerlei Hinweise – was heißt, dass Becker einen erneuten Vorstoß bei seinem Verleger machte. Er bat ihn um die Genehmigung, die Mordsache in der nächsten Ausgabe größer aufziehen zu dürfen. Drei Morde in der Stadt wären ja nicht gerade die Normalität, meinte Becker noch anschließen zu müssen.

„Jetzt geht das schon wieder los, natürlich sind die Morde eine Sauerei, aber warum ich meinen Seitenplatz dafür verschenken soll, das begreife ich nicht. Machen sie eine kleine Meldung und das reicht. Die Polizei soll sich halt anstrengen, dann kommen die auch weiter", meinte Willi Jennewein mit quengeliger Stimme. Den Hinweis von Becker, dass die Polizei auch auf die Zeitung angewiesen wäre, immerhin würde sie von Tausenden von Menschen täglich gelesen, ließ der Verleger nicht gelten.

„Übrigens, Herr Becker, ich fliege morgen mit der Cessna nach Donaueschingen. Ich fahre mit einem Firmenwagen zum Flugplatz, aber abholen müssen Sie mich übermorgen Abend, natürlich nur, wenn Sie die Güte hätten. Kommen Sie ruhig mit Ihrem Jaguar, Sie können die Fahrtkosten gerne berechnen", sagte Willi Jennewein. Auf die Frage von Becker, was mit dem Firmenwagen dann geschehen solle, meinte der Verleger, dass dieser im Hangar bleiben könne. Becker begriff das alles nicht und fragte noch, ob in Donaueschingen eine besondere Sitzung wäre. Mit einem „das geht doch Sie nichts an" war das Gespräch beendet.

Kanzlerinterview im Minimalformat, Mordsache mit ein paar Zeilen. Die unwichtigen Dinge wie Krötenwanderungen, verdrecktes Neckarvorland und kulturelle Ereignisse, die wirklich niemand interessierten, wurden als große Artikel veröffentlicht. Der Herr Verleger war damit zufrieden und die Welt war und blieb fast rund.

Am nächsten Morgen herrschte schon früh hektische Betriebsamkeit, schließlich kam nicht alle Tage der Bundeskanzler. Für die Beschäftigten in einer Zeitungsredaktion ist es eher ungewöhnlich, bereits um zehn Uhr am Platz zu sein. Vor vierzehn Uhr ist in den meisten Zeitungsredaktionen kaum Betrieb.

Pünktlich um zehn Uhr traf der Kanzler mit seinem Gefolge ein. Frieder Mack, Werner von Silberburg und Carl Becker empfingen ihn bereits am Haupteingang. Im Konferenzraum standen Getränke und Gebäck bereit. Die Sitzordnung war eigentlich wie immer, wenn Prominenz zu Besuch kam: Am großen runden Tisch saßen neben dem Kanzler Werner von Silberburg und Frieder Mack, neben von Silberburg hatte sich Carl Becker platziert und Hannes Jennewein war der Nächste. Zwei Damen und vier Herren der Kanzlerriege hatten sich ebenfalls am Tisch niedergelassen. Nach dem üblichen Small Talk und Kaffee-mit-und-ohne-Milch-Verteilen sprach Werner von Silberburg einige Begrüßungsworte und dankte für den Besuch. Frieder Mack stellte die erforderlichen, der Aktualität angepassten Interviewfragen, daraufhin kam schnell ein reges und interessantes Gespräch zustande. Offensichtlich hatte der Kanzler, dem man eigentlich nicht gerade Pressefreundlichkeit nachsagen konnte, heute einen guten Tag. Kein Wunder, auf dem Konferenztisch standen auch Cremeschnitten, von denen er bereits mehrere vertilgt hatte. Carl Becker kannte die Leidenschaft des Kanzlers für derlei Süßigkeiten und hatte das perfekt organisiert.

Die Frage des Bundeskanzlers nach dem Verleger beantwortete Carl Becker schlicht mit: „Der ist heute leider nicht im Hause, er wäre natürlich gerne hier gewesen." Die Grüße des Kanzlers für Willi Jennewein nahm er dankend entgegen. Im Stillen dachte er, dass Jennewein sicher überwältigt sein würde, wenn er ihm die Kanzlergrüße ausrichten würde. Mindestens eine abfällige Bemerkung war garantiert.

Nachdem der Bundeskanzler samt seinen Leuten den Verlag verlassen hatte – seine große Rede auf dem Universitätsplatz wollte Becker sich nicht gönnen – traf er beim Rückweg zu seinem Büro den Chef der Wirtschaftsredaktion. Dieser war zutiefst beleidigt, weil er zum Kanzlergespräch nicht eingeladen worden war.

Carl Becker schaute noch in der Lokalredaktion vorbei, diese war auch schon besetzt, wahrscheinlich wegen dem Bundeskanzler-Besuch, um die Mordgeschichte anzusprechen. Aber, wen nimmt es Wunder, Otto Wolter von der Polizei hatte bereits mit dem Redaktionsleiter ausführlich gesprochen und seine speziellen Wünsche für die Veröffentlichung geäußert.

Carl Becker frotzelte noch, dass man das Kanzlerinterview nicht unbedingt auf der Seite, auf der der Mord abgehandelt werden sollte, platzieren möge. Aber offensichtlich konnte darüber niemand lachen. Becker ging in sein Büro, wo ihn Else Sander empfing.

„Kaffee gefällig?" fragte sie freundlich. Becker nickte und schaute, was die Post so alles an Informationen gebracht hatte. Irgendwie passte ihm heute nichts, er war lustlos und frustriert, aber er wusste nicht warum. Da fiel ihm der gestrige Abend ein. Orelia hatte ihm schließlich gesagt, dass Krista, sein Augapfel, sich verliebt hätte. Und er, er wusste nicht, wer derjenige war. Natürlich machte ihn das konfus und er fand es seltsam, dass seine geliebte Tochter ihn darüber nicht um Rat gefragt oder aber zumindest informiert hatte. Becker beschloss, sein legendäres Netzwerk anzuzapfen, um möglichst schnell an die Informationen zu kommen.

Else Sander sagte mit spitzbübischem Lächeln, dass die Rechner wieder funktionieren würden und sie alle gewünschten Zahlen zusammengestellt hätte. Seitenweise hatte sie das Zahlenwerk ausgedruckt und in einem Ordner auf den Schreibtisch von Carl Becker gelegt. Dieser blätterte kurz durch, konnte aber mit den verwirrend vielen Zahlen zunächst mal nichts anfangen. Er überlegte, ob er nicht gleich Werner von Silberburg kontaktieren sollte. Nach mehreren erfolglosen Anrufen ließ er es dann sein. Der Verlagsdirektor war sicher außer Haus.

Kapitel 8

Aequam memento rebus in arduis servare mentem
(Denke daran, in schwierigen Situationen Gelassenheit zu bewahren)

„Ich glaube, dass ich es habe", sagte beinahe frohlockend Werner von Silberburg, der mit Carl Becker in seinem zwar nicht feudal, aber sehr elegant eingerichteten Büro saß.

Eigentlich wollte Carl Becker bei seinem Freund Werner nur mal kurz auf einen Kaffee vorbeischauen, um allgemeine Dinge des Tagesgeschäftes zu besprechen. Es ging primär um die neue Anzeigenpreisliste, die von der Anzeigenabteilung zur Genehmigung vorlag – Becker meinte aber, dass die Millimeter-Preise zu stark angehoben worden seien. Eigentlich waren beide der gleichen Meinung, wie so oft, und sie beschlossen, die Preise vom Vorjahr lediglich um knappe zwei Prozent zu erhöhen.

„Damit müssten wir eigentlich zurecht kommen", meinte von Silberburg, Becker schloss sich der Meinung des Verlagsdirektors an.

„Meinst du, dass wir sie dem Alten auch noch vorlegen sollen?", fragte von Silberburg. Er sprach den Namen „Jennewein" oder „Verleger" nur dann aus, wenn es sein musste oder wenn andere Personen dabei waren. Becker meinte, dass der Verleger die Preisliste unbedingt sehen müsse, sonst würde das gleiche Dilemma passieren wie vor ein paar Jahren: Willi Jennewein hatte ein paar unerhebliche Änderungen - aber die ganze Auflage musste eingestampft und neu gedruckt werden. Sie beschlossen, ihm die Kopie zu schicken mit der Bitte um baldige Rückgabe.

„Was hast du?", fragte Becker seinen Freund.

„Bitte was?", entgegnete von Silberburg.

„Du hast doch vorhin gesagt, du glaubst, du hättest es." Becker schaute ihn fragend an.

Werner von Silberburg hatte die von Else Sander aufgelisteten Zahlen vor ein paar Tagen erhalten und sich offensichtlich damit befasst. Jetzt setzte er Becker auseinander, dass die Umsätze sehr wohl stimmen würden, das ganze Debakel jedoch hinge an den Geldeingängen. Nach wie vor gab es viele Kunden, die nur ein einziges Mal inserierten, beispielsweise Kaufleute, die Geschäftsauflösungen organisierten. In diesem Fall wurden großformatige Anzeigen geschaltet, die natürlich sehr schnell im fünfstelligen Kostenbereich landeten und im Voraus zu bezahlen waren. Oftmals waren solche ‚Geschäftspartner' über Nacht samt der noch gelagerten Ware, häufig auch wertvoller Schmuck, verschwunden – natürlich bekam der Verlag nie sein Geld.

Von Silberburg Blick schweifte zum Fenster hinaus, es regnete wieder einmal und der Blick auf das Heidelberger Schloss war weniger schön. Trotzdem hatte von Silberburg nach wie vor seine Freude daran, obwohl es für Becker nie ganz verständlich war, aber anscheinend brachte es von Silberburg Inspiration und Ruhe. Dessen Gedanken schweiften über den noch herbstlich leuchtenden Stadtwald, hinauf auf das Schloss. Dann konzentrierte er sich wieder.

Nach nochmaligem Nachdenken erklärte er weiter seine Überlegungen und sah Carl Becker ernst an. Er meinte, dass seine Vermutungen ja nicht stimmen müssten, aber nach seiner persönlichen Wahrscheinlichkeitsskala läge der Wahrheitsgehalt bei ungefähr 85 Prozent. Wie Becker ihn kannte, war das mehr oder weniger ein Volltreffer. Von Silberburg ging bis ins kleinste Detail. Wenn also von einem quasi „fliegenden Händler" Anzeigen geschaltet werden, müssen diese aus naheliegenden Gründen im Voraus bar bezahlt werden. In der Barkasse der Finanzabteilung lägen häufiger fünfzigtausend Mark und mehr. Diese werden nicht immer täglich zur Bank gebracht, so hatte er das recherchiert. Mit anderen Worten: Es sammelt sich eine enorme Summe an Geld in der Kasse an.

Vielleicht, so meinte von Silberburg, bringe man das Geld auch absichtlich nicht regelmäßig zur Bank.

„Ja du lieber Himmel, wie soll das denn gehen", fuhr Becker erregt dazwischen.

„Wart's doch ab, alter Drängler, ich bin ja gerade dabei, es dir zu erklären", entgegnete Werner von Silberburg und fuhr fort.

„Ich bin der Überzeugung, dass das Bargeld von Heinrich Wesseling mit Wissen von Willi Jennewein entnommen und beiseite geschafft worden ist. Wesseling ist bekannt dafür, dass er alles, was der Verleger verlangt uneingeschränkt und ohne Rücksicht auf Illegalität oder Menschenwürde, ausführt. Als Belohnung für derlei Aktionen hat Wesseling ein paar Mark von Jennewein in die Tasche gesteckt bekommen", so war von Silberburgs Vermutung,.

„Wenn Jennewein zu Wesseling sagt, dass er mitten im Winter von der Heidelberger Alten Brücke springen soll, dann springt er ohne zu zögern, ja wirklich so ist er", warf Becker locker ein. Von Silberburg stimmte lachend zu. „Es mag sein", so von Silberburg, „dass Wesseling Seelenqualen erlitt, wenn es galt, moralisch fragwürdige Entscheidungen des Verlegers durchzuführen. Aber trotzdem sonnte er sich in der warmen Gewissheit, dem Verleger treue Dienste geleistet zu haben."

Jedenfalls, so war zu vermuten, wurde das Bargeld vom Verleger, wahrscheinlich in nicht allzu großen Tranchen, in die Schweiz verschoben. Es sind zwar alles nur Annahmen ohne große Beweiskraft, aber es hätte zumindest so sein können.

Die Rechnungen mit diesen Beträgen wurden als nicht einbringbar deklariert und irgendwann wurden sie ausgebucht. Die genannten fliegenden Händler, aber auch Bankrotteure anderer Geschäftsbereiche, die ähnliche Aktionen durchführten und ebenfalls per Vorauskasse ihre geschalteten Anzeigen bar zu bezahlen hatten, wurden, selbst wenn das Finanzamt oder die Staatsanwaltschaft nach ihnen gesucht hätte, nie mehr gefunden. Leider gibt es solche Situationen noch heute – wer hat das nicht schon erlebt, vielleicht schon am eigenen Leib. Beide, Carl und Werner, ließen das Gesprochene auf sich einwirken und schwiegen vor sich hin.

„Je länger ich darüber nachdenke, desto mehr vermag ich diese Räuberpistole zu glauben", sagte nach geraumer Zeit Carl Becker, „wie anders sollte denn Geld verschwinden, das offiziell als Umsatz vorhanden ist? Du musst bedenken, dass sich die Aktionen bestimmt über einen längeren Zeitraum hingezogen haben."

„Ja klar", stimmte Werner zu, „das war sicher von den beiden mit einkalkuliert. Und Wesseling, der an der Quelle saß, konnte problemlos zum einen die Rechnungen stornieren und ausbuchen und andererseits auch Verschiebungen in das jeweilige Folgejahr vornehmen. Wer hätte ihn denn daran hindern können? Bei dem großen Finanzvolumen unseres Verlages sind 5,4 Millionen, bezogen auf mehrere Jahre, eigentlich nicht besonders viel Geld."

„Na ja", meinte Becker, „das ist natürlich relativ, viel oder wenig ist eigentlich egal. Das Ganze ist eine ausgekochte Sauerei. Womöglich bleibt es gar nicht bei diesem Betrag? Und dann stellt sich mir die Frage, weshalb Wesseling von dieser Sache überhaupt erzählt hat? Diesen Grund müssen wir auch noch herauskriegen."

„Du hast Recht", fuhr Werner von Silberburg fort, „das habe ich in meinen Gedankengängen noch gar nicht berücksichtigt. Womöglich ist irgendwo etwas durchgesickert, man weiß das ja nie, und er, Wesseling, hat kalte Füße bekommen und die Flucht nach vorne angetreten. Das Verhalten des Alten war auch sonderbar. Normalerweise hätte er doch gebrüllt und getobt. Er ist jedoch zahm geblieben und hat beinahe seine milde und menschenfreundliche Art herausgestellt. Er sagte doch, dass das Geld ja nicht alleine ins Ausland oder sonst wohin verschwinden könne, es würde sicher wieder auftauchen. Und damit war zunächst für ihn der Fall erledigt. Ausgerechnet der Alte, der um jeden Pfennig feilscht", führte von Silberburg aus. Er setzte noch eins drauf mit seiner Bemerkung: „Und was machen wir jetzt? Schalten wir die Kripo ein, erstatten wir Anzeige, reden wir mit dem Alten und Wesseling? Irgend etwas müssen wir ja machen. Was?"

„Ich weiß es auch nicht", entgegnete Carl Becker, „Anzeige erstatten ist so eine Sache. Noch haben wir keine

Beweise, alles sind nur Annahmen. Wir können uns ganz schön in die Nesseln setzen. Du weißt, wie solche Dinge laufen: Einvernahmen, Zeugen, Beweisstücke, Daten, Uhrzeit, genaue Beträge, wann und wo – lange Rede, kurzer Sinn: Wir haben nichts. Ich schlage vor, dass wir zunächst weiter in diese Richtung recherchieren und erst nachdem wir mehr Fakten haben, einen definitiven Entschluss fassen."

„Wenn ich so drüber nachdenke, hast du Recht. Zum Schluss wären wir noch die Übeltäter", meinte von Silberburg mit ernstem Gesicht.

„Du lieber Himmel", fuhr er fort, „dass wir das noch erleben dürfen. Ich hätte es nie geglaubt. Ist das nicht herrlich?"

Offensichtlich hatte er seinen unerschütterlichen Humor wieder gefunden – so kannte Carl Becker seinen Freund. Sie beschlossen, mit niemandem über diese Sache zu sprechen und noch weitere Informationen zu sammeln. Und falls Heinrich Wesseling oder Willi Jennewein das Thema anschneiden sollten, war auch mehr oder weniger Stillschweigen vereinbart; zumindest würde kein Kommentar erfolgen, auch wenn sie ihn erwarten würden. Eine reine Nervensache. Die Frage war, wer wohl die besseren Nerven besäße.

„Wir", sagte von Silberburg, der alte Fuchs, kurz und bündig.

Kapitel 9

Inter pedes virginum gaudium est juvenum
(Zwischen den Beinen der Jungfrau liegt die Freude des Jünglings)

Wieder einmal stand Carl Becker wartend am Regionalflughafen Mannheim. Um 18 Uhr wollte der Verleger aus Donaueschingen zurück sein. Er hatte Becker gebeten, ihn mit seinem Jaguar abzuholen, der Zeitungsdienstwagen stand im Hangar. Noch immer konnte sich Becker keinen Reim darauf machen, weshalb das jetzt alles so sein sollte.

Mittlerweile war es 18.30 Uhr geworden – Becker sah im leicht dunstigen Abendhimmel die alte 172er Cessna langsam und schwankend in den Platz einschweben. Knatternd rollte sie Richtung Hangar aus. Vor dem Eingang zum Hangar blieb sie stehen, der Motor wurde ausgeschaltet. Becker staunte nicht schlecht, als sich die rechte Tür öffnete und ein blutjunges, sehr hübsches Mädchen leichtfüßig heraussprang. Auf der anderen Seite sprang, und das war mehr als verwunderlich, Willi Jennewein mit einem Satz aus der Maschine. Ausgerechnet er, der immer über Schmerzen in allen Knochen klagte. Auslöser für dieses sportliche Leistung war wohl das Mädchen.

„Guten Abend, verehrter Herr Becker. Das ist ja sehr liebenswürdig von Ihnen, dass Sie sich die Zeit genommen haben, uns abzuholen. Ich darf Ihnen vorstellen, das ist Fräulein Nicole Schneider, nicht wahr?" Diese schüttelte Becker artig die Hand und lachte strahlend. Sie war wirklich bildhübsch. ‚Er hat wirklich Fräulein gesagt', dachte sich Becker und überlegte krampfhaft, was das alles zu bedeuten hatte. Er fand keine Antwort. Jedenfalls war die junge Dame in Donaueschingen mit dabei gewesen und das alles war eine geplante Aktion vom Verleger – warum hätte Becker sonst mit dem Jaguar kommen sollen?

„Komm'", meinte der Verleger, „steigen wir in unsere Luxuskarosse ein." Charmant hielt er dem Mädchen die Tür auf, natürlich die Fondtür. Sie stieg ein und er setze sich daneben. ‚Unsere Karosse hat er gesagt, unsere. Das ist immer noch meine', dachte Becker und war leicht pikiert. Auf der Fahrt nach Heidelberg wurde kein Wort gesprochen.

„Fahren Sie uns bitte zum Europäischen Hof", befahl der Verleger ohne weiteren Kommentar. Becker fuhr über die Friedrich-Ebert-Anlage an den Hotel-Eingang des Europäischen Hofes und ließ beide aussteigen. Kurz und formlos verabschiedeten sie sich und Becker stand wieder einmal vor der Frage, ob er nochmals in den Verlag oder aber nach Hause fahren sollte. Er entschloss sich, kurz im Verlag vorbeizuschauen. Diesmal stellte er seinen Jaguar direkt vor die Eingangstür. Kurzfristig war das möglich – die Gesetzeshüter kannten Becker und sie wussten, dass er diese kleinen Freiheiten nie ausnutzen und sein Auto über Gebühr länger dort stehen lassen würde.

Im gleichen Moment durchschritt Werner von Silberburg den Haupteingang, unter dem Arm seine braune Aktentasche, die er immer bei sich hatte. Becker hatte ihn unlängst einmal gefragt, ob diese Aktentasche auch mit ihm ins Bett ginge. Was kurz und zackig bejaht wurde. Trotzdem würde so mancher gerne wissen, was wohl alles in dieser Tasche verwahrt wurde – man war eben neugierig. Während eines privaten Umtrunks hatte Becker es dann von seinem Freund erfahren. Da wäre immer alles drin, was er brauche. Er nähme jeden Tag einen Apfel mit und eine von seiner Frau gerichtete Butterbrezel. Außerdem stecke immer sein Notizbuch Größe DIN A4 in der Tasche, das allein wegen der diversen darin enthaltenen, teilweise geheimen, Telefonnummern wichtiger und außergewöhnlicher Menschen schon Gold wert wäre. Dazu kämen noch zwei unbeschriebene weiße, relativ starke Blätter für Notizen und ein alter Kugelschreiber. Von Silberburg hatte eines Tages, als sich beide zufällig im Eingangsbereich des Verlages trafen, den Beweis angetreten, Becker hatte die Sache längst vergessen gehabt. Von Silberburg hatte die Tasche geöffnet und Becker hineinschauen lassen. „Unter Freunden gibt es keine Geheimnisse", war sein Kommentar.

„Sag' mal", begrüßte jetzt von Silberburg seinen Freund Carl Becker, „wo kommst du denn so spät her? Oder fängst du jetzt erst an zu arbeiten?"

Becker erzählte ihm im Stehen, dass er den Verleger mal wieder vom Flugplatz abgeholt habe und welche Überraschung ihn bei der Ankunft erwartet hatte.

„Dunnerlittchen", sagte von Silberburg, was dafür sprach, dass er tatsächlich überrascht war, „das ist ja ein Ding!"

Beide sprachen noch eine Weile über das Tagesgeschehen und kamen dann zu dem Schluss, dass sie am nächsten Tag einen gut bekannten Kollegen bei der Donaueschinger Zeitung anrufen wollten. Der solle dann in geheimer Mission ermitteln, ob die Maschine über Nacht auf dem Flugplatz geparkt war und wo Willi Jennewein gewohnt hatte. Lachend verabschiedeten sich die beiden voneinander und traten den Heimweg an.

Am nächsten Morgen, kaum hatte Becker sein Büro betreten und die Postmappe in die Hand genommen, kam Else Sander herein und erzählte ihm, dass der Verleger schon mehrere Male angerufen hätte: Becker möge sofort hochkommen zu ihm.

„Was will der denn so früh von mir?", fragte Becker erstaunt, „um diese Zeit ist der doch nie hier – ich gehe gleich mal hoch zu ihm, bis nachher! Gibt's danach einen Kaffee und was Leckeres dazu?" Fast eingeschnappt meinte Else Sanders, dass es bislang immer das Richtige zur richtigen Zeit gegeben hätte.

Carl Becker schlenderte zum Fahrstuhl und fuhr ins Allerheiligste zum „Herrn und Gebieter", wie er für sich den Verleger auch manchmal nannte. Am Sekretariat des Verlegers angekommen, klopfte Becker an. Hedda Mahler, die langjährige Sekretärin des Alten, die mit allem, oder zumindest mit fast allem, was überhaupt im Hause vorging, vertraut war, begrüßte ihn herzlich. Becker und Hedda mochten sich gerne; über die Jahre hatte sich ein sehr vertrauensvolles Verhältnis entwickelt. Es war sicherlich eine ehrliche Freundschaft.

„Guten Morgen Carlo, wo bleibst du denn? Der Jennewein (so sagte sie immer, wenn sie ihn nicht ‚Zampano' nannte) wartet schon eine geschlagene Stunde auf dich. Es ist allerdings erst neun Uhr und ich glaube, dass er in den letzten Jahren um diese Zeit noch nie da war. Geh' halt mal rein, ich glaube, dass mit ihm irgend etwas nicht stimmt", meinte Hedda Mahler mit Sorgenfalten auf der Stirn.

Carl Becker klopfte und trat ein. Wie immer war in diesem Büro ein widerlicher Geruch, Becker kannte ihn wohl, aber jedes Mal störte es ihn mehr. Irgendwann würde er Willi Jennewein darauf hinweisen. Hedda Mahler hatte schon mehrfach Renovierungsvorschläge gemacht, sie wollte neue Möbel anschaffen und auch ein wenig Farbe auf die vergilbten Wände bringen lassen – vergebens. Jennewein wollte, dass es so blieb, wie es war.

Heute war alles völlig anders. Im Büro, und das hatte Becker seit Jahren nicht mehr erlebt, war Musik zu hören. Musik im Büro des Verlegers, fast nicht denkbar. Der alte Buchenholzschank stand offen und ein kleiner CD-Player war zu sehen. Becker hörte die Musik und überlegte, ob sie ihm bekannt vorkam. Dann fiel es ihm plötzlich ein, es war das Lied ‚Näher mein Gott zu dir', allerdings ohne Gesang: Ja, das war es. Becker hatte unlängst den Titanic-Film gesehen und die Bordkapelle spielte dieses Lied kurz vor Beginn der großen Tragödie, dem Untergang des Schiffes.

„Ach, da sind Sie ja, lieber Herr Becker. Ich habe schon so auf sie gewartet. Aber Sie sind ja jetzt da. Eigentlich sind Sie ja immer da für mich, ich bin Ihnen dafür ja auch dankbar, und das wissen Sie auch", meinte der Verleger mit schwächlicher und fast weinerlicher Stimme, „und heute habe ich mal wieder eine kleine Bitte an Sie, werden Sie mir diese erfüllen?"

„Sie wissen doch, verehrter Herr Verleger, dass ich Ihnen, wenn es in meiner Macht steht, jede Bitte erfülle. Ich denke nicht, dass Sie daran Zweifel haben", antwortete Becker mit gekünstelt-weicher Stimme. Der Verleger schwieg und blickte Becker unverwandt tief in die Augen. Sein starrer Blick war noch nie angenehm gewesen, Becker dachte immer an den Vergleich vom Kaninchen und der Schlange.

„Weshalb höre ich bei Ihnen das Lied ‚Näher mein Gott zu dir'? Es ist eigentlich ein trauriges Lied. Außerdem habe ich in Ihrem Büro noch nie Musik gehört. Ist heute ein außergewöhnlicher Tag?"

„Es ist mein Lieblingslied und ich spiele es immer dann, wenn ich besonders traurig bin", flüsterte der Verleger, ganz langsam und getragen.

Carl Becker wusste im Moment nicht, wie er sich verhalten sollte. Eine Situation wie diese war ihm noch nicht begegnet. Der Verleger wirkte total verstört und konfus dazu.

„Bitte, lieber Herr Becker, sprechen Sie mit keinem Menschen darüber, dass Sie gestern meine Begleiterin und mich in Mannheim abgeholt haben. Niemand, wirklich niemand, darf das wissen. Verstehen sie mich?" Carl Becker nickte und sagte, dass er selbstverständlich schweigen würde.

„Wissen Sie, Herr Becker, ich habe auch Bedürfnisse. Sie sind verheiratet, ich nicht. Und so ein Mädchen, na ja, Sie wissen ja, was ich meine - so ein Mädchen kann einem älteren Herrn, wie ich es bin, schon den Kopf verdrehen", Willi Jennewein war wieder lebhafter geworden.

„Ja und, das ist doch alles nichts Schlimmes, Sie können doch machen, was Sie wollen, es ist Ihre ureigene Angelegenheit", entgegnete Becker, um ihn zu trösten.

„Nein, eben nicht. Man hat mir ernsthaft gedroht. Vermutlich will man mich erpressen. Das Mädchen ist noch minderjährig", flüsterte er leise und kaum verständlich.

Kapitel 10

Fortiter adversis opponite pectora rebus
(Haltet dem Unglück tapfer die Brust entgegen)

Es war morgens kurz vor fünf Uhr, als bei Carl Becker das Telefon schrillte, dummerweise stand es auf seinem Nachttisch. Seit Jahr und Tag wollte er es schon an einen anderen Ort versetzen lassen, schon aus dem Grund, weil bisweilen mitten in der Nacht die Druckereileute anriefen. Dabei ging es oft um Entscheidungen, die problemlos auch im Druckhaus hätten getroffen werden können, z.B. fehlte manchmal eine vom Anzeigenkunden gewünschte Druckfarbe, sie war einfach nicht bestellt worden. Aber eine Nuance dunkler oder heller sei sie auf Lager. Beckers Antwort war immer die gleiche: ‚Nehmt doch, was am besten aussieht.' Aber die vielbeschäftigten Drucker überlegten nicht, dass um diese Zeit andere Menschen schlafen könnten – für sie war Arbeitszeit gleich Tag. Im Druckhaus herrschte gleißende Helligkeit.

‚Wieder so ein unnötiger Anruf', dachte Becker und nahm den Hörer ab

Er meldete sich mit leicht gereiztem Ton. Hannes Jennewein war am Telefon, das war um diese Zeit noch nie der Fall.

„Guten Morgen, Entschuldigung, ich bin total fertig, ein Unglück ist geschehen, grausam, furchtbar", stotterte Hannes Jennewein ins Telefon. Becker unterbrach die Litanei und fragte, was denn passiert sei.

„Im Druckhaus muss es eine Verpuffung oder Explosion von Lösungsmitteln gegeben haben, das ganze Dach ist weggeflogen. Und jetzt regnet es auch noch, bitte kommen Sie gleich, Herr Becker. Ich bin völlig kaputt", jammerte Hannes Jennewein.

Carl Becker beruhigte ihn zuerst einmal und fragte nach den wichtigsten Dingen. Personenschäden hatte es nicht gegeben, Feuerwehr und Polizei waren bereits im Druckhaus, Willi Jennewein war benachrichtigt und auch Werner von Silberburg befand sich auf dem Weg in die Altstadt. Becker musste noch den alten Spruch ‚In der Ruhe liegt die Kraft' an Hannes Jennewein loswerden und machte sich zurecht für den Weg in Richtung Altstadt. Während er schnell ein Glas Milch hinunterkippte, stand sein Frau Orelia hinter ihm und sagte, dass sie alles mit angehört habe. Liebevoll meinte sie noch „Carlo, pass' auf, dass dir nichts passiert."

Als Carl Becker kurze Zeit später am Druckhaus eintraf, war tatsächlich schon die halbe Altstadt auf den Füßen, der Neugierde halber, um „mal zu schauen, was da los ist." Werner von Silberburg traf auch gerade ein, zeitgleich mit Willi Jennewein, der so zerknittert und zerrupft aussah, als hätte er noch nicht geschlafen. Das Druckhaus sah wirklich merkwürdig wüst und nackt aus – einfach weil das Dach fehlte. Die Druckhallenkonstruktion erforderte keine großen Baukünste, es war lediglich ein zweckmäßiger, rechteckiger, allerdings sehr hoher Bau mit einem zwar gut isolierten, aber leichten Dach. Das Bauwerk war direkt dem luxuriösen Verwaltungsbau angegliedert. Seinerzeit hatte es enorme Probleme beim Genehmigungsverfahren gegeben, die Stadt Heidelberg wollte in der geschichtsträchtigen Altstadt auf keinen Fall Bauwerke dieser Art bewilligen. Aber Willi Jennewein drohte dem Oberbürgermeister mit dem kompletten Abzug des Gesamtverlages in eine Nachbargemeinde – diese hätte sogar kostenlose Grundstücke zur Verfügung gestellt. Unter dieser Prämisse gelang es dann schließlich doch, die Bauten zu erstellen. Es gab zwar zusätzliche Nachbarschaftseinsprüche, die Leute hatten Angst davor, dass sie nachts wegen dem Lärm der Druckmaschine würden nicht mehr schlafen könnten. Durch Schalldämmungen und andere bauliche Auflagen konnte man dieses Problem gut lösen. Die An- und Abfahrten der Zeitungstransporter war ebenfalls geschickt geplant: Da die so genannten Touren in alle Himmelsrichtungen gingen, waren keine großen Fahrzeuge notwendig, die üblichen Kleintransporter von Mercedes oder Ford waren ausreichend und mehr als zwanzig Autos waren ohnehin nicht notwendig. Die Anlieferung der Rollenpapiere mit größeren Fahrzeugen fand zu den üblichen Tageszeiten statt.

„Ja, was ist denn das, ja das darf doch nicht wahr sein, das gibt es doch nicht", schrie Willi Jennewein, „das ist ja unglaublich. Ist denn die heutige Ausgabe wenigstens fertig? Jetzt deck' doch einmal jemand die Rotationsmaschine ab, die wird ja ganz nass, muss es jetzt auch noch regnen, eine Sauerei ist das, eine elende Sauerei, sage ich", Jennewein keifte, schrie und trampelte mit seinen Füßen wie ein wildes Pferd.

Unmittelbar danach schrie er nach Hannes Jennewein, der direkt hinter ihm stand. Erschreckt antwortete dieser, dass alles Notwendige in die Wege geleitet sei. Eine Baufirma sei bereits unterwegs mit großen Planen und Balken. Die Lagerbestände der Papierrollen seien ebenfalls schon abgedeckt und geschützt.

„Und wie sollen wir die morgige Ausgabe drucken?", fragte Willi Jennewein seinen Sohn, „du bist doch angeblich Technischer Direktor, du musst es doch wissen! Herrgott noch mal, macht denn hier niemand etwas?"

Hannes Jennewein meinte in seiner manchmal etwas umständlichen Art, da müsse er einmal drüber nachdenken. Hier könne man jedenfalls nicht drucken.

„Ja wo denn dann? Menschenskind, du bist zu nichts fähig, das ist ja nicht zum Aushalten", schrie der Verleger. Hier schalteten sich Werner von Silberburg und Carl Becker ein. Sie schlugen vor, dass sich alle Verantwortlichen gleich zusammensetzen sollten, um zu besprechen, welche Lösungsmöglichkeiten es gäbe – man könne beispielsweise in einem der beiden Zeitungsverlage in Mannheim oder Ludwigshafen anfragen. Nachbarschaftshilfe werde unter Verlagen immer groß geschrieben.

„Das passt mir überhaupt nicht", schrie der Verleger, „ich rufe bei denen da drüben ganz sicher nicht an. Glauben Sie, dass ich ein Bettler bin? Soweit kommt's noch, für was sind Sie denn da und vor allen Dingen Hannes? Muss ich denn alles alleine machen? Soll ich vielleicht auch noch selber drucken und die Zeitungen austragen?"

Willi Jennewein war völlig außer sich. Werner von Silberburg gelang es schließlich doch, ihn zu beruhigen. Er wiederholte seinen Vorschlag, dass die Verantwortlichen sich überlegten, wie diese schwierige Situation am besten, schnellsten und günstigsten bewältigt werden könnte.

„Passen Sie mir auf, die wollen sicher auch noch Geld, wir können das Papier selbst liefern und die paar Druckstunden können die uns nicht besonders hoch in Rechnung stellen", keifte der Verleger.

Carl Becker warf noch ein, dass das mit der Papierlieferung so nicht klappen könne, weil die Druckmaschinen der Mannheimer und auch der Ludwigshafener andere Formate hätten. Mit giftigem Blick, vor sich hin schimpfend und ohne einen weiteren Kommentar ging der Verleger eiligen Schrittes in Richtung Verlagsgebäude, wahrscheinlich in sein Büro.

Hannes Jennewein stand grinsend da und bemerkte, der Alte sei halt so, da könne man nichts machen. Auf seine Frage, wer nun was zu erledigen habe, entgegnete Carl Becker, dass von Silberburg und er sich um die Nachbarschaftshilfe kümmern wollten und Hannes Jennewein solle möglichst bald, wenn es sein müsse mit Nachtschichten und Sonntagsarbeit, das Druckhaus wieder betriebsbereit machen lassen. Man merkte, dass Jennewein ein Stein vom Herzen fiel – genau so war es ihm nämlich Recht. Gespräche mit den Nachbarverlagen hätte er nie führen wollen, aber auch nicht können. Das war einfach nicht sein Ding. Es ging ja nicht nur um das Verhandeln, sondern darum, einen exakten Zeitplan zu erstellen. Außerdem musste geklärt werden, wann welche Seiten fertiggestellt sein müssen, in welcher Form sie in das andere Druckhaus geliefert werden sollen und wie die Seiten dort gebraucht würden. In Filmform, in elektronischer Form oder in welcher Abfolge. Alles Dinge, die noch offen waren und erst dann festgelegt werden konnten, wenn klar war, wer druckt. Darüber hinaus würde man noch klären müssen, ob die eigene Rotationsmaschine am nächsten Tag überhaupt einsatzbereit sei.

Becker und von Silberburg verabschiedeten sich von Hannes Jennewein mit dem Hinweis, dass man um die Mittagszeit einen gemeinsamen Informationsaustausch machen wolle und alle marschierten ins Verlagsgebäude. Von Silberburg meinte, dass man in Beckers Büro gehen wolle, der Kaffee schmecke dort besser und außerdem hätte Else Sander ja auch immer etwas zu essen.

Es war mittlerweile schon halb acht und Else Sander traf gerade ein. Natürlich war sie bestürzt über das Fiasko, das sie angetroffen hatte und wollte alles genauestens wissen. „Später", war die Antwort, die sie erhielt, „jetzt brauchen wir erst mal Kaffee und was zum Essen". Wie so oft hatte sie auf dem Weg ins Büro beim Bäcker angehalten und verschiedene Leckereien eingekauft. Von der Butterbrezel bis zum belegten frischen Wurstbrötchen war alles parat.

„Also Carlo, wie machen wir es? Sprichst du mit Meinhard und ich mit Egon?", Werner von Silberburg drängte plötzlich, „auf geht's, keine Müdigkeit vorschützen."

„Mein lieber Werner, erstens spricht man nicht mit vollem Mund, ich esse jetzt erst mal und du sicher auch. Zweitens sind die Herrschaften um diese Zeit ganz sicher noch nicht in ihrem Büro. Also müssen wir uns nicht abhetzen. Jetzt wird in Ruhe gefrühstückt, wenn das dem Herrn Verlagsdirektor genehm ist."

„Ja wenn das so ist – wo du Recht hast, hast du Recht mein Lieber", meinte Werner von Silberburg und ließ sich ein weiteres belegtes Brötchen schmecken. Sie verbrachten eine angenehme Stunde. Dann sagte Becker: „Mein lieber Herr Verlagsdirektor, jetzt legen wir los."

Dr. Meinhard Spycher war Verlagsdirektor der Mannheimer Zeitung (MAZ) und Egon Tilz hatte die gleiche Position bei der Pfälzer Zeitung (PZ) in Ludwigshafen inne. Die Heidelberger bezeichneten die Ludwigshafener als „die da drüben", weil sie auf der anderen Rheinseite residierten, die Mannheimer waren ganz einfach „die da drunten", also schlichtweg Neckar abwärts.

„Also, ich fang dann mal an, dann kommst du, vielleicht aber auch nicht", meinte Carl Becker.

Dr. Meinhard Spycher war nach zweimaligem Läuten direkt am Telefon und man konnte förmlich sehen, wie er grinste.

„Menschenskind Carlo, was höre ich, dir ist das Dach fort geflogen? Das ist ja ein Ding. Es war doch überhaupt kein Sturm heute Nacht", frotzelte Spycher.

„Ach Meinhard, ich ertrage momentan deine Witze nicht, wie gut sie auch sein mögen, ich mache es auch superkurz: Könnt Ihr heute Nacht unsere Ausgabe drucken? Die Maschine ist abgedeckt, es regnet und man weiß noch nicht, ob die Maschine überhaupt betriebsbereit ist, vielleicht hat sie auch Schaden genommen."

Bevor Spycher überhaupt eine Antwort gab, wollte er natürlich minutiös wissen, wie das Ganze hatte passieren können. Becker blieb nichts anderes übrig, als ihm den Vorgang zu erzählen. Spycher meinte darauf, dass er sofort prüfen lasse, ob in seinem Druckhaus Ähnliches passieren könne. Carl Becker drängte ihn nun, seine Frage zu beantworten.

„Wie viele Seiten werdet ihr haben?", fragte Spycher.

„Wir werden auf jeden Fall eine ‚Schmalspur-Ausgabe' machen, also wahrscheinlich 24 Seiten, das dürfte für euch doch kein Problem sein?"

„Ein Problem wäre es nicht, wenn unsere Rotationsmaschine einwandfrei laufen würde. Aber die hat mal wieder gestern Nacht enorme Probleme gemacht. Irgend etwas stimmt mit der Elektronik nicht, insbesondere dann, wenn sie hochtourig läuft. Mit anderen Worten: Sie muss permanent langsam laufen und wir haben Mühe, dass wir unsere Auflage zeitgenau herausbringen. Also ich fürchte, dass ich euch da nicht helfen kann. Frage doch mal bei denen drüben, die haben ja auch größere Kapazitäten als wir", meinte Dr. Spycher, tatsächlich mit echtem Bedauern.

Sie verabschiedeten sich freundschaftlich.

Werner von Silberburg hatte das Gespräch natürlich mitgehört. „Jetzt haben wir den Salat, deren alte Maschine hat dauernd irgend eine Macke. Ich bin mal gespannt, wann sie auseinander fällt und die sich eine Neue zulegen", kommentierte von Silberburg, „jetzt rufe ich mal den Egon an."

In gleichen Moment klingelte das Telefon auf dem Schreibtisch von Carl Becker. Else Sander hatte Egon Tilz in der Leitung. Sie fragte, ob Becker für ihn zu sprechen sei.

„Gerade wollten wir ihn auch anrufen, das war sicher Gedankenübertragung, bitte geben Sie ihn mir."

Becker nahm das Gespräch entgegen und begrüßte Egon Tilz herzlich.

„Mensch Egon, wenn du jetzt sagst, dass du es auch schon weißt, dann verstehe ich die Welt nicht mehr", lachte Becker ins Telefon, „Werner und ich sitzen zusammen und überlegen, was wir machen sollen."

„Gackern wir nicht lange herum, natürlich weiß ich, dass euer Dach fort geflogen ist, gerade schwimmt es den Rhein hinunter und an meinem Bürofenster vorbei", lästerte Egon Tilz, eigentlich wie immer, „aber keine Sorge, du brauchst erst gar nicht zu fragen: Wir drucken euer Schundblatt natürlich, das ist für uns kein Problem. 24 Seiten. Mehr geht nicht."

Von Silberburg, der mitgehört hatte, griff sich den Hörer und sagte zu Egon Tilz: „Wenn du das Wort ‚Schundblatt' nicht sofort zurücknimmst, dann darfst du es auch nicht drucken. Also so beleidigen lassen wir uns nicht. Natürlich sind wir nicht in der Lage, ein solches Nobelblatt wie ihr zu machen, aber trotzdem gibt es ein paar Leser, die uns mögen."

Alle drei lachten herzhaft, Tilz, weil er natürlich ein Geschäft gewittert hatte – das war sicher, obwohl über Preise noch nicht gesprochen worden war – die anderen beiden freuten sich, dass das Problem des Druckens zunächst gelöst war.

„Könntet ihr unter Umständen auch noch eine weitere Ausgabe drucken? Wir wissen nämlich noch nicht, wie die Handwerker agieren und ob die Maschine dann einsatzbereit ist", fragte Carl Becker. Egon Tilz antwortete, man hätte es sich denken können: „Wir können morgen natürlich auch drucken für euch, wir könnten eigentlich immer drucken. Ich frage mich manchmal, weshalb ihr überhaupt eine Maschine habt für die paar Zeitungen, die ihr täglich herausbringt. Wir machen euch das besser, schneller und preisgünstiger", tönte seine sonore Stimme lachend aus dem Telefon.

„Mensch Egon, jetzt liegen wir mal am Boden und du trampelst auf uns herum, beleidigst uns, als ob wir die letzten Deppen sind. Wir beide sind zutiefst betroffen", entgegnete mit theatralischer Stimme Carl Becker, „Werner weint momentan, er kann nicht einmal mehr sprechen, soweit hast du es gebracht, du herzloser Pfälzer!"

Zum Abschluss meinte Egon noch, dass Carl dem weinenden Werner ein großes Tuch reichen solle zum Abwischen der Tränen. Es würde ja alles wieder gut. Zu dritt besprachen sie dann den weiteren Fortgang des technischen Ablaufes. Egon Tilz versicherte, dass er seine eigene Technik umfassend informieren würde. Die Fachleute in beiden Häusern kannten sich fast alle, zeitweilig waren sie in früheren Zeiten da und dort sogar Kollegen gewesen. Es war sicher am besten war, wenn beide Häuser auf diesem Wege kooperierten.

Becker und von Silberburg waren nun wieder ungestört und sie beratschlagten, wie es jetzt weitergehen sollte. Auf jeden Fall, da waren sie sich gleich einig, müssten alle bestellten Anzeigen mitlaufen. Ebenfalls wichtig war das Erscheinen der Traueranzeigen sowie die Rubrik Politik und Wirtschaft. Die lokalen und regionalen Seiten würden wahrscheinlich eingeschränkt werden müssen. Kultur-, Feuilleton- und Jugendseiten würden sicher ganz gekappt und „auf Halde gelegt", was heißt, dass sie zu einem späteren Zeitpunkt, gegebenenfalls redaktionell überarbeitet, erscheinen würden. Entscheidend für die beiden war, dass der Gesamtumfang 24 Seiten nicht überschreiten durfte – so wollte es Egon Tilz. Und danach mussten sich die beiden natürlich richten.

„Wir müssen unbedingt Frieder Mack und Hannes Jennewein noch informieren – ganz zum Schluss auch noch den Alten", meinte von Silberburg. Carl Becker gab ihm Recht: „Der große Chefredakteur muss seine Leute zusammentrommeln, die sollen ausnahmsweise mal früher anfangen, die Technik ist dankbar, wenn sie noch ein wenig Zeitpuffer bekommt. Dem Hannes Jennewein sagen wir gleich Bescheid und den Alten übernimmst du, mein lieber Werner in deiner Eigenschaft als Verlagsdirektor", meinte Becker sehr respektvoll, aber grinsend.

„O Herr", meinte von Silberburg, „warum lässt du diesen Kelch nicht an mir vorbeigehen? Also gut, dein Wille, verehrter Herr Geschäftsführer, geschehe. Ich rufe den Alten nachher an. Ich kann dir jetzt schon sagen, wie das Gespräch ausgeht."

Werner von Silberburg telefonierte eine halbe Stunde mit dem Verleger. Das Gespräch endete tatsächlich so, wie es Werner von Silberburg prognostiziert hatte. Willi

Jennewein wollte erst einmal die Kosten erfahren. Die waren im Vorfeld nicht genau festzulegen, allenfalls schätzungsweise. Außerdem war noch nicht bekannt, wann das Druckhaus wieder betriebsbereit sein würde. Der Verleger wollte auch wissen, um wie viel Uhr angedruckt werden würde und ob auch alle betroffenen Mitarbeiter, insbesondere der Fahrdienst, informiert worden wären.

Es war definitiv nichts vergessen worden. Der Fahrdienst musste schließlich die durchgedruckten fertigen Zeitungen in Ludwigshafen und nicht in Heidelberg abholen. Wahrscheinlich würden den Fahrern und der Logistik die kompletten Fahrtouren-Pläne durcheinander kommen. Es war eine überaus nervige Angelegenheit für den Verlagsdirektor, dem Verleger das für ihn alltägliche Tagesgeschäft zu erklären. Der wollte manches partout nicht verstehen. Von Silberburg schlug sich aber wacker, wenn auch mit gespielter Ruhe.

Die Misere dauerte drei Tage. Im Grunde genommen eine beachtliche Leistung von Hannes Jennewein, in dieser relativ kurzen Zeit wieder alles in Gang zu setzen. Die Handwerker gaben sich die ‚Klinken in die Hand', die Elektroniker von BBC überprüften sämtliche Anlagen und die Ingenieure des Druckmaschinenherstellers waren stante pede am Platz und überprüften das Riesenmonstrum von Maschine auf Schäden und bereiteten die störungsfreie Wiederinbetriebnahme vor.

Der Dank des Verlegers war allen Beteiligten - es waren schließlich wirklich fast alle betroffen - in seiner üblichen

Art und Weise gewiss. „Das hat aber endlos lange gedauert, Sie hätten sich ruhig mehr beeilen können, das hätte schneller gehen können, mein Gott. Ich habe nämlich jetzt die Kosten an der Backe, ich, und nicht Sie." Das waren seine Dankesworte, die er unbewegten Gesichtes an Werner von Silberburg richtete, stellvertretend für alle.

Kapitel 11

Beata vita perfecta sapienta efficitur
(Ein glückliches Leben kommt durch vollkommene Weisheit zustande)

Der Frühling war eingekehrt. Es war Sonntagmorgen und Carl Becker, seine Frau Orelia und Tochter Krista saßen gemeinsam beim Frühstück. Es war einer der wenigen Tage, an denen dieses gemeinsame Ritual vonstatten gehen konnte. Die ‚Welt am Sonntag' lag mit allen einzelnen Büchern, also Rubrikteilen, auf dem Tisch und die drei ‚Frühstückenden' hatten sich den Teil den sie jeweils lesen wollten, bereits zurecht gelegt. Es war eigentlich wie immer. Nur mit dem Unterschied, dass man den Frühling bereits riechen konnte. Man roch ihn wirklich, denn Becker bemerkte, dass der Lavendel, der in vielen großen Büschen im Garten von Orelia gepflanzt worden war und von ihr liebevoll gepflegt wurde, gerade zu blühen begann. Ein Stück von Orelias Heimat im Süden

Frankreichs; dort konnte man kilometerweit über riesige, duftende Lavendelfelder schauen.

Becker blickte von der Terrasse über den Garten, bewunderte im Stillen die gepflegte, kleine Anlage und war sich im gleichen Moment bewusst, dass schon wieder ein Jahr ins Land gezogen war. Ein bisschen wehmütig war ihm schon ums Herz. Was war in den letzten Monaten alles passiert: gravierende und immer noch nicht erledigte oder aufgeklärte Dinge. Das Druckhaus war wieder vollständig in Betrieb, aber die ‚Heidelberger Frauenmorde', wie sie immer wieder in den Gazetten aufgeführt wurden, konnten noch nicht geklärt werden. Otto Wolter, sein Polizeifreund, hatte zwar gesagt, dass sie mehrere gute Spuren verfolgten, aber endgültig könne er noch nichts sagen, es sei alles noch zu vage.

Die immer noch nicht aufgetauchten 5,4 Millionen Mark machten Becker am wenigsten Sorgen. Er war davon überzeugt, dass die Theorie seines Freundes Werner von Silberburg stimmte und eines Tages, so waren sie überein gekommen, würden sie die Bombe platzen lassen. Ein paar Einzelheiten fehlten zwar noch, aber sie beide, Becker und von Silberburg, waren wohl nah dran.

„Hallo, Carlo, was sinnierst du? Riechst du den Lavendel denn nicht?", fragte leise Orelia, „ich weiß, wo er noch viel besser riecht!"

‚So, jetzt haben wir's', dachte Becker, ‚jetzt kommt's wie jeden Frühling', er hatte es fast geahnt.

„Ja klar, ich weiß ja, was du meinst. Wir fahren für ein paar Tage nach Carpentras. Wir machen das doch immer um diese Zeit, du brauchst deshalb nicht um den Brei herum zu reden", sagte Becker und schaute zu seiner Tochter, „was ist mit dir, du gehst doch mit?" Krista sagte, dass sie natürlich mitginge und die kommende Woche ohnehin Urlaub hätte.

„Wie sieht es mit deiner Zeit aus, Carlo?" fragte Orelia.

„Am kommenden Dienstag können wir fahren, ich habe zwar eine Menge Termine, aber so wichtig sind die nicht. Else muss sie halt verschieben, das dürfte keine Probleme geben", entgegnete Becker.

„Ja ja, wenn du Else nicht hättest, könntest du, glaube ich, überhaupt nicht existieren", meinte Orelia - sie sagte das häufiger. Ihre Augen blitzten dabei ein wenig, Becker beobachtete das immer einmal wieder. War da etwa Eifersucht im Spiel? Es gab bestimmt keinen Grund, obwohl sich Else und Becker stundenmäßig häufiger sahen als er und Orelia.

„Unfug", brummelte Becker, „ihr habt das ohnehin schon alles abgesprochen und ich bin sicher, dass ihr eure Sachen bereits gepackt habt!"

„Hu hu, der altkluge und weise Zeitungsonkel hat gesprochen", hänselte Krista, „klar haben wir gepackt, stimmt's, Mama?"

„Ich enthalte mich der Stimme", meinte diese lächelnd. Die Freude auf Carpentras war ihr anzusehen.

Dienstags in aller Frühe brach die kleine Familie auf in Richtung Frankreich. Der Jaguar schnurrte über die Autobahn, als kenne er den Weg bereits. Immerhin musste er zwei Mal pro Jahr die Strecke bewältigen, was er sicherlich gerne tat. 130 km/h auf Frankreichs Autobahnen war genau das, was der Jaguar mochte.

Kurz vor Basel fuhren sie rechts ab Richtung Lyon via Besançon und Dôle. Dort wurde traditionsgemäß zu Mittag gegessen, und zwar wie immer im ‚Le Bec Fin' in der Rue Pasteur. Dort waren sie gut bekannt, man begrüßte sie freundlich und Becker konnte endlich wieder einmal sein geliebtes Boeuf Bourguignon essen. Während des Essens meinte Carl Becker, dass man auch über Bourg-en-Bresse hätte fahren können.

„Jedes Jahr das gleiche Spiel", riefen Orelia und Krista gleichzeitig, „du willst nur bei Georges Blanc essen, jetzt sind wir hier und wir haben ja nicht allzu viel Zeit!" Georges Blanc in Vonnas war ein Drei-Sterne-Lokal, wunderschön gelegen, Becker kannte es gut. Georges Blanc war einer der berühmtesten Köche Frankreichs. Allerdings, und da hatten die beiden Frauen Recht, dort zu essen hätte bedeutet, dass man mindestens drei bis vier Stunden an Zeit hätte mitbringen müssen. Sonst hätte es keinen Sinn gemacht, überhaupt dort hinzufahren.

Relativ frühzeitig beendeten die drei ihre Mittagessen-Zeremonie, nicht ohne einen schwarzen starken Kaffee mit einem Hausbrand zum Abschied offeriert zu bekommen.

Die Autobahnschilder zeigten schon Beaune, Richtung Lyon, Valence war schon sichtbar und es war nicht mehr allzu weit. Carpentras liegt exakt zwischen Oranges und Avignon. Es war noch hell, das wunderbare Licht der Provence lag über der Landschaft. Aus der Ferne sah man den Mont Ventoux und den Gebirgszug des Luberon mit seinen üblicherweise ganz hellen, nun aber im Licht der untergehenden Sonne rosafarben leuchtenden Felsformationen. Kein Wunder, dass alle bekannten, aber auch die weniger populären Maler den Süden Frankreichs, die Provence, auf ihre Leinwände gebannt haben. Der Beweggrund der Künstler war immer der gleiche - das fantastische Licht.

Die letzten paar Kilometer fuhren sie immer Landstraße. Sie nahmen die nächste Ausfahrt nach Orange und so waren es immer nur ein paar Kilometer, ‚quasi zum Entspannen und um zu schauen, wie die Natur ist', so drückte es Orelia immer aus. Vielleicht hatte es ja auch etwas mit Heimweh und Wiedererkennen zu tun? Jedenfalls wurde auf diesem Weg niemals gesprochen.

Orelia hatte vor Jahren das hübsche Zweifamilienhaus ihrer Eltern geerbt, beide waren hintereinander in sehr kurzem Abstand verstorben. Das Elternhaus befand sich in sehr ruhiger Lage am Stadtrand, in der Nähe des Place de Verdun. Fährt man die Ausfallstraße weiter, kommt man auf direktem Weg an den Fuß des Mont Ventoux.

In dem zweigeschossigen Haus war die Wohnung im ersten Stock an ein älteres, liebenswertes Ehepaar vermietet.

Sie waren sogar ganz weitläufig mit Orelia verwandt, allerdings, in welcher Linie und welchem Verwandschaftsgrad wusste sie auch nicht. Was bei den Franzosen auch keine große Rolle gespielt hätte – sie sprechen sich mit den Vornamen an und finden sich einfach sympathisch. Die untere Wohnung war etwas kleiner und nicht vermietet. Orelia hatte es einfach nicht fertig gebracht, ihren ‚Stützpunkt' in Carpentras aufzugeben. Hin- und wieder vermietete sie die Wohnung an Bekannte oder Freunde. Sie sagte zu ihrem Carlo, dass sie damit das Haushaltsgeld aufbessern könne. Wozu keinerlei Grund bestand aber es war eine nette und liebenswürdige Ausrede.

„Außerdem", so Orelia, „wenn wir in Carpentras sind, müssen wir schließlich irgendwo wohnen, oder nicht?"

‚Weil es ja in Carpentras keine Hotels gibt', dachte Becker, sagte aber zu diesem Thema nichts. Orelia war in solchen Dingen sehr empfindlich.

Danielle und Jaques, die Mieter, standen schon unter der Türe. Die gewohnte Begrüßungszeremonie mit Küsschen, Umarmungen und einem endlosen Geschnatter folgte. Becker verstand davon das Wenigste. Jedenfalls kam er auch einmal zu Wort und lobte die wunderschön gepflegte Gartenanlage. Die untere Wohnung war gut gelüftet und mittendrin stand, wie sollte es auch anders sein, ein riesiger Busch mit blühendem Lavendel.

Kurze Zeit später, der Ablauf stand ohnehin fest, sagte Orelia, dass man ins „L'Atelier de Pierre" laufen könne. Dieses Restaurant hatte nicht nur das besondere Flair dieser Landschaft, die Küche und die Weine waren vorzüglich.

Die drei liefen Richtung Kathedrale. Es war ein besonderes Erlebnis, abends über den beleuchteten Platz der geschichtsträchtigen Kathedrale St. Siffrein zu spazieren. Sie schlenderten weiter die Rue des Halles entlang, wo das Restaurant in den Blick kam.

Auch hier spielten sich wieder die herzlichen Begrüßungsszenen ab, man spürte, dass es ehrlich gemeint war.

Der schönste runde Tisch war eingedeckt, mit Blumen und, natürlich, mit Lavendelsträußchen dekoriert – es fehlte an nichts. Der Aperitif des Hauses, ein eiskalter weißer Cote des Ventoux, eröffnete das darauf folgende ausgedehnte üppige Menü.

Natürlich lockerten sich auch die Zungen. Carl Becker tastete sich langsam vor und fragte seine Tochter Krista: „Na, was macht denn eigentlich die große Liebe? Man hört überhaupt nichts." Er erntete einen leicht strafenden Blick von Orelia. ‚Du meine Güte, was habe ich jetzt wieder falsch gemacht', dachte Becker. Aber die Situation entkrampfte sich sehr schnell, denn Krista küsste ihren Vater auf die Wange und sagte: „Natürlich darfst du fragen, und natürlich sollst du auch alles wissen. Ich hatte die ganze Zeit nur nicht den Mut, dich in dieser Sache anzusprechen".

„Na, na, na", meinte Becker, „warum denn das?"

Krista erzählte, allerdings mit leicht glänzenden Augen, dass sie sich vor gut einem halben Jahr in Hannes Jennewein verliebt hätte. Dieser war mit Kollegen in Wolf Schönmehls Restaurant im Heidelberger Schloss gewesen, wo sich Krista mit einer Freundin zum Essen verabredet hatte. Und so ergab es sich eben. Offensichtlich erfolgten viele Treffen, Telefonate, Essens- und Konzerttermine. Aber vor ein paar Monaten erfolgte die Trennung. Krista wiederholte immer wieder: „Er ist ja so süß und nett." ‚Ja und? Viele Männer sind süß und nett', dachte sich Becker. Wobei er innerlich zugeben musste, dass Hannes Jennewein schon ziemlich gut aussah und sich elegant kleidete, der typische Frauenschwarm.

„Ja und? Wo die Liebe halt hinfällt, so ist das Leben", brummelte Becker leicht ungehalten.

„Ja, aber, ähm, ja, aber...", Krista stammelte fast und es fiel ihr wohl schwer, weiter zu sprechen, „Hannes ist schwul."

Orelia saß unbewegten Gesichtes da, also hätte sie es längst gewusst. Und Becker fiel vor Schreck fast das gerade erhobene Glas aus der Hand. Er musste sich zuerst mal sammeln. Er fragte Krista, woher sie das wisse. Sie meinte, er hätte sie nie geküsst geschweige denn sonstige Annäherungen oder Körperkontakt gesucht. Und immer wenn beide irgendwo waren, wäre in steter Regelmäßigkeit ein netter junger Typ aufgekreuzt, der dann den ganzen Abend wie eine Klette an beiden gegangen habe. Dieser war, wie sich später herausstellte, der Lebensgefährte von Hannes Jennewein.

Krista erzählte weiter, dass Hannes sogar vom Heiraten gesprochen habe. Er eröffnete Krista tatsächlich seine Neigungen und meinte, da könne er nicht dagegen ankämpfen, er wäre halt so. Und um Himmels Willen dürfe es nie jemand erfahren, sonst wäre er ein quasi toter Mann.

„Und ich wäre seine Alibifrau gewesen, niemals, niemals", sagte Krista erregt. Ihr Vater tröstete sie und hielt ihr einen Vortrag über Schwule und Lesben. Es sei doch gut, dass heutzutage jeder Mensch frei leben könne und niemand wegen seiner sexuellen Einstellung geächtet werde. Das Mittelalter und die Hexenverbrennungen gehörten Gott sei Dank der Vergangenheit an. Hannes Jennewein solle sich outen und sein Leben führen, wie er es für richtig hielte. So einfach sei die Welt. Carl Becker sprach noch eine Weile zu diesem Thema, sogar psychologisch und wissenschaftlich untermauert – allerdings spielte dabei auch der Côte de Ventoux eine kleine Rolle. Erst jetzt fiel ihm auf, dass Orelia die ganze Zeit kein Wort gesprochen hatte.

„Weshalb sagst du überhaupt nichts dazu?" fragte Becker seine Frau.

„Du hast doch alles gesagt, was dazu zu sagen ist. Der Fall ist erledigt und jetzt machen wir gleich weiter: Krista hat seit geraumer Zeit einen neuen Freund, der ist sicher nicht schwul, und ich glaube, dass das eine gute Sache werden wird", meinte Orelia mit einem sehr wissenden Gesichtsausdruck.

„Heute macht ihr mich fertig, ihr Weiber. Wie soll ich das alles ertragen? Also", betonte Becker, „wir halten fest, dass wir zum Thema Hannes Jennewein nirgendwo ein Wort verlieren, ja? Und dann möchte ich wissen, wer der jetzige Mann ist, der an meiner Tochter arbeitet, ähm, der mit ihr befreundet ist. Kann man da was hören?" Becker hielt sich eine Hand an sein rechtes Ohr und schaute gespannt in die Runde.

„Ach, er ist ja so süß", wollte Krista beginnen, als ihr Vater sie unterbrach: „Jawohl, alle sind ja so süß, ich auch!", was ihm böse, fast giftige Blicke von beiden Frauen einbrachte.

„Ja, ist er auch", fuhr Krista fort, „wir kennen uns schon ein paar Jahre, haben uns aber aus den Augen verloren. Und unlängst haben wir uns auf dem Tennisplatz wieder getroffen – anscheinend, nein nicht anscheinend, sicher, es hat gefunkt, so einfach ist das. Mein lieber Maxi gefällt dir sicher auch, ich meine natürlich seine Art und so, halt, du verstehst ja, was ich meine. Ach, Papa, jetzt sei nicht so stur!"

‚Als ob ich stur wäre', dachte Carl Becker, ‚bin ich noch nie gewesen. Aber auch noch Maxi, o Herr. Man wird doch sicher wissen dürfen, was in seinem Haus und mit seiner Tochter vorgeht?'

Im Laufe des Abends kamen dann scheibchenweise die Informationen, die Becker geschickt aus seiner Tochter herausholte. Der Mann hieß Maximilian Herder, stammte aus einem sehr guten Elternhaus und war Rechtsanwalt.

Na ja, dagegen war schließlich nichts einzuwenden. Es wurde ausgemacht, dass man Maximilian demnächst einmal zum Essen einladen wolle, und dann würde Carl Becker, wie er lachend sagte „dem Advokaten einmal auf den Zahn fühlen."

„Pass' nur auf", meinte seine Tochter erleichtert lachend, „so lieb er ist, er ist aber auch ein gewiefter Fuchs, ähnlich wie du, Papa." Sie küsste ihren Vater liebevoll aufs Ohr.

Es war schon sehr spät, als die drei sich auf den Nachhauseweg machten, nicht ohne die übliche Abschiedszeremonie im Lokal und dem Versprechen, bald wieder zu kommen,

Orelia und Becker, vielleicht auch Krista dachten, dass man wegen solcher Gespräche nach Carpentras fahren muss. Als ob das in Heidelberg nicht möglich gewesen wäre. Vielleicht nicht so gut.

Die folgenden Tage vergingen wie im Flug. Ein Ausflug nach Cavaillon zu Tilla, einer lieben Schulkameradin und Freundin von Orelia, war geplant und musste absolviert werden. Ihr Mann hatte ein Weingut und deshalb, das war Pflicht, musste auch der Keller inspiziert werden, einschließlich entsprechender ‚Weinprüfungen'. Dabei wurde viel erzählt und, was Tilla besonders gern mochte, es wurde politisiert. Carl Becker hielt sich hier immer bedeckt, denn Tillas Ansichten waren manchmal sehr sonderbar. Jedenfalls schimpfte sie darüber, dass die Einbrüche und die Überfälle ‚in unserer schönen Provence' immer mehr zunähmen und niemand würde etwas dagegen tun. Die Guillotine müsse wieder her, nur so würde wieder Ordnung herrschen im Lande.

Leider gingen diese Provencetage immer so schnell zu Ende; Orelia, Krista und Becker waren bereits auf der Rückfahrt Richtung Heidelberg. Carl schaute in den Rückspiegel und sah seine Frau, die leicht vor sich hindöste. Neben sich sah er seine Tochter, und dabei wurde ihm klar, dass die beiden eigentlich seine wirkliche Welt darstellten. Auch wenn sie ihm manchmal ziemlich auf die Nerven gingen, verliehen sie seinem Leben Sinn. Natürlich gehörte auch der Zeitung ein Stück seines Herzens, aber nur ein Stück.

Noch knapp zwei Stunden und sie waren zu Hause. Je näher sie Heidelberg kamen, umso häufiger dachte Becker daran, dass morgen der Verlag und die Zeitung ihn wieder in Beschlag nehmen würden.

Kapitel 12

Communia sint amicorum inter se omnia
(Alles soll Freunden untereinander gemeinsam gehören)

Carl Becker fuhr am nächsten Morgen, wie immer um neun Uhr, in den Verlag. Er freute sich auf seinen Kaffee mit entsprechenden Zutaten und gestand sich ein, dass er neugierig war, was so alles angefallen und passiert war. Immerhin war er eine Woche vom Verlag gewissermaßen abgeschnitten gewesen, abgesehen von ein paar Telefonaten mit Else Sander.

Er betrat den Haupteingang, die Mitarbeiterin am Empfang begrüßte ihn freundlich mit „Na, sind Sie auch mal wieder im Lande?" Becker winkte ihr kurz zu. Als er in seinem Büro ankam, standen schon Kaffee und Brötchen bereit. Die gute Else Sander bekam grundsätzlich Meldung von der Rezeption, wenn Becker das Haus betrat.

„Guten Morgen, es ist schön, dass Sie wieder da sind." Ehrliche Freude huschte über das Gesicht von Else, „Winfried Roth hat schon versucht, Sie anzurufen. Er würde Sie gerne zum Mittagessen im Europäischen Hof treffen, geht das in Ordnung?"

„Wenn nichts Besonderes anliegt", meinte Becker, „klar. Rufen Sie bitte Yvonne Schmidlin an und sagen Bescheid? Sagen wir 12.30 Uhr", meinte Becker.

Natürlich wollte Else wissen, wie alles war, ob es etwas Gutes zu Essen und Trinken gegeben hätte, wie der Verkehr war auf der Autobahn und ob der Lavendel denn schon blühe in der Provence. Bereitwillig und geduldig beantwortete Becker alle Fragen, er freute sich über ihr Interesse.

Pünktlich um halb eins traf Carl Becker im Europäischen Hof ein, es waren ohnehin nur knappe zwanzig Minuten zu Fuß. Eines machte Becker besonders gerne: Ohne gehetzt zu werden durch die Heidelberger Hauptstraße laufen.

Winfried Roth war schon da und, zur Verwunderung von Carl Becker, Yvonne Schmidlin war auch dabei.

„Was schaust du so verwundert, mein alter Freund? Wegen Yvonne? Sie ist dienstlich hier, ich habe sie gebeten, dass sie verschiedene Notizen macht – wir vergessen sonst ja doch die Hälfte", lachte er schallend.

„Das scheint ja ein wichtiges Gespräch zu werden, mein Lieber, wenn schon alles mitgeschrieben wird. Oder gibt das ein Verhör?", auch Becker lachte herzlich. Der Kellner brachte drei Pastis, „extra zu Ehren unseres Halbfranzosen", meinte Roth, der die Getränke offenbar mit Bedacht bestellt hatte.

Becker war sehr gespannt, was nun kommen würde. Roth war immer offen und ehrlich, auch wenn Yvonne Schmidlin dabei war – vor ihr hatte er ohnehin keine Geheimnisse. ‚Manchmal weiß sie sehr viel mehr als Roth', dachte Becker für sich.

Roth erinnerte Becker zunächst daran, dass sie vor geraumer Zeit über seine speziellen Planungen und Gedanken gesprochen hatten. Es ging um den Aufkauf von verschiedenen Zeitungen und deren Zusammenlegung. Roth wollte durch diese Idee redaktionell, verwaltungstechnisch aber auch produktionsmäßig gewaltige Kosten einsparen. Über dieses wichtige und interessante Thema debattierten sie noch eine ganze Weile. Carl Becker musste zugeben, dass das alles einleuchtend war und dass es auf ihn einen besonderen Reiz ausübte. Beide waren wieder einmal Feuer und Flamme, sie kannten diese enthusiastischen Gefühle von früheren Aktionen her. Sie waren wohl beide aus dem gleichen Holz geschnitzt.

‚Aha, jetzt kommt wohl die Überraschung', dachte Becker, „aber es scheint uns jemand zuvor gekommen zu sein mit diesem Konzept", betonte Winfried Roth, und blickte Becker dabei forschend an. „Wie kommst du auf diese Idee? Natürlich könnte es sein, dass Investoren aus allen möglichen Richtungen am Zeitungsgeschäft Interesse haben. Aber dazu bedarf es ja erheblich mehr als nur Geld, oder?", entgegnete Becker.

Roth stimmte uneingeschränkt zu. Er erzählte weiter, dass er Erkenntnisse habe, dass Dr. Meinhard Spycher von der Mannheimer Zeitung und Egon Tilz von der Pfälzer Zeitung sich hassen würden wie die Pest. Das wäre allseits bekannt. Trotzdem hätte man sie in der letzten Zeit dauernd in guten Restaurants sitzen sehen und sie würden sehr vertraut miteinander umgehen. Becker meinte darauf, dass das doch kaum etwas aussage. Winfried Roth sagte grinsend, dass einer seiner Leute mehrfach am Nebentisch gesessen und zugehört habe. Der Fall wäre demnach klar: Die beiden wollten in irgendeiner Form fusionieren und würden überlegen, wie sie auch Willi Jennewein dazu bekämen. Dann wäre ihr Lebenstraum erfüllt. Diese Worte sollen, so Roth, tatsächlich gefallen sein.

„Kannst du mal deinen Verleger abklopfen? Dann wissen wir auf jeden Fall mehr", sagte Winfried Roth. Becker sagte zu, ein entsprechendes Gespräch mit Willi Jennewein zu führen, natürlich mit der gebotenen Vorsicht.

Winfried Roth erläuterte nochmals seine mittlerweile überarbeiteten und zusätzlich noch vergrößerten Planungen. Roth hatte tatsächlich vor, Heilbronn, Karlsruhe, Mannheim, Heidelberg und Ludwigshafen zusammenzulegen, so wie er es seinerzeit kurz mündlich seinem Freund Becker gegenüber erklärt hatte. Nur dass dieses Mal noch zwei weitere Zeitungen hinzukommen würden. Becker überlegte kurz und dachte zunächst, dass es sich in diesem Falle um mehr als eine halbe Milliarde an

Investition handeln würde, mindestens. Und dann sagte er es laut – Roth antwortete lächelnd: „Na und? Die habe ich gleich beisammen. Mir ist wichtig, mein Freund, dass du auch dabei bist!"

„Mein lieber Guter", meinte Becker, „das ist wohl eine Nummer zu groß für mich. Wo soll ich auch nur den kleinsten Anteil hernehmen?"

„Ich will dich, ich will nicht dein Geld. Du bist mir mehr wert als Geld; eigentlich dachte ich, dass du als mein ältester und bester Freund das weißt", meinte er in sehr ernstem Ton. Auch darüber hatte er wohl schon gebrütet und getüftelt: Er wollte seinen Freund mit einem ansehnlichen Prozentsatz am Gewinn beteiligen. Er, Becker, habe sein Wissen und seine Erfahrung einzubringen jedoch kein Geld.

„Geld ist doch nur Papier, das müssten wir alten Drucker doch wissen, stimmt es?" fragte Roth. Becker stimmte schmunzelnd zu.

Vom Grundsatz her war Becker einverstanden. Beide beschlossen abzuwarten, wie das Gespräch mit Willi Jennewein verlaufen würde. Danach wollten sie, wie Winfried Roth immer so gerne sagte, „Nägel mit Köpfen machen". Yvonne Schmidlin hatte alles sauber und kurz notiert. Sie meinte, Becker könne gerne eine Kopie haben. Becker meinte lachend zu ihr: „Das gesprochene Wort gilt, und wenn ich es in meiner Senilität vergessen habe, weiß ich ja, wen ich anrufen kann, richtig?"

Yvonne lachte und meinte, das sei wieder ein ‚echter Becker' gewesen.

Die Tür der Kurfürsten-Stube im Europäischen Hof öffnete sich mit Schwung und schnurstracks auf den Tisch zueilend, an dem die drei saßen, erschien in Person Willi Jennewein.

Leise sagte Winfried Roth: „Peng."

Jennewein nahm unaufgefordert am Tisch Platz, grüßte zwar freundlich um dann aber gleich noch eine seiner üblichen Tiraden drauf zu setzen: „Na, den Herren scheint es ja gut zu gehen. In solch noblem Restaurant zu speisen, na ja", meinte er mit lachendem Gesicht, aber seine Augen blieben kühl und reglos.

Winfried Roth reagierte geschickt. Er lud den Verleger kurzerhand zum Essen ein, „auf meine Rechnung natürlich! Ich kann ja nicht dulden, dass Sie trockenes Brot essen müssen", sagte er galant. Klar, dass Willi Jennewein diese Einladung sofort annahm, allerdings ohne Dank. Yvonne Schmidlin hatte keinen Ton mehr gesagt, Becker wusste auch warum. Sie konnte den Verleger partout nicht ausstehen, das hatte sie irgendwann Carl Becker erzählt. Der Grund war sicher berechtigt: Der Verleger starrte sie unentwegt an, auch wenn er sich mit anderen Personen unterhielt. Seine starren Augen sprachen Bände.

Das Tischgespräch plätscherte vor sich hin, Belanglosigkeiten wurden ausgetauscht. Carl Becker war gespannt, ob und vor allen Dingen in welcher Form sein Freund

Winfried auf das kurz zuvor besprochene Thema kommen würde.

Willi Roth setzte zum Angriff an. In einer Gesprächspause, der Verleger schaufelte gerade die frischen Pfifferlinge in sich hinein, sagte Roth ganz beiläufig: „Was wird da mal wieder geschwätzt? Die Mannheimer und die Ludwigshafener wollen sich zusammentun?"

Das hatte gesessen. Der Verleger hörte auf zu kauen, Becker schaute interessiert auf die bleiverglasten bunten Scheiben der Kurfürsten-Stube und schwieg. Auch Winfried Roth schwieg und ließ seine Botschaft wirken. Nach geraumer Zeit zischte der Verleger: „Das darf doch nicht wahr sein. Woher wollen Sie das wissen? Möglich ist bei den Kerlen da drüben ja alles. Die schmieden ein Komplott gegen mich. Das ist eine grenzenlose Schweinerei."

„Na ja", meinte Roth, „so dumm ist der Gedanke doch gar nicht. Vielleicht ist das Konzept ja schon ausgereift, oder?"

„Schwachsinn ist es, absoluter Blödsinn. Ohne mich können die überhaupt nichts machen. Woher wissen Sie das eigentlich, sehr geehrter Herr Roth?" ‚Wenn er ‚sehr geehrter' sagt, ist er wütend', dachte Becker und schaltete sich in das Gespräch ein. „Ich habe Ihnen vor einiger Zeit schon davon berichtet, aber Sie waren nicht daran interessiert."

Wieder nahm Roth das Wort: „Wenn ich sage, sehr geehrter Herr Jennewein, dass ich das gehört habe, dann stimmt es auch, zumindest sehr wahrscheinlich. Und

Quellen gibt man nie preis, sonst versiegen sie. Das müssten sie als Zeitungsmann doch auch wissen."

„Gar nichts weiß ich, es ist mir auch egal. Die sollen doch machen, was sie wollen!", war die Antwort von Jennewein.

Nochmals ergriff Roth, der auf diesem Gebiet wirklich Erfahrung hatte, das Wort: „Ganz so einfach würde ich das nicht abtun. Die da drüben sind nicht zu unterschätzen. Es würde mir sehr leid tun, wenn sie, Herr Jennewein, Schaden nehmen würden."

Becker staunte wirklich über Roth's Dialektik. Roth erzählte dann etwas von „die könnten aufgrund ihrer neuen Machtstellung unvorstellbaren Schaden im ganzen Gebiet anrichten. Von monatlichen Zeitungsbezugsgebühren und von Anzeigenkosten einmal ganz abgesehen, könnten sie aufgrund der erreichten Synergieeffekte, die sie ja anstrebten, günstiger produzieren und Sie, den großen Verleger Willi Jennewein, direkt ins Verderben stürzen. Sie wären quasi wehrlos und denen ausgeliefert. Und irgendwann fressen die Sie." Becker hörte das alles fassungslos und der Verleger bekam kein Wort mehr heraus.

Plötzlich wurde Carl Becker klar, unter welchen Prämissen Winfried Roth das Gespräch führte und steuerte. Er wollte den Verleger in Angst und Schrecken versetzen, um ihm später die rettende Hand zu reichen. Und genau das trat dann ganz schnell ein.

Roth setzte noch eins drauf und malte das eventuell kommende Szenarium in den schrecklichsten Farben aus. Man sah es dem Verleger an, er hatte Angst, es stand ihm ins Gesicht geschrieben.

„Was sagen sie dazu, Herr Becker, sie sagen ja überhaupt nichts", wandte sich der Verleger Hilfe suchend an seinen Tischnachbarn.

„Ich überlege die ganze Zeit schon. Also, ich muss sagen, das Ganze ist eine gefährliche Zeitbombe. Sie tickt offenbar schon. Aber was tun?", Becker schaute in die Runde und zwinkerte blitzschnell mit einem Auge seinem Freund Winfried zu.

Dieser trat dann als der große Retter auf. Er schätze den Verleger Willi Jennewein sehr, das wäre ja bekannt. Deshalb schlage er vor, dass man einfach den Spieß umdrehen solle.

„Dass wir, und damit meine ich meine Investoren und auch Sie, Herr Jennewein sowie meine Wenigkeit, mehr Kapital auf die Beine stellen können als die beiden da drüben, also das dürfte klar sein. Oder bezweifelt das jemand hier am Tisch?" fragte Roth.

Willi Jennewein stöhnte erleichtert auf und meinte, er habe begriffen, jawohl, das wäre das Gelbe vom Ei. Sein Blick, nach oben gerichtet, zeigte, dass er seinem Herrn dankbar war für die Wende in dem Gespräch. Er hatte sich wieder gesammelt und von dem Schreck erholt. Becker und Roth stimmten ihm enthusiastisch und mit Beifallskundgebungen zu. Sie taten so, als ob Willi Jennewein die brillante Idee entwickelt hätte. Sie beschlossen, sich alsbald gemeinsam zu einem detaillierten Gespräch zu treffen.

„Den Dreckspatzen da drüben, denen werde ich es geben", fügte der Verleger vollmundig, gewissermaßen als Schlusssatz, hinzu.

Kapitel 13

Quam non est facilis virtus! Quam vero difficilis eius diuturna simulatio!

(Wie ist doch die Tugend nicht leicht! Wie schwer aber ist ihr ständiges Vorheucheln)

Es war ein wunderschöner Morgen, der Himmel war wolkenlos und Carl Becker fuhr mit offenem Schiebedach gemächlich von Ziegelhausen Richtung Altstadt. Heute hatte ihm seine Frau wieder einmal ‚Eier im Glas' zum Frühstück serviert, die mochte er besonders gerne. „Immer gibt es die nicht, das ist nicht gesund", meinte Orelia jedes Mal, wenn Becker förmlich darum bettelte. Aber heute war es so, der Tag fing gut an. Die Frage für Becker war, ob es so bliebe.

Es blieb natürlich nicht so, im Gegenteil. Schwarze Wolken zogen schon auf, als Becker, zunächst noch fröhlich, sein Büro berat und Else Sander besonders freundlich begrüßte. Es half nichts, seine Ahnung hatte ihn mal wieder nicht getäuscht.

„Es tut mir leid, dass ich ihnen den Tag verderben muss, aber der Verleger will Sie sofort, er hat betont, sofort, in seinem Büro sehen", sagte Else mit mitleidigem Lächeln.

„Fast habe ich mir gedacht, dass der Tag nicht so schön bleibt, wie er begonnen hat, nun denn, auf in den Kampf", meinte Becker ironisch. Mit einem „Viel Spaß!" winkte ihm Else zu und er ging langsamen Schrittes, überlegend, was denn jetzt schon wieder so wichtig sei, zum Fahrstuhl und fuhr hoch.

Hedda Mahler, die Sekretärin von Willi Jennewein, begrüßte Becker freundlich und sagte ihm, dass der große Zampano, wie sie ihn häufig nannte, entweder schlecht geschlafen oder aber einen Dachschaden hätte. Sie öffnete die Bürotür und rief laut hinein:

„Der Herr Geschäftsführer Carl Becker ist im Anmarsch, Herr Verleger!"

„Herein, herein, lieber Herr Becker", säuselte der Verleger.

Carl Becker kannte diesen merkwürdigen Tonfall, ihm schwante Übles. Im Büro waberte wie immer dieser schreckliche Geruch und Becker war sofort versucht, die beiden Fenster aufzureißen. Bei diesem Wetter mit geschlossenen Fenstern arbeiten, das war für ihn der reinste Gräuel. Eine Klimaanlage war für den Verleger der leibhaftige Antichrist.

Mit dem üblichen katzenfreundlichen Lächeln und den starren Augen bot Jennewein ihm den Platz auf dem unbequemen Holzstuhl vor seinem Schreibtisch an. Er selbst blieb sitzen – zur Begrüßung stand er ohnehin nie auf. Trotzdem war es eine Ehre, sie war wirklich nicht jedem vergönnt, vor dem Verleger auf dem Holzstuhl sitzen zu dürfen.

„Herr Becker, Sie haben doch ein gutes Gedächtnis, soweit ich weiß. Erinnern Sie sich noch daran, dass ich einmal in Donaueschingen war?", fragte mit lauerndem Gesicht der Verleger.

Carl Becker zögerte zunächst, weil er nicht einordnen konnte, was Jennewein mit dieser Frage von ihm wollte. Nach längerem Nachdenken meinte Carl Becker, ja, er könne sich schwach erinnern. Aber das sei wohl schon eine Weile her.

„Sie wissen sicher auch noch, dass ich in Begleitung einer jungen Dame war, sie selbst haben mich am Flugplatz abgeholt?", fragte Willi Jennewein sehr milde und leise.

Natürlich wusste Becker sofort, um welchen Termin es ging, hatten Werner von Silberburg und er selbst doch noch über den Hotelaufenthalt in Donaueschingen bei einem dortigen Zeitungskollegen recherchiert. Der Verleger erzählte die ganze Litanei von seinerzeit, dass er Bedürfnisse hätte und ein so nettes Mädchen, das sich außerordentlich freundlich und entgegenkommend gezeigt habe, also das könne man schließlich nicht einfach so gehen lassen.

„Sie verstehen doch, was ich meine?", fragte Willi Jennewein mit verlegenem, aufgesetztem Lächeln. Ja, natürlich verstand es Becker, nur wusste er immer noch nicht, auf was das alles hinaus sollte. Irgendwann musste der Knalleffekt kommen. Und der kam jetzt: Becker starr ins Gesicht blickend, meinte der Verleger tonlos: „Das Mädchen war noch minderjährig, ich sagte Ihnen das. Obwohl sie älter aussah. Und jetzt will der Vater des Mädchens mich erpressen. Er will alles öffentlich machen, er will Strafantrag stellen bei der Staatsanwaltschaft. Und dann bin ich am Ende, das wissen Sie, lieber Herr Becker, mein Untergang wäre programmiert. Aber das ist noch nicht alles. Der Vater, dessen Name ich nicht einmal kenne, würde alles zurückziehen und vergessen, wenn er von mir eine halbe Million Mark bekäme. So sieht es aus. Was sagen Sie jetzt?"

Ganz hastig und schnell hatte er die letzten Sätze heruntergeleiert, mit trauerumflorter Stimme. Becker dachte für sich, dass an Jennewein doch ein zumindest mittelklassiger Schauspieler verloren gegangen sei.

„Was soll ich dazu sagen?", antwortete Becker, „viel fällt mir dazu nicht ein. Wie hat der Vater diese ganze Geschichte eigentlich übermittelt?"

„Per Telefon".

„Und, wollen Sie bezahlen?"

„Ich habe es mir lange überlegt. Ja".

Im nichtendenwollenden Monolog und sich dauernd wiederholend erläuterte der Verleger, wie er sich das Vorgehen in diesem komplizierten Falle denken könnte. Carl Becker solle Kontakt aufnehmen, und zwar noch innerhalb dieser Woche bis spätestens Freitag. In gemischten Geldscheinen würde der Verleger das Geld parat halten und Becker sollte es dann zum vereinbarten Zeitpunkt übergeben.

„Niemand, aber auch gar niemand, auch nicht Ihre Polizeifreunde, dürfen von dem Vorgang etwas erfahren. Mein guter Ruf wäre dahin, ich könnte mich nirgendwo mehr blicken lassen, die Zeitung wäre kaputt, und Sie Herr Becker, Sie wären von heute auf morgen arbeitslos", jammerte der Verleger mit heuchlerischer Stimme und beinahe Mitleid erregendem Gesicht.

„Verehrter Herr Jennewein, ich habe ja wirklich für vieles Verständnis, keine Frage. Aber um es gleich vorweg zu nehmen: Arbeitslos wäre ich sicher nicht, auch wenn Sie ihren Verlag schließen müssten." Becker musste das los werden. „Natürlich möchte ich Ihnen aus dieser ekelhaften Situation heraushelfen, aber wir brauchen auch Sicherheiten. Immerhin könnte es sein, dass der Kerl, wenn er das Geld hat, wieder kommt und Nachforderungen stellt."

Becker entwickelte seine Gedanken über das weitere Vorgehen. Willi Jennewein war mit allem einverstanden, ohne Einschränkung. Er sagte zu Becker, dass das Geld jederzeit verfügbar sei, er habe es hier im Haus. Carl Becker kam plötzlich in Gewissensnöte: Er erinnerte sich schlagartig an die seinerzeit verschwundenen 5,4 Millionen

Mark, irgendwie stank das alles zum Himmel. Würde er da in eine kriminelle Handlung verwickelt?

Beide verabredeten sich für den nächsten Tag, um alles Notwendige einzuleiten. Becker versprach, sich zwischenzeitlich mit dem Unbekannten in Verbindung zu setzen. Die Handy-Nummer hatte der Verleger auf ein Streichholzbriefchen geschrieben. Besonders witzig fand Becker, dass es ein Briefchen mit dem Aufdruck des Hotels „Concorde" in Donaueschingen/Flugplatz war, der Übernachtungsstätte des Verlegers und des Mädchens.

Kapitel 14

Congregamini, confortamini, et nolite stare!
(Schart euch zusammen, steht nicht abseits, und immer vorwärts mit frischem Mut)

Carl Becker hatte es längst geahnt, dass seine beiden Frauen mal wieder ein Geheimnis mit sich herumtrugen. Als er gerade nach Hause kam, er wollte Orelia um einen Rat fragen wegen der Geldübergabe-Misere, wie er das Dilemma für sich selbst betitelte, wurde er von Krista und Orelia empfangen. Mit viel Liebe und Sorgfalt war der Tisch gedeckt, Champagner stand im Eiskübel und herrliche Leckereien standen bereit – sogar getrüffelte Gänseleberpastete. Das war unverkennbar die Handschrift von Wolf Schönmehl, dem Meisterkoch. Mit diesem grandiosen Kochkünstler war Becker seit vielen Jahren befreundet. Die Schönmehl'schen Spezialitäten erkannte Becker immer sofort, so wie man einen Rolls-Royce eben auch sofort erkennt.

Zunächst schwieg sich Becker aus. Er dachte, ‚Na ja, jetzt sollen die mal etwas sagen.' Im Hause Becker war es üblich, dass fast alles von Orelia geplant wurde – und dieses immer mit großem Enthusiasmus und Können. Solange es nicht geschäftliche Dinge von Carl Becker betraf, war es ihm auch sehr recht.

Die Botschaft war folgende: „Krista ist im dritten Monat schwanger, es wird ein Junge werden, er soll Nikodemus heißen und Hochzeit ist in zwei Wochen." Fertig.

„Gestatten mir die Damen zu fragen, wer eigentlich der künftige Schwiegersohn sein wird?" fragte Becker sehr vornehm.

Seine Tochter umarmte ihn und erinnerte ihn daran, dass Maximilian bereits drei Mal zum Essen im Hause gewesen sei. Er hätte sich doch sehr gut mit ihm unterhalten und ihn auch für würdig befunden. Er selbst habe sogar gesagt, dass es immer gut wäre, wenn man einen Juristen im Hause hätte.

„Armer Papa, hast du das alles vergessen?", fragte seine Tochter liebevoll.

„Oh, Carlo, ich glaube, du wirst langsam alt", meinte Orelia verschmitzt.

„Auf dieser Welt ist halt alles durcheinander. Jetzt werde ich auch noch Großvater. Ich schäme mich vor euch beiden, dass ich das Geschehen nicht gleich realisiert habe. Also, dann tut euch zusammen, es wird schon recht werden, zumal Orelia wahrscheinlich ohnehin alles im Griff hat", meinte Carl Becker, der sich trotzdem eines nicht verkneifen konnte: „Aber ein Kind Nikodemus zu nennen, also dazu gebe ich wahrlich keinen Kommentar ab, also, na ja...", fügte er hinzu.

Das ausgezeichnete Essen und die entsprechenden Getränke machten aus diesem Abend noch ein glänzendes Fest. Eine Stunde später, und das war sicher auch Orelias Werk, stand der künftige Schwiegersohn und Vater mit einem riesigen Blumengebinde wohl nicht nur zufällig unter der Tür. Offensichtlich gefielen ihm die Gourmet-Teile besonders gut, an seinem strahlenden Lächeln sah man, dass es ihm schmeckte.

Carl Becker hielt an diesem Abend noch eine seiner gefürchteten aber auch bereits legendären und flammenden Reden, die zwar gut waren, aber nie enden wollten. Er wünschte er dem jungen Paar viel Glück und freute sich über den Mut, dass die beiden diesen Schritt gewagt hatten. „Gemeinsam geht alles besser, glaubt mir. Seht euch Orelia und mich an", und damit schloss er die launige Laudatio.

Leider kam es an diesem Abend nicht zu dem von Carl Becker gewünschten Gespräch mit seiner Frau – er wollte sich Rat und Meinung erfragen wegen der ekelhaften Geldgeschichte.

Beim morgendlichen Frühstück allerdings ergab sich eine gute Gelegenheit. Krista war schon früher aus dem Haus gegangen und Orelia hatte Zeit und ein offenes Ohr für ihren Carlo. Becker berichtete ausführlich, und nachdem sie intensiv über das Für und Wider gesprochen hatten, riet Orelia, dass Becker unbedingt seinen Freund Werner von Silberburg einweihen solle. Danach erst sollten die weiteren Schritte erfolgen.

Plötzlich klingelte das Telefon. Wenn dieses um acht Uhr morgens der Fall war, dann witterte Carl Becker nichts Gutes. Otto Wolter war am Telefon.

„Guten Morgen, mein lieber Herr Kriminalrat, bist du auch schon munter?", fragte Becker mit bewusst fröhlichem Unterton.

„Guten Morgen auch, mein Lieber, aber der gute Morgen wird dir gleich vergehen", Otto war immer sehr direkt, wahrscheinlich geprägt durch seinen Beruf, „vorhin haben wir Eva Jennewein verhaftet, sie sitzt in Untersuchungshaft."

„Sag' mal, seid ihr bekloppt, was soll sie denn getan haben? Das gibt es doch alles gar nicht. Da muss doch etwas schief gelaufen sein in eurem Saftladen", ereiferte sich Becker.

„Schau lieber mal in eurem Saftladen, was da alles schief läuft. Unser Laden ist topfit, eurer anscheinend nicht. Ich dürfte dir das alles gar nicht sagen, das weißt du. Jetzt informier' dich erst einmal, dann können wir später telefonieren, richtig?" So endeten fast alle Telefonate mit Otto.

Carl Becker sagte noch kurz seiner Frau Bescheid und machte sich auf den Weg Richtung Heidelberger Altstadt.

Alles sah aus wie immer, Else Sander hatte Kaffee und frische Brötchen bereit und die Welt schien in Ordnung zu sein. Carl Becker fragte im Haus herum, ob der Verleger schon anwesend wäre – aber niemand wusste etwas.

Else Sander betrat Carl Beckers Büro, hielt die Tür auf und sagte: „Bitte sehr", was eigentlich gar nicht ihre Art war. Werner von Silberburg trat ein und entschuldigte sich für den Überfall, wie er den Besuch nannte.

„Deine Ziege da draußen wollte mich nicht hereinlassen. Sie meinte, sie müsse mich erst anmelden", grinste von Silberburg.

Becker nahm seine Mitarbeiterin sofort in Schutz und sagte zu seinem Freund, dass er froh sein könnte, wenn er solch' eine gute Seele in seinem Büro in der *belle etage* hätte. Außerdem meinte Becker, dass wohl im ganzen Haus kein Kaffee mit dem von Else mithalten könne. Werner beschwichtigte seinen Freund Becker und merkte an, dass dieser heute irgendwie nervös sei.

„Wahrscheinlich hast du schon gehört, dass Eva sitzt?"

„Du weißt aber auch alles, ja, ich weiß es. Nur den Grund kenne ich noch nicht", antwortete Becker. Sie beschlossen, jetzt gleich zur Sache zu kommen.

„Ich rufe den Pressesprecher der Staatsanwaltschaft an, dann wissen wir Bescheid", meinte Becker.

Becker führte ein langes Telefonat, das Werner von Silberburg natürlich mithörte, der Einfachheit halber – so musste Becker nicht den ganzen Sachverhalt noch einmal berichten.

Eva Jennewein war Verlagsrepräsentantin, sie war für alle öffentlichkeitswirksamen Aktionen auf Messen und Tagungen verantwortlich. Ihr Netzwerk war dementsprechend weitreichend. Sie war darüber hinaus leidenschaftliche Golferin und es gab keine Veranstaltung, auf der sie nicht zu sehen war. Eva Jennewein war eine schöne junge Frau und ein ausgesprochen umgänglicher Mensch.

Die Staatsanwaltschaft war einer anonymen Anzeige nachgegangen und diese hatte offenbar ausgereicht, um einen Haftbefehl zu erwirken. Ohne stichhaltige Gründe hätte sicherlich kein Untersuchungsrichter den Befehl unterschrieben. Dem Tenor nach sollte Eva Jennewein mit Leuten zusammen agiert haben, die sich auf Erpressungen spezialisiert hatten. Bei ihrer Festnahme wurde auch ein größerer Bargeldbetrag, ca. 50.000 Mark in ihrer Tasche gefunden. Sie hatte behauptet, dass sie öfters solche Beträge mit sich führe. Allerdings erschien das wenig glaubhaft.

„Dunnerlittchen", sagte Werner von Silberburg wieder mal, „das ist ja ein Ding. Was machen wir jetzt?"

„Bevor wir überhaupt etwas machen, erzähle ich dir noch eine Story, eine wahre natürlich. Dann kannst du dein Lieblingswort noch einmal sagen", lächelte Carl Becker verhalten.

Er erzählte seinem Freund die komplette Geschichte der Erpressung und das, was er mit dem Verleger besprochen hatte. Schließlich ginge es auch hier um größere Beträge. Von Silberburg meinte, dass das Thema der nicht geklärten 5,4 Millionen Mark garantiert mit diesem Mist, wie er die Sache nannte, zu tun haben müsse, er würde seinen Kopf dafür verwetten.

Becker erzählte bei dieser Gelegenheit seinem Freund noch, dass seine Tochter demnächst heiraten werde, einen Rechtsanwalt, und dass sie schwanger sei. Von Silberburg, der selbst schon Großvater war, mehrfacher sogar, gefiel das natürlich.

„Also, künftiger Großvater Carl", meinte er, „jetzt gehen wir chronologisch vor. Der Alte wird informiert. Dein familieneigener Rechtsverdreher holt sofort die Eva aus dem Kerker. Egal, was es kostet. Und du machst einen Termin aus mit dem Vater der kleinen Minderjährigen, wenn er überhaupt der Anrufer war, und überbringst ihm das Geld. Und dann gehen wir gepflegt essen und trinken, sehr gepflegt, haben wir uns verstanden?" Werner von Silberburg rasselte das alles zackig herunter.

„Und was machst du bei dem ganzen Kram, den du mir gerade erklärt und aufgebürdet hast?" fragte Becker.

„Ich zahle die Getränke, wenn wir essen gehen, ist das nichts?" entgegnete Werner. „Du bist leichtsinnig", entgegnete Becker, „manchmal bin ich nämlich sehr durstig."

Kapitel 15

Quidquid agis, prudenter ages et respice finem
(Was immer du tust, handle umsichtig und denke an das Ende)

Auf der Fahrt in den Verlag spürte Carl Becker es mit allen Sinnen: Heute gibt es keinen guten Tag, irgend etwas liegt schon am frühen Morgen in der Luft, etwas Undefinierbares, Unangenehmes.

Als Becker in sein Büro kam, war alles zunächst normal, es standen sogar frische Blumen auf seinem Schreibtisch, in der Post war ebenfalls nichts Besonderes, also alles, wie man so schön sagt, im grünen Bereich. Ein Freund aus dem Heidelberger Rathaus rief an und diskutierte das alte Thema der zusätzlichen Neckarbrücke zwischen den Vororten Wieblingen und Handschuhsheim. Seit Jahren gingen die Diskussionen hin und her. Die Brücke wäre für die Entlastung des Verkehrs von Norden her in Richtung Klinikum und Bergstraße außerordentlich wichtig, aber manche Grundstückseigentümer lehnten den Bau ab. Zusätzlich gab es noch eine Gruppe, die ebenfalls keine Brücke wollte, dafür aber eine Untertunnelung des Neckars an gleicher Stelle. Die Kosten hierfür waren allerdings beachtlich. Kurzum: Die ganze Angelegenheit kam nie zur Ruhe und momentan war wieder eine rege Diskussion sowohl im Gemeinderat der Stadt Heidelberg als auch innerhalb der Bevölkerung im Gang. Hunderte von Leserbriefen, mehr Befürworter als Gegner der Brücke, erreichten die Redaktion der HZ. Die grundsätzliche Haltung und Meinung der Heidelberger Zeitung zum zusätzlichen Brückenbau war, wie es sich auch gehörte, neutral. Für die Ausgabe des kommenden Tages sollten die Befürworter wieder einmal Platz für Veröffentlichungen bekommen. Das war es auch, was der Freund aus dem Rathaus wissen wollte. Er selbst war ebenfalls dafür, dass die Brücke schnellstens gebaut werden würde. Dass solche Gespräche immer vertraulich behandelt wurden, wussten beide. Man brauchte sich immer wieder einmal gegenseitig, im Zeitungswesen aber auch in der Politik durchaus nichts Ungewöhnliches.

Carl Beckers künftiger Schwiegersohn Maximilian hatte während des Telefonats bei Else Sander angerufen und mitteilen lassen, er käme in den nächsten zehn oder fünfzehn Minuten vorbei, es sei dringend. Else bemerkte gleich, dass es mal wieder etwas Besonderes gab. Als sie im Büro von Becker stand, klopfte es auch schon draußen und Maximilian trat ein – im Schlepptau, Becker traute seinen Augen nicht, Eva Jennewein.

‚Eigentlich ja doch ein ordentlicher Tag', dachte Becker und begrüßte beide. Sie hatten festgestellt, dass sie sich von irgendwelchen Veranstaltungen locker kannten. Eva Jennewein konnte vor dem Haftrichter sehr schnell aufklären, was es mit dem Geld auf sich hatte. Der ehrenwerte Heinrich Wesseling hatte es ihr gegeben mit dem Hinweis, es diskret in ihr eigenes Bankschließfach zu bringen. Der Verleger wünsche das, aber sie dürfe mit keinem Menschen darüber sprechen. Ähnliche Dinge, so meinte Eva Jennewein, wären schon häufiger vorgekommen und sie hätte sich nichts dabei gedacht. Die Bank wäre schon geschlossen gewesen und außerdem hätte sie einen Termin gehabt im Golfclub, daher sei das dicke Kuvert noch bei ihr gewesen. So erklärte sie es Maximilian, der holte kurz entschlossen Heinrich Wesseling herbei und dieser wiederum bezeugte den Vorgang. ‚Eigentlich ganz einfach', dachte Becker, war aber gespannt, was sich aus dem Ganzen entwickeln würde.

„Die Hauptsache ist, Sie sind frei", sagte Becker zu Eva und blickte wohlwollend zu Maximilian hinüber, „unser Anwalt hat sehr ordentlich gearbeitet, muss man schon sagen. Aber ich würde an Ihrer Stelle auf jeden Fall Willi Jennewein informieren." Eva stimmte zu und wollte das möglichst schnell erledigen. Becker verabschiedete sich von beiden, da er in Zeitnot war. Eine Redaktionskonferenz war angesagt und bei dieser wollte er unbedingt dabei sein.

Es kam, wie es kommen musste: Bei der Redaktionskonferenz war nichts Bedeutsames zu hören - außer dass schon wieder das Neckarbrückenthema diskutiert wurde. Eine möglichst große Seitenfläche sollte, so meinte Frieder Mack, der Chefredakteur, für die morgige Ausgabe den Befürwortern eingeräumt werden. Es herrschte Übereinstimmung, dass diese Gruppe bislang zu kurz gekommen war und man deshalb die Meinungen veröffentlichen sollte.

‚Na ja', dachte Becker, ‚das hätte ich mir eigentlich nicht anhören müssen. Aber nun ist alles in Ordnung.' Dann, auf dem Weg zurück in sein Büro fiel ihm ein, dass er heute den Vater des Mädchens, den er insgeheim Erpresser nannte, anrufen wollte. Das Streichholzbriefchen mit der Handy-Nummer war in Beckers Schreibtisch. Er rief an.

„Ja", meldete sich eine ihm unbekannte Stimme.

Becker wollte sich kurz vorstellen und ein Gespräch anknüpfen.

„Ich weiß, wer Sie sind. Außerdem habe ich keinen Grund, mit Ihnen zu diskutieren. Sie nehmen das Material, (und damit meinte er wohl das Geld), stecken es in einen schwarzen, haben Sie verstanden, in einen schwarzen Koffer. Der Koffer muss die Maße 80x50x20 cm haben, das ist ein gängiges Maß. Rufen Sie mich morgen um 12

Uhr an, dann sage ich Ihnen, wie wir das alles machen", sagte die Stimme und das Gespräch war beendet.

Carl Becker murmelte etwas Obszönes vor sich hin und ergriff seinen Telefonhörer, um den Verleger anzurufen.

Kaum gewählt, war er auch schon am Telefon. Becker sagte ihm, dass er ihn sofort sprechen müsse.

„Ja selbstverständlich, lieber Herr Becker, kommen Sie nur gleich zu mir. Ich erwarte Sie in meiner Büro-Behausung", schnurrte der Verleger.

‚Jetzt macht er auch noch auf witzig', dachte Becker. ‚Behausung. Hätte er Stall gesagt, dann wäre es passend gewesen.'

Hedda Mahler empfing ihn schon an der Türe mit „Hereinspaziert" und Becker dachte einmal wieder, dass alle im Hause hier einen leichten Knacks hätten. Jedenfalls durfte er sofort ins Allerheiligste eintreten und auf dem Holzstuhl vor dem Schreibtisch von Willi Jennewein Platz nehmen.

„Was führt Sie zu mir, lieber Herr Becker?", fragte lächelnd der Verleger. Becker fand die Situation nicht gerade erhebend und sagte forsch: „Ich brauche die halbe Million. Es ist soweit!"

„Aber ja, ja, natürlich, ich gebe Ihnen das Geld gleich, Moment bitte", meinte Jennewein, beinahe diensteifrig.

„Nein, ich will es nicht sofort", entgegnete Becker, „ich komme morgen früh um elf Uhr zu Ihnen und hole es ab. Mehr ist dazu momentan nicht zu sagen."

„Ja natürlich, ich verstehe. Bei solch' einer wichtigen Mission, mit der ich Sie beauftragt habe, also da darf man wirklich nicht zu viel darüber sprechen", stammelte Jennewein, „aber ich habe noch etwas. Ich möchte mit Ihnen heute Abend im Druckhaus etwas besprechen, Hannes wird auch kommen, es geht um den Umbau der Rotationsmaschine. Ginge das bei Ihnen um 22 Uhr?"

Carl Becker passte der Termin zwar nicht, aber er sagte ihn zu.

Becker fuhr kurz nach Hause um etwas zu essen und Orelia über den kommenden Tag, den Tag der Geldübergabe zu informieren. Sie sagte etwas Ähnliches wie ‚*Merde*laden' und widmete sich dem Abendessen. Immerhin gab es mal wieder ein saftiges Entrecôte mit gebratenen Rosmarinkartoffeln. ‚Gut essen und trinken hält Leib und Seele zusammen', dieser alte Spruch fiel Becker während des Essens ein. Einen kleinen Schluck Rotwein genehmigte er sich natürlich auch.

Kurz nach 22 Uhr traf Becker im Druckhaus in der Altstadt ein. Er wunderte sich darüber, dass im Produktionsraum der Seitenmontage, in dem man immer die Rotationsmaschine brummen hörte, absolute Stille herrschte. Die Andruckzeit war normalerweise um 21 Uhr. Schnellen Schrittes eilte Becker in den Drucksaal. Ein reges Durcheinander und lautes Geschwätz empfing ihn. Mitten in der Druckmannschaft standen Willi und Hannes Jennewein. Hannes schaute gebannt zu seinem Vater und dann zu Becker – Erleichterung machte sich in seinem tief gebräunten Gesicht bemerkbar, als er Becker kommen sah.

Becker ging zu der diskutierenden Gruppe und fragte, was denn hier eigentlich los sei. Der Druckereileiter sagte, dass der Chef die laufende Maschine gestoppt hätte und die bereits gedruckte Auflage würde eingestampft. Der Verleger stand wortlos daneben und sagte keinen Ton.

Willi Jennewein fasste Carl Becker am Arm und zog ihn auf die Seite. Natürlich war Becker gespannt, was passiert war. Der Verleger erklärte ihm, dass er eine Seite herausgenommen habe, nämlich die Seite mit den positiven Stimmen für den Brückenbau.

„Dieser Mist darf nicht erscheinen, ich will das nicht. Ich habe bereits eine Ersatzseite herrichten lassen, dann haben wir halt mal Kreuzworträtsel und kleine Kurzgeschichten. Das erfreut unsere Leser, glauben Sie nicht auch, Herr Becker?", fragte er eigentlich ganz sachlich. Auf die Frage von Becker, warum er diese Seite herausgenommen habe und auch auf den Hinweis, dass gerade ein paar Tausend Mark in der Papierpresse gelandet seien, meinte der Verleger: „Ich will das einfach nicht, außerdem habe ich eine Reihe von Grundstücken in Handschuhsheim, die ich verpachtet habe. Dort wachsen die herrlichsten Erdbeeren. Und da kommt mir keine Straße hin."

Becker sagte zu ihm, dass er mit der Nichtveröffentlichung den Brückenbau kaum verhindern könne, im Gegenteil, das wäre wieder einmal Unterdrückung von

Informationen. Und so etwas komme draußen nicht gut an. Außerdem gehe eine Menge Geld verloren, zumal der Weiterdruck verspätet sei und einige Leser ganz sicher am nächsten Morgen keine Zeitung bekämen.

„Dann bekommen sie halt keine Zeitung, fertig. Und was das Geld anbelangt, es ist mein Geld und nicht das Ihrige, so einfach ist das, Herr Becker."

Der Verleger sagte wirklich „das Ihrige", Becker musste grinsen. Er dachte in diesem Moment gerade an den schwarzen Koffer, den er morgen früh im Kaufhof holen wollte…

Der Druckereileiter hatte pflichtgemäß auch noch Frieder Mack angerufen, als Chefredakteur musste dieser bei derlei Aktionen informiert werden. Gerade kam er keuchend in den Drucksaal. Ganz streng rief er, ohne Willi Jennewein wahrzunehmen: „Was geht hier in Dreiteufelsnamen vor?"

„Gar nichts geht vor, Herr Mack, überhaupt nichts, was Sie bewegen könnte. Regen Sie sich ab und gehen Sie nach Hause", warf ihm der Verleger unwirsch zu.

„Man wird doch wissen dürfen, was hier los ist, oder nicht?", fragte Frieder Mack verdutzt.

„Ich habe Ihren ganzen Brückenmist herausgenommen und etwas Schönes für unsere Leser aufbereiten lassen", meinte der Verleger wohlwollend und im gleichen Augenblick wurden die ersten Andrucke mit der neuen Seite herumgereicht. Mack meinte, dass das ja ganz ordentlich aussehe. Wie immer stimmte er dem Verleger zu.

Becker zischte, dass es ihm nicht gefalle und dass das eigentlich angesetzte Gespräch wegen des Maschinenumbaus ohnehin nicht mehr stattfinde. Mit einem ‚gute Nacht allerseits' verschwand er.

Langsam fuhr er mit seinem Lieblingsstück, das ihn allein wegen seinem Ledergeruch, den alle Jaguar-Typen an sich haben, immer wieder Freude bereitete, langsam die Ziegelhäuser Landstraße hinaus und ließ den Tag Revue passieren. Die morgendliche Ahnung, dass der Tag kein guter wird, hatte ihn nicht getrogen.

Zu Hause angekommen, sah er, dass die Lampe an der Garage brannte. Was bedeutete, dass Orelia bereits zu Bett gegangen war – das Haus war zwar so wie immer, warm und wohnlich, aber es fehlte ihm schon etwas. Seine Tochter war schließlich jetzt Ehefrau, werdende Mutter und wohnte nicht mehr hier, sondern mit ihrem Mann ein paar Straßen weiter in einem hübschen Penthouse.

Carl Becker trank noch, wie üblich, seinen Becher Milch, blätterte noch ein paar Magazine durch und ging zu Bett. Besonders gut war die Nacht nicht, obwohl Orelia, als sie ihn bemerkt hatte, kurz und verschlafen „Gute Nacht" murmelte.

Am nächsten Morgen hatte die feinfühlige Orelia ‚Eier im Glas' zum Frühstück serviert – und dies, obwohl kein Wochenende war. Wieder einmal fühlte sich Becker wohl und geborgen. ‚Dieser Tag wird sicher gut zu Ende gehen', dachte er und sagte es auch zu seiner Frau.

„Wenn du schon ‚Eier im Glas' intus hast, dann muss der Tag gut werden", meinte sie resolut, „was denkst du, warum ich so was mache? Ich will, dass es dir ordentlich geht." Carl Becker hatte ein gutes Gefühl.

Im Verlag angekommen, erledigte er seine Routinearbeiten und betrachtete natürlich die Zeitung mit einem speziellen Grinsen. Else Sander stand mit ihrer Postmappe daneben und lächelte auch süffisant. Natürlich wusste sie, dass Seiten getauscht worden waren.

Das Telefon klingelte. Werner von Silberburg wollte einen kurzen Besuch abstatten.

„Ja klar, komm' doch, ich hätte dich ohnehin gleich angerufen." Becker wollte seinem Freund noch die letzten Neuigkeiten in Sachen Brückenmisere, Seitenwechsel und Geldübergabe erzählen. Schon kam er zur Tür herein.

„Das muss ja wieder ein Schauspiel gewesen sein, gestern Abend! Ja, ja, mein Freund, das habe ich schon oft genug erlebt, aber du weißt ja, dass mir dieser Quatsch egal ist", lachte Werner, „eigentlich wollte ich doch nur hören, was unserer Kriminalist Carlo macht!"

Becker berichtete exakt das, was er erlebt hatte und was im Laufe der nächsten Stunden sich abspielen würde. Werner bot sich an, mitzugehen, im Abstand von einigen Metern, sozusagen als Vorsichtsmaßnahme. Schlussendlich verwarfen die beiden diesen Vorschlag wieder, denn gefährlich war die Aktion bestimmt nicht. Ein leichtes Unbehagen beschlich Becker trotzdem; es war keine Angst, sondern seine innere Stimme sagte ihm, dass noch etwas Wesentliches fehlen würde. Jetzt fiel es ihm wie Schuppen von den Augen: Was sollten sie tun, wenn der Erpresser in ein paar Wochen oder Monaten wieder käme und weiteres Geld wollte? Es gab für diesen Punkt keine Sicherheit. Becker stellte seinem Freund diese Frage. Dieser blickte nachdenklich vor sich hin und schwieg. Nach einer Weile sagte er, dass man in solchen Fällen genau so brutal zurückschlagen müsse. Becker staunte nicht schlecht über diese Aussage, kannte er doch seinen Freund Werner als ruhigen und keinesfalls irgendwelchen Brutalitäten zugeneigten Mensch.

„Wenn du dem Kerl das Geld übergibst, also den Koffer, dann sagst du kurz und bündig, dass damit ein für alle Mal der Fall erledigt sei. Falls jemals noch eine Nachforderung oder Gespräche, bezogen auf die Situation kämen, dann würden wir die Möglichkeiten nutzen, die wir als Zeitung haben. Stichwort: Sein Leben wäre in Gefahr. Punkt. Mehr sagst du nicht. Ich denke, das ist einfach und bei solchen Ganoven hat es auch Wirkung. Dem Alten kannst du es bei Gelegenheit ja mal erzählen. Aber der wird, wie ich ihn einschätze, niemals mehr ein Wort darüber verlieren", dozierte Werner mit großem Ernst.

Becker fand diese Lösung gut und praktikabel. Genau so wollte er es auch umsetzen. Werner von Silberburg wünschte ‚Hals- und Beinbruch.' Er verabschiedete sich mit der Bitte, dass ihn Becker nach Beendung des Vorganges, wie er sich vornehm ausdrückte, kurz anrufen möge.

Oder besser noch, hochkommen in sein Büro, die Cognac-Gläser wären dann gerichtet.

Pünktlich um 11 Uhr fuhr Becker zum Verleger hoch, dieser stand bereits am Fahrstuhl mit zwei Kaufhoftüten in der Hand, den großen, in die immer Anzüge verpackt werden.

„Ach guten Morgen, lieber Herr Becker, sicher wollen Sie zu mir", flötete der Verleger.

„Ja natürlich, guten Morgen, Herr Jennewein, Sie wissen ja, was ich abholen will", sagte kurz angebunden Carl Becker.

„Ich weiß, ich weiß, Sie brauchen gar nicht mit mir ins Büro zu gehen, nehmen Sie diese zwei Säckchen, dann können Sie gleich Ihres wichtigen Amtes walten." Jennewein gab Becker die zwei Tüten. Dem stellten sich fast die Haare. ‚Unglaublich', dachte er.

„Das ist doch gut, dann brauchen sie gar nicht aus dem Fahrstuhl heraus und können gleich wieder runterfahren, das ist doch elegant, oder? Jedenfalls sagen sie mir per Gelegenheit mal, wie es war! Einen schönen Tag noch." Die Fahrstuhltüren öffneten sich, der Verleger entschwand, allerdings winkte er beim Hinausgehen Becker nochmals freundlich zu. Eine sehr persönliche und fast warmherzige Geste. Carl Becker stand mit einer halben Million Mark in zwei Kaufhoftüten im Fahrstuhl, schüttelte mehrfach sein Haupt und fuhr abwärts, immer noch kopfschüttelnd und vor sich hinbrummend.

In Beckers Büro war noch einiges zu erledigen, kurz vorher war er noch schnell im Kaufhof gewesen und hatte den Koffer, es war tatsächlich ein Allerweltskoffer, geholt und in sein Büro gestellt. Else Sander hatte natürlich sofort gefragt, was mit dem Koffer geschehen solle und ob Becker auf Reisen ginge.

„Nichts soll mit dem Koffer geschehen, und auf Reisen gehe ich auch nicht. Da kommt Bargeld rein", lachte Becker.

„Na ja, wenn es weiter nichts ist, dann bin ich zufrieden", kicherte Else. Becker dachte: ‚Ha wenn du wüsstest', und er beschloss, Else in einer stillen Stunde einmal über das ganze Geschehen zu informieren.

Pünktlich um 12 Uhr wählte Becker die Nummer, die auf dem Streichholzbriefchen vermerkt war. Sofort meldete sich die Stimme des Unbekannten.

„Sind Sie es?", fragte der Unbekannte. „Ja, ich bin es, der Heilige Geist", musste Becker einfach loswerden.

„Blöde Scherze, ich kenne Sie ganz genau", kommentierte der Unbekannte, „haben Sie alles beisammen?" Becker bejahte die Frage.

„Also, jetzt hören Sie mir genau zu. Sie laufen jetzt los über die Hauptstraße Richtung Universitätsplatz. Neben dem Eingang zur Tiefgarage steht ein Zauberer und richtet seine Sachen für eine Straßenvorstellung", Becker unterbrach den Unbekannten, „Hä, was soll das denn geben?"

„Seien Sie jetzt still und hören mir zu. Stellen Sie ihren Koffer neben an die Wand, dort stehen drei Koffer, einer ist offen, Sie sehen die Utensilien des Zauberers. Dann schauen Sie ein wenig zu, wie der Zauberer beginnt, und in diesem Moment nehmen Sie den Koffer, auf dem ein Abziehbild vom Heidelberger Schloss angebracht ist und dampfen ab. Ende der Aktion. Verstanden?"

„Ja, ich habe alles verstanden. Das Ganze erscheint mir aber mehr als läppisch, das muss ich schon sagen." Becker wollte weiter reden, aber der Unbekannte unterbrach ihn und meinte, das ginge Becker nichts an. Trotzdem wollte Becker noch seinen Spruch in Sachen Wiederholung oder Nachforderung loswerden.

„Jetzt hören Sie mir einmal kurz zu, oder ich schmeiße alles hin und komme nicht", mit leicht erhobener Stimme und ziemlich frech erklärte ihm Becker, was kurz vorher zwischen Werner von Silberburg und ihm besprochen worden war, nämlich die Macht der Zeitung nicht zu unterschätzen. Der Unbekannte meinte, dass man so ein Gedöns nicht besprechen brauche, er wäre schließlich ein Ehrenmann. Wenn allerdings der Betrag nicht stimmen würde oder Falschgeld im Koffer wäre, dann gäbe es ein Riesenskandal, dessen könne er sicher sein. Becker solle jetzt endlich losmarschieren. Damit war das Gespräch beendet. ‚Eigentlich', dachte Becker, hätten wir in diesem Fall überhaupt keine Polizei einschalten können; die Sache mit der Minderjährigen wäre unweigerlich ans Tageslicht gekommen. Becker nahm also seinen Koffer, den er mit dem Inhalt der Kaufhoftüten gefüllt hatte, und verließ sein Büro. Else Sander konnte es nicht natürlich nicht lassen, sie wünschte ihm freundlich eine gute Reise.

„Ich bin schneller wieder da, als Ihnen Recht ist. Dann bringe ich nämlich einen Riesenhunger mit", erklärte ihr Becker lachend.

Eilig ging er die Hauptstraße hinunter und erreichte in ein paar Minuten den Universitätsplatz. Seine Nervosität hatte sich gelegt. Und, siehe da, am Eingang der Tiefgarage stand ein sehr stark geschminkter Mann mit verschiedenen Zaubereiutensilien, Kugeln, farbigen Stangen und sonstigem Tand. Auch die Koffer standen daneben, wie angekündigt. Ein paar Kinder hatten sich um ihn herum eingefunden und warteten neugierig. Becker gesellte sich dazu. Seinen Koffer stellte er ab, wartete noch eine Weile und nahm dann den Koffer mit dem Abziehbild des Heidelberger Schlosses. ‚Leer ist der nicht', dachte Becker und konnte es kaum erwarten, hineinzuschauen. Er lief wieder Richtung Hauptstraße, drehte sich in halber Höhe des Universitätsplatzes um – siehe da, der Zauberer verschwand gerade im Tiefgarageneingang.

Eine halbe Million, dachte Becker, fast bekam er Tränen in die Augen. Rasch wichen diese Gedanken jedoch einem leichten Grinsen.

Eine halbe Stunde später war er wieder in seinem Büro, mit dem Koffer. „Aha, der Mann mit dem Koffer", frotzelte Else. Becker schwieg und betrat sein Büro.

Neugierig öffnete er den Koffer. Er war gefüllt mit alten Ausgaben der Heidelberger Zeitung. Im gleichen Moment erschien Else Sander mit Wurstbrötchen und duftendem Kaffee.

„So, jetzt weiß ich wenigstens, was es mit dem Koffer auf sich hat, sie sind unter die Zeitungsträger gegangen", meinte Else fröhlich. Mehr wollte sie nicht wissen.

Beinahe wäre Carl Becker eine sehr ungehörige Antwort herausgerutscht. Aber er schwieg und machte sich wortlos über das Essen her. Else wusste auch, wann sie zu gehen hatte. Sie schloss leise die Tür.

Kapitel 16

Ultra posse nemo obligatur
(Unmögliches zu leisten ist niemand verpflichtet)

Werner von Silberburg und Carl Becker schlenderten gemeinsam die Heidelberger Hauptstraße entlang. Es war Mittagszeit, ein wunderschöner Tag hatte sich frühmorgens schon angekündigt. Becker, von dem sein Freund Werner häufiger behauptete, er sei ein Wetterfreak, hatte das tatsächlich schon am Vortag gewusst. Den Faible für Wettervorhersagen teilte Becker mit seiner Frau Orelia, die sich permanent über das Fernsehen und mit den Voraussagen diverser Blätter auf dem Laufenden hielt. Offenbar hatte das abgefärbt. Jedenfalls war der Himmel blau, die Temperatur angenehm und die Sonne schien hell.

Die beiden Freunde steuerten das in der Mitte der Hauptstraße gelegene Cafe Schafheutle an. Ihnen stand der Sinn nach Rührei mit Speck. Im Gärtchen im hinteren

Teil des Lokals, das immer sehr frequentiert war, war tatsächlich noch ein Tisch frei.

Bester Laune und mit Vorfreude auf die Rühreier bestellten sie bei der freundlichen Bedienung. Schon kurz darauf wurde das Gericht serviert, *baveuse*, wie sie es gerne hatten. In der Anfangszeit hatten die Bedienungen mit *baveuse* überhaupt nichts anzufangen gewusst, aber mit der Zeit hatte es sich dann herumgesprochen, dass die zwei Zeitungsherren damit ganz lockere und keinesfalls durchgebratene Rühreier meinten.

„Schöner Tag, super Eier, ein Schlückchen Weißwein dazu, was will der Mensch noch mehr?", fragte von Silberburg gutgelaunt.

„Du hast Recht, es geht uns wirklich nicht schlecht. Wenn man sich in unserem Laden und insbesondere mit dem Alten nicht dauernd wegen Nichtigkeiten ärgern müsste, wäre die Welt doppelt so schön", meinte Becker.

„Das könnten wir ja gar nicht aushalten. Jetzt erzähl' mir endlich, wie du Deine kriminalistischen Tätigkeiten gestern abgewickelt hast, ich platze fast vor Neugierde." Erwartungsvoll schaute von Silberburg seinen Freund an. Dieser schilderte ihm haargenau, von den Kaufhoftüten angefangen über den Koffer bis hin zu dem Zauberer am Universitätsplatz, wie sich alles abgespielt hatte.

„Mein Gott, das kann man wirklich niemand erzählen, das glaubt einem ja kein Mensch. Und so was Verqueres passiert in unserer schönen Stadt. Dunnerlittchen", meinte kopfschüttelnd von Silberburg.

„Weißt du schon, dass der Alte heute um 15 Uhr eine, wie er sagte, geheime Konferenz einberufen hat?" fragte er. Becker verneinte.

„Ha, das kannst du eigentlich auch nicht wissen, ich soll die Beteiligten zusammentrommeln. Jedenfalls haben Carl Becker, Frieder Mack, Hannes Jennewein, Eva Jennewein, Heinrich Wesseling und meine Wenigkeit zu erscheinen, tot oder lebendig. Du brauchst mich gar nicht zu fragen, um was es geht - ich weiß es nicht. Lassen wir uns einfach überraschen, wie immer", grinste von Silberburg.

„Ja, ja", entgegnete Becker, „ob man Termine hat oder nicht, das interessiert unseren großen Vorsitzenden nicht die Bohne. So was gibt's nur bei uns!"

Die beiden bezahlten und brachen auf. Auf ihrem Weg zum Verlag trafen sie am Kornmarkt auf eine Gruppe japanischer Heidelberg-Gäste, die alle bewundernd und mit beinahe ehrfürchtiger Haltung das Heidelberger Schloss fotografierten. Die würden sicher noch ihren Enkeln begeistert berichten, wie schön das alte Gemäuer in Heidelberg gewesen war.

Das helle Verlagsgebäude strahlte den beiden noch immer gut Gelaunten in der gleißenden Sonne entgegen. „Wenn die Sitzung beendet ist, schaust du bitte mal bei mir im Büro vorbei? Wir sollten einmal wegen einer anderen Sache die Köpfe zusammenstecken", verabschiedete sich Werner von Silberburg. In ein paar Minuten sollte das Meeting im Sitzungszimmer stattfinden.

Die beiden trafen als Erste dort ein. Der Verleger stand am Fenster und betrachtete sinnend den dahinschießenden Neckar. Dem Gruß der beiden begegnete er mit einem Murmeln, drehte sich nicht einmal um. Die anderen kamen beinahe alle auf einmal. Eine Sitzordnung gab es nicht, lediglich der Platz am Kopf des langen Konferenztisches war ausschließlich für den Verleger reserviert. Sogar wenn dieser nicht anwesend war, wagte niemand, sich auf diesem Platz niederzulassen.

Als alle ihre Plätze eingenommen hatten, kehrte Stille ein. Irgendwie mutete es Becker an, als säßen sie in einer Kirche. Er verwarf den Gedanken aber auch gleich wieder und grinste vor sich hin. Langsamen Schrittes, fast theatralisch, kam der Verleger näher und setzte sich auf seinen Platz.

„Gleich an den Beginn meiner Ausführungen möchte ich den Leitsatz *gens una sumus* stellen, wir sind alle eine Familie. Merken Sie sich das. Doch zunächst die Frage, ob jemand etwas sagen oder Anregungen einbringen möchte", eröffnete Willi Jennewein die Sitzung. Kein Gruß, kein persönliches Wort, nichts.

Eva Jennewein meldete sich zu Wort und brachte ihr schon oft vorgetragenes Thema wieder zur Sprache: Sie wollte einmal pro Monat eine vierseitiges Verlagsspecial machen, speziell für Frauen, also definitiv Themen nur von und für Frauen. „Ich meine, dass das den Lesewert der Zeitung beachtlich erhöhen würde" fügte sie an und schätzte damit die Situation völlig richtig ein.

„Haben Sie das mit dem Herrn Chefredakteur Mack schon besprochen?", fragte der Verleger. Für Becker war es immer wieder faszinierend, dass Vater und Tochter sich öffentlich grundsätzlich siezten. Mit seinem Sohn Hannes duzte er sich. Frieder Mack bestätigte, dass sie sich darüber unterhalten hatten. Der Verleger wandte sich an die Runde: „Was halten Sie davon, meine Damen und Herren?" Aber bevor einer überhaupt nur Luft holen konnte, sagte er: „Also ich finde das ist Unfug, das brauchen wir nicht. Zu viel Aufwand und viel zu teuer. Und das ist mein letztes Wort. Sie, Frau Jennewein, brauchen aber nicht bei jeder Sitzung erneut diesen Quatsch abzufragen. Das ist vergeudete Zeit. Und jetzt möchte ich endlich beginnen mit dem, was ich in nächtelanger mühevoller Kleinarbeit für uns alle entwickelt habe."

„Mir wird gleich übel", flüsterte Werner von Silberburg seinem Sitznachbar Becker ins Ohr.

„Seien Sie jetzt still und lassen Sie mich in diesem meinem Haus auch einmal zu Wort kommen, sehr geehrter Herr von Silberburg. Sie bringen mich mit Ihrem dauernden Gerede total aus dem Konzept", keifte Willi Jennewein mit hochrotem Kopf.

Es herrschte eisiges Schweigen in der Runde, dann legte der Verleger los. Er war der Ansicht, dass man viel mehr Gewinn aus dem Zeitungsgeschäft erwirtschaften könnte, wenn man es nur richtig betreiben würde.

„Heizöl, Kohlen, Briketts, da kennt er sich aus, ha ha", schrieb der unverwüstliche Werner von Silberburg auf seinen Block und ließ es Becker vorsichtig lesen. Der musste sich sehr beherrschen, um nicht loszulachen.

„Meine Damen und Herrn", schwadronierte Jennewein, „außer mir versteht von den hier Anwesenden sowieso keiner was vom Zeitungsgeschäft. Aufgrund meiner nächtelangen Überlegungen bin ich zu dem Ergebnis gekommen, dass wir mindestens fünfzig Mitarbeiter zu viel beschäftigen. Da schlummert gewaltiges Einsparpotenzial. Eine politische Vollredaktion brauchen wir überhaupt nicht. Es werden ohnehin nur Agentur-Meldungen von dpa, upi oder afp, je nach dem, veröffentlicht. Und diese sind ja wohl in der gesamten Republik einheitlich. Der eigene Senf der Redakteure ist absolut unerheblich, auf den kann man ohne Verlust verzichten. Demnach würden eine oder zwei Personen genügen, um die Politik-Seiten zu machen.

Frieder Mack meldete sich zu Wort. „Herr Jennewein, Ihre Überlegungen entsprechen sicherlich Ihrer Sicht der Dinge. Ich meine jedoch, dass ein solcher Plan unmöglich zu realisieren wäre. Jede, aber auch jede Zeitung in Deutschland hat gegenüber den Lesern die Pflicht, die politischen Vorgänge, das Parteigeschehen, die Auslandsverbindungen der Regierung sowie auch einzelne politische Persönlichkeiten entsprechend darzustellen und zu kommentieren."

Willi Jennewein ließ das nicht gelten und bügelte den Einwurf von Frieder Mack kurz mit „Sie haben alles, nur keine Ahnung!", ab.

Ziemlich verschreckt schwieg Frieder Mack und blickte auf seinen leeren Block.

Der Verleger machte eine lange Kunstpause und starrte jeden einzelnen der Anwesenden intensiv an. Niemand sagte etwas. Er fuhr fort und berichtete weiter von seinen nächtlichen Überlegungen. „Das funktioniert so mit der politischen Redaktion bestens, das weiß ich. Darüber hinaus kann man, das habe ich gründlich durchdacht, dieses System auch auf die Wirtschaftsredaktion übertragen. Offensichtlich habe nur ich die wirtschaftlichen Zusammenhänge in Deutschland, ja in Europa erkannt, und Sie, die Sie hier am Tisch sitzen, haben das wohl noch nicht so ganz begriffen. Es gibt nur eine Wirtschaft in der Republik, und diese wird über alle Presseagenturen kommentiert. Das, was die Wirtschaftsredaktion so von sich gibt, ist genauso entbehrlich wie das Geschreibsel der politischen Redaktion."

„Stell' dir vor, es gäbe nur eine Wirtschaft, demnach nur eine Sorte Bier, oha!", flüsterte Werner von Silberburg unter vorgehaltener Hand vorsichtig in Richtung Carl Becker. Dieser brummte zustimmend.

Aber das war noch nicht alles. Der überregionale Sportteil, der in der Sportredaktion produziert wurde, kam zur Sprache und dieser bestand zu großen Teilen aus Agentur-Meldungen. Willi Jennewein war auch hier der Meinung, dass es eine einfache Sache wäre, wenn zwei Personen die paar Seiten produzieren würden.

Jetzt war die persönliche Schmerzgrenze Werner von Silberburgs erreicht. Er war der Einzige, der es sich erlauben konnte, den Verleger zu unterbrechen und eine Wertung vorzunehmen.

„Herr Jennewein", sagte er ziemlich ungehalten, „nichts gegen Sparsamkeit, aber was Sie uns hier bis jetzt vorgestellt haben, ist schlicht unmöglich. Ich schließe mich den Worten von Herrn Mack an. Wissen Sie, dass wir heute einen 16-seitigen Sportteil in der Zeitung hatten? Regionalsport, Fußball, Tennis, Rudern, Bundesliga-Fußball, internationale Autorennen, es ist überflüssig, alles aufzuzählen, das weiß hier jeder im Raum. Und das alles sollen zukünftig nurmehr zwei Menschen produzieren? Die Zeitung samt ihren Mitarbeitenden wird an solchen Merkwürdigkeiten zu Grunde gehen. Hugh, ich habe gesprochen."

Den letzten Satz betonte Werner von Silberburg besonders. Und tatsächlich kommentierte ihn der Verleger nicht. Plötzlich hatte er es eilig. Er teilte der Runde noch mit, dass er seine Meinung und seine kreativen und Kosten sparenden Argumente, die ja allen nur Vorteile bringen würden, dargestellt und ausgiebig erläutert habe. „Ich erwarte, dass alle Anwesenden", er wiederholte, „aber auch wirklich alle Anwesenden" – wieder diese langen Kunstpausen, in denen er jedem und jeder in die Augen starrte – „sich Gedanken macht und in vier Wochen setzen wir uns wieder zusammen, um dann aber endlich zu einem vernünftigen Ende zu kommen." Willi Jennewein stand auf und verließ schweigend das Konferenzzimmer, die Sitzung war beendet.

Es war im Verlag üblich, dass nach derartigen Sitzungen hinterher nicht mehr diskutiert wurde. Warum das so war, wusste niemand. Die Teilnehmer verabschiedeten sich kurz und gingen in ihre Büros.

Becker folgte von Silberburg in dessen Büro. Die beiden Freunde setzten sich in die gemütliche Besprechungsecke und schwiegen eine Weile.

„Weißt du was", eröffnete Werner von Silberburg das Gespräch, „ich glaube fast, dass der Alte irgend etwas von den Mannheimern oder von den Ludwigshafenern aufgeschnappt hat. Da geistern ja alle möglichen Dinge in der Gegend herum. Von Synergie wird gesprochen, von Fusionen und allem Möglichen. Dein Freund Winfried Roth mischt da wohl auch kräftig mit. Also, der Alte muss etwas gehört haben und jetzt will er auf eigene Faust irgendwas in dieser Richtung machen. Dass das so nicht geht, das wissen nicht nur du und ich, die anderen, allen voran Frieder Mack, natürlich auch. Oder wie siehst du das?"

„Wahrscheinlich hast du Recht", pflichtete Becker seinem Freund bei, „ich meine, wir sollten kurzfristig einmal unsere Fühler ausstrecken, ganz vorsichtig natürlich. Ich will mich dieser Tage ohnehin mit Winfried Roth treffen. Du hast mir doch erzählt, dass du auf dieser Tagung in Mannheim bist, dann kannst du die Gelegenheit beim Schopfe packen und mit Meinhard Spycher sprechen. Mit

Egon Tilz, dem alten Pfälzer Schlitzohr, unterhalte ich mich. Er ist mir gegenüber immer ehrlich gewesen. Ich denke, das gilt auch für Dr. Spycher und dich. Was hältst du von meiner Idee?"

„Genau so machen wir es. Wenn einer von uns beiden etwas erfährt, lassen wir uns gegenseitig die Information sofort zukommen. Aber jetzt habe ich noch etwas Interessantes für dich." In von Silberburgs Stimme lag eine gewisse Spannung.

Noch immer war nicht geklärt, wo die 5,4 Millionen Mark abgeblieben waren. Insbesondere gab es nach wie vor keine belastbaren Beweise für das, was von Silberburg herausgefunden hatte. Die Verhaftung von Eva Jennewein wegen der angeblich entwendeten 50.000,- Mark hatte sich zwar mehr oder weniger erledigt, war aber ebenfalls nicht wirklich aufgeklärt.

Werner von Silberburg ließ solche Dinge niemals auf sich beruhen. Er hatte offensichtlich bei den Strafverfolgungsbehörden einen Freund, der ihm diskret Informationen übermittelte. Sicher galt auch hier das Prinzip ‚Eine Hand wäscht die andere' – was ja durchaus nicht unüblich ist.

Jedenfalls wusste Werner von Silberburg, dass bei der Staatsanwaltschaft eine anonyme Anzeige gegen Eva Jennewein eingegangen war. Daraufhin musste die Behörde ermitteln, was dann zur Verhaftung von Eva Jennewein geführt hatte. Die schnelle Freilassung war wiederum auf die geschickten Aktivitäten des Rechtsanwaltes zurückzuführen.

„Ich weiß aus zuverlässiger Quelle, dass die Anzeige gegen Eva Jennewein von Heinrich Wesseling kam. Das deckt sich damit, dass er seinerzeit so vorgeprescht ist, quasi die Flucht nach vorne angetreten hat. Nur um von sich abzulenken. Ich sage dir, den Kerl kriegen wir noch, warte es ab. So sieht es aus in unserer trauten Hütte", erklärte von Silberburg seinem Freund.

„Sage mir mal eines", fragte Becker ratlos, „wo und wie soll denn das alles gegangen sein?"

„Kann ich dir sagen", meinte von Silberburg, „der Wesseling hatte die Anzeige auf seiner Schreibmaschine geschrieben. Er hat zwar nicht die genommen, die auf seinem Tisch steht, sondern eine alte, die er in seinem Büroschrank seit Jahren als Reserve deponiert hat. Den Rest kannst du dir doch denken. Zunächst hatte ich nur eine Vermutung. Als ich vor Kurzem spät abends noch im Haus war, habe ich meinen Generalschlüssel ausgenutzt. Ich wusste von der Maschine im Schrank und habe eine Schriftprobe von beiden Maschinen angefertigt – und meine Gerichtsfreunde in der Kurfürstenanlage haben dann die Übereinstimmung mit dem anonymen Brief festgestellt. Ganz einfach, oder?"

„Mein lieber Herr Verlagsdirektor, wenn du nicht mein Freund wärst, bekäme ich direkt Angst vor dir", sagte in spöttisch-ehrfürchtigem Ton Carl Becker.

„Mein lieber Carlo, das wäre mir auch sehr recht", lachte Werner von Silberburg.

Kapitel 17

Non quia difficilia sunt non audemus, sed quia non audemus difficilia sunt
(Nicht weil es schwer ist, wagen wir es nicht, sondern weil wir es nicht wagen, ist es schwer)

Es war eine herrliche Woche. Carl Becker hatte von seinem vielen Urlaub, der ihm eigentlich noch zustand, diese paar Tage genommen. Er wollte ausspannen, ein paar Kleinigkeiten erledigen. Im Haus war auch einiges zu reparieren, er hatte es Orelia schon mehrfach versprochen. Aber der Hauptgrund war ein anderer: Carl Becker war sozusagen ‚über Nacht' Großvater geworden.

Es war ihm alles viel zu schnell gegangen. Zuerst die Hochzeit vor ein paar Wochen, das war ja noch zu verkraften. Sie hatte im allerengsten Familienkreis stattgefunden. Weder Krista, Beckers Tochter, noch ihr Mann Maximilian hatten eine große Feier gewünscht. Nach der Trauung im Heidelberger Rathaus hatte sich die kleine

Hochzeitsgesellschaft im ‚Ritter' getroffen, nur einen Steinwurf entfernt. Mit Kristas Schwiegereltern, ein paar Freundinnen und Freunde hatte man das vorzügliche Essen und den dazu passenden Wein im stilvollen Rahmen genossen. Alle waren zufrieden.

Und jetzt, wenige Wochen später: Becker, der Großvater. Er wusste noch nicht so recht, wie er damit umgehen sollte. Erst gestern waren Orelia und er in der Heidelberger Universitäts-Frauenklinik gewesen, wo Krista entbunden hatte, um das Baby ‚in Augenschein' zu nehmen. Alle waren sich einig, „der ist total goldig.., richtig süß..." Dabei herrschte ein Trubel wie im Taubenschlag. Dauernd kam oder ging jemand. Kristas Freundinnen, die schon länger Kinder hatten, übertrafen sich mit guten Ratschlägen. Gute Bekannte und Leute, die Becker alle nicht kannte, wechselten sich ab. Er war sichtlich erleichtert, als er mit seiner Frau wieder im Jaguar saß und Richtung Ziegelhausen rollte.

Unterwegs sagte er zu Orelia: „Nikodemus wollen sie den Kleinen nennen, so ein Unfug. Ich begreife das nicht oder verstehst du das etwa?"

Orelia antwortete kurz und bündig: „Klar verstehe ich das. Schon mein Großvater hieß so."

Jetzt wusste Carl Becker Bescheid. Er sagte kein Wort mehr, bis sie zu Hause waren.

Orelia setzte er vor dem Haus ab. Anschließend hatte er sich mit Winfried Roth in dessen Büro verabredet.

Yvonne Schmidlin, Roths enge Mitarbeiterin, empfing ihn, wie immer zuvorkommend und bot ihm auch gleich ihren hervorragenden Schweizer Kaffee an. Selbstverständlich stand eine üppig gefüllte Schale mit feinem Gebäck auf dem Tablett. Roth hatte ihn kommen hören und brüllte durch die offene Tür: „Jetzt komm' endlich rein, mein Freund. Platzier' dich auf der Couch oder setz' dich auf den Stuhl, wie es dir besser behagt." Das war typisch für seinen alten Freund Winfried. Die beiden verband eine herzliche Zuneigung.

„Ich habe jetzt fast eine Milliarde zur Verfügung, was sagst du jetzt?", begann Roth das Gespräch.

„Mein lieber Herr Gesangverein, wie hast du das denn wieder gedeichselt? Also das finde ich enorm. Aber wie soll's jetzt weitergehen? Das dürfte mächtig schwer werden, oder?"

Roth lachte nur und schüttelte den Kopf. Vor ihm auf dem großen Schreibtisch lag ein Blatt Papier in Plakatgröße – voll beschrieben und mit farbigen Unterstreichungen, Zahlen, Kurven, dann wieder kleinere Notizen, alles kreuz und quer. „Auf diesem Blatt steht alles drauf", meinte Roth, „und wenn dieses Blatt entsprechende Leute in die Finger bekommen, platzen sie entweder, oder aber sie fallen in Ohnmacht. Aber es bleibt sicher unter Verschluss."

Roth erläuterte Becker seine Pläne, die immer konkretere Formen annahmen. Er hatte vor, nicht alle Zeitungen aufzukaufen, denn er war der Meinung, wenn mehrere an einem Ort sitzen, würde eine genügen, und zwar die schwächste. Und die würde die anderen dann aufgrund ihres niedrigen Preisniveaus ohnehin in die Knie zwingen.

Becker entgegnete: „Ich habe da Bedenken. Erstens ist es nicht sicher, dass die Verleger ihre Blätter verkaufen oder in eine wie auch immer von dir gestaltete Gesellschaft einbringen, und zweitens gibt es ja schließlich noch das Kartellamt." Diese Bedenken zerstreute Roth aber sofort mit dem Hinweis, dass er das alles bereits habe prüfen lassen. „Es gibt durchaus Möglichkeiten, völlig legale natürlich, die dem Kartellamt keinerlei Möglichkeiten zum Einspruch geben. Und was die Verkäufe angeht, da habe ich tatsächlich bereits mit Mannheim, Ludwigshafen, Karlsruhe und Heilbronn mehrere diskrete Gespräche geführt."

„Hast du auch schon mit Willi Jennewein gesprochen?" Roth entgegnete kurz und bündig: „Mit dem rede ich nicht. Warum auch? Wenn dem ein paar gute Leute weglaufen, dann kann er sein Blatt ohnehin nicht mehr auf den Markt bringen. Sei mir nicht böse, du bist ganz sicher nicht damit gemeint, aber es gibt auf jeden Fall bessere Zeitungen als die Heidelberger Zeitung. Die fällt uns irgendwann für billiges Geld in den Schoß, ich hab es dir ja schon prophezeit."

Er fuhr fort, Becker sein Konzept, das immer interessanter wurde, vorzutragen. Man merkte deutlich, dass er genau wusste, was er wollte – definitiv waren sie beide ausgewiesene Fachleute auf ihrem Gebiet. Ein Außenstehender hätte lediglich ‚böhmische Dörfer' verstanden.

Roth hatte zwischenzeitlich sein Konzept so weit perfektioniert, dass er die einzelnen Redaktionsresorts wie Politik, Wirtschaft, überregionaler Sport, Teile des Feuilletons, gemischte so genannte Allerweltsseiten, aber auch Motorsportteile, nur noch ein Mal für alle zum Verbund gehörenden Blätter produzieren wollte, und zwar in einer seiner zahlreichen Druckereien, die alle aufs Modernste ausgestattet waren. In den Zeitungsverlagen blieben lediglich noch die Rumpfredaktionen, die sich um die lokale Berichterstattung zu kümmern hatten. Die wollte er auf keinen Fall schmälern, sie im Gegenteil verstärken, was Becker sehr vernünftig fand.

Winfried Roths Druckereien waren technisch auf dem neuesten Stand, der elektronische Versand und Empfang von Informationen und Daten in unterschiedlichen Formaten eine Selbstverständlichkeit. Jetzt ging es darum zu überprüfen, wie sich die Situation in den anderen Häusern darstellte und in wieweit Nachrüstung benötigt werden würde. Schließlich mussten täglich die Daten der fertigen Seiten übernommen und ins System eingegliedert werden können. Die von den Verlagen selbst zusammengestellten Seiten sollten dann entsprechend dem Seitenverlauf, der sich aufgrund der vorhandenen Anzeigen und der Textteile ergibt, zusammengeführt werden.

„Mensch, Winni, das ist ja grandios, gratuliere," stellte Becker begeistert fest. „Danke für die Blumen", antwortete Roth. „Es reizt mich ja wirklich, die Zeitungen auch noch selbst zu drucken."

Roth verfügte über einen gewaltigen Maschinenpark an superschnellen großformatigen Druckmaschinen. Diese sind für die kostengünstige Herstellung von Katalogen und Prospekten, auch in hohen Auflagen, bestens geeignet, keine Frage. Allerdings nicht für den Druck einer Tageszeitung. Die dafür notwendigen Rotationsmaschinen waren in keiner der Druckereien von Winfried Roth vorhanden. Er hatte sich jedoch auch dafür eine Lösung überlegt: Bei mehreren Geschäftsreisen in der Schweiz hatte er das neu gegründete Druckzentrum in der Nähe von Zürich besucht. Dort hatten sich mehrere Zeitungsverlage zusammengeschlossen und in eine gemeinsame Infrastruktur investiert.

„Neueste Technik, super Ausstattung - genau so will ich das auch hier im Rhein-Neckar-Raum haben. Ein Druckzentrum mit den modernsten und schnellsten Rotationsmaschinen. Die drucken dann aber nicht nur die Blätter der ‚Vereinigten', nein, diese Maschinen müssen rund um die Uhr laufen. Fremdaufträge für die Rotation sind jede Menge auf dem Markt, man muss sich nur umtun. Werbebroschüren im Zeitungsformat müssen schließlich irgendwo produziert werden. Warum also nicht bei uns? Angebot und Nachfrage geben die Richtung vor." Roth studierte das große, vor ihm liegende Blatt mit dem Gekrakel, das nur er selbst entziffern konnte.

Ein Problem war noch nicht befriedigend gelöst - das der Logistik. Wie würden die Zeitungen aus den einzelnen Druckhäusern oder aber vom geplanten Druckzentrum an die Sammel- und Verteilstellen und schlussendlich in die Briefkästen und Zeitungsröhren kommen, und das zeitgleich, in der Regel zwischen 23 Uhr und 6 Uhr morgens? Der logistische Aufwand war enorm. Beide kamen überein, dass Becker mit einem befreundeten Logistiker des Springer-Verlages in Berlin darüber sprechen würde.

Roth kam auf die Zahlen zu sprechen. „Durch den Einkauf der ungeheuren Mengen an Rollenpapier können wir bei den Papierfabriken in den Erzeugerländern - z. B. Schweden, Italien oder Finnland, aus diesen Ländern kommen sehr viele qualitativ gute Papiere - supergünstige Preise realisieren. Darüber hinaus wird sich durch den gemeinsamen Anzeigenverkauf ein ordentlicher Gewinn erzielen lassen. Wobei auch die Anzeigenkunden von diesem System profitieren werden. Sie könnten mit nur einer Druckvorlage ihrer Werbeanzeige, die an nur eine Sammelstelle geschickt werden muss, elektronisch oder per Post, alle oder nur einzelne bestimmte Zeitungen des gemeinsamen Verbundes belegen. Man könnte sich ja zusätzlich ein interessantes Rabattsystem überlegen. Mehr Umsatz für uns, mehr Öffentlichkeit für die Kunden. Eine klassische Win-Win Situation." Roth hatte sich richtig heiß geredet und Becker war begeistert und sehr beeindruckt.

„Wir machen das. Und möglichst bald", sagte Roth zum Abschluss.

„Auf jeden Fall", stimmte Carl Becker zu.

Es war ein bisschen wie beim Rütli-Schwur 1291 auf der Tellswiese oberhalb des Vierwaldstätter Sees.

Kapitel 18

Tempora mutantur nos et mutamur in illis
(Die Zeiten ändern sich und wir ändern uns mit ihnen)

Else Sander empfing Carl Becker schon am frühen Morgen aufgeregt.

„Der Chefredakteur hat schon mehrmals versucht, Sie ans Telefon zu kriegen. Es muss etwas ganz Besonderes passiert sein. Rufen Sie ihn um Himmelswillen gleich an, der ist völlig fertig." Immer wenn Else wie ein aufgescheuchtes Huhn gackerte, lag irgendetwas im Argen, denn eigentlich war sie nicht so leicht aus der Ruhe zu bringen, das wusste Becker.

Er ging sofort in sein Büro und rief Frieder Mack an. Der seufzte erleichtert und sagte mit sehr nervöser Stimme: „Kein Mensch ist im Hause, der von Silberburg ist unterwegs, der Verleger ist anscheinend auch nicht zu greifen, mein Gott, was soll ich denn machen?"

„Guten Morgen, lieber Herr Kollege, beruhigen Sie sich doch zuerst einmal. Warum rennen Sie denn heute schon so früh hier herum? Normalerweise kommen Sie doch erst um die Mittagszeit? Aber sagen Sie mir doch ganz einfach mal, was los ist."

Frieder Mack sprudelte los: „ Ich habe von einem Kollegen aus Belgien einen Anruf erhalten. Demnach ist in der Nacht sowohl von Passanten als auch von Polizei und Militär eine große Zahl unbekannter Flugobjekte gesehen worden. Das sind doch hochbrisante Nachrichten, die dürfen wir unseren Lesern auf keinen Fall vorenthalten. Von den Agenturen, bei denen wir abonniert sind, ist nichts zu erfahren. Da müssen wir recherchieren, oder was meinen Sie?" Carl Becker stimmte natürlich zu.

Redakteure und Journalisten haben gewöhnlich ein umfassendes, sorgfältig gepflegtes Netzwerk - Kontakte, Beziehungen, Adressen, gegenseitige Verpflichtungen. Es erstreckt sich über den gesamten deutschsprachigen Raum, einschließlich Schweiz und Österreich, aber auch auf viele andere Länder. Das liegt daran, dass man entweder zu einer bestimmten Zeit in einem Verlag Kollege war oder aber sich Freundschaften entwickelt haben, die man danach natürlich weiter pflegt. Die Hamburger waren in München, die Düsseldorfer in Freiburg – teilweise sind sie wieder an ihre alten Wirkungsstätten zurückgekehrt. Egal wo sie jetzt sind, das Netzwerk ist erhalten geblieben, ein unbezahlbares und immer aktuelles Lexikon. Es war und ist ungeschriebenes Gesetz, dass Informationen stillschweigend ausgetauscht werden. Der Gesetzgeber lässt sogar zum großen Teil zu, dass diese Berufsgruppe ihre Informationsquellen nicht nennen muss. Es sei denn, es handelt sich um Kapitalverbrechen; in diesem Falle wird jeder ehrenhafte Journalist alles tun, um bei der Aufklärung zu helfen. Folglich wird er zunächst seine Quelle angehen mit dem Hinweis, entsprechende Informationen an die Ermittlungsbehörden weiterzugeben. Sollte die so genannte ‚Quelle' sich weigern, wird der Empfänger, wann immer möglich, selbst aktiv.

Becker und Mack einigten sich darauf, dass jeder unverzüglich sein jeweiliges Netzwerk anzapfen wollte. Das Ergebnis war jedoch bei beiden negativ. Niemand in der Republik, auch nicht im benachbarten Ausland, wusste etwas von den UFOs. Selbst im belgischen Innenministerium war keine Auskunft zu erhalten. Becker und Mack probierten es den ganzen Tag über in regelmäßigen Abständen. Mittlerweile war die Zeitungswelt natürlich hellwach. Alle versuchten, etwas über die Flugobjekte in Erfahrung zu bringen. Immerhin war es eine spannende Angelegenheit, die man auf der ersten Seite aufziehen konnte. Eine Geschichte von höchstem Interesse für eine breite Leserschaft. Vielleicht war sogar ein Foto zu ergattern.

Walter von Silberburg streckte den Kopf durch die Tür: „Moin moin, auch schon vom außerirdischen Besuch gehört? Der Mack ist mir gerade im Aufzug begegnet, der ist ganz schön fertig. Aber wir warten mal ab. Der Alte ist ja wieder mit seinem ‚Flugdrachen' unterwegs, anscheinend schon seit ein paar Tagen. Vorhin hat er mich angerufen, er käme um 17 Uhr in Mannheim an, du solltest die Güte haben und ihn dort abholen. Außerdem will er mal wieder eine seiner 20-Uhr-Sitzungen haben, er möchte zu uns, dem niederen Volk sprechen." Walter von Silberburg war zwischenzeitlich hereingekommen und saß vor Beckers Schreibtisch.

Als hätte sie nur darauf gewartet, tischte Else Sander sofort Kaffee und Gebäck auf.

„Danke, Gnädigste, Sie sind es halt immer, die uns die schweren Stunden in diesem Hause erleichtert, um nicht zu sagen versüßt", bedankte sich Werner von Silberburg mit Grandezza.

Becker und von Silberburg unterhielten sich noch darüber, was der Verleger schon wieder zu vermelden habe und auch über die unbekannten Flugobjekte. Sie kamen zu dem Ergebnis, dass sie, wenn Frieder Mack zustimmte, nichts veröffentlichen wollten – es sei denn, es kämen gesicherte Meldungen über die Phänomene. Allerdings sollten die Informationen bis spätestens 16 Uhr im Hause sein und zwar aus dem Grund, weil bereits um 17 Uhr ein großer Teil der Zeitung gedruckt wird.

Becker fragte interessiert seinen Freund von Silberburg, weshalb zu solch' früher Stunde bereits die Rotationsmaschine anlaufen solle. Der war nicht nur informiert sondern sogar involviert: Für einen großen Autohersteller sollten zwei Millionen Prospekte im Zeitungsformat gedruckt werden, die dann in den nächsten Tagen auch bei den Nachbarzeitungen als Beilagen zusortiert werden sollten. Einen Teil der zwei Millionen wollte von Silberburg im Anschluss an den üblichen Zeitungsdruck fertigstellen lassen, der Rest sollte an den folgenden Tagen produziert werden.

Jetzt war Becker der frühe Andrucktermin plausibel. Er selbst hatte solche Aufträge auch schon hereingeholt, und da war der Andrucktermin auch vorgezogen worden. Die Akquise solcher Druckjobs teilten sich die beiden, wohl wissend, dass der Verleger überhaupt keinen Wert darauf legte. Allerdings war durchaus möglich, dass er sich zumindest über den erzielten Gewinn freute, hofften sie zumindest.

Wieder einmal stand Carl Becker pünktlich um 17 Uhr am Regionalflughafen Mannheim am Hangar, in dem sonst die alte Cessna 172 ihr tristes Dasein fristete. Da Jennewein noch nicht in Sicht war, wechselte er ein paar Worte mit einem Mechaniker vom Nachbarhangar, der zwei Learjets Unterkunft bot. Das waren Prachtstücke, Flugmaschinen wie Becker sie liebte. Der Mechaniker beurteilte die Cessna 172 ziemlich kritisch: „So ein altes Ding, so gut es einmal war, sollte einfach nicht mehr fliegen. Zumal es außer einem primitiven Funkgerät keinerlei weitere Ausstattung hat. Und der Pilot ist ja auch nicht mehr der Jüngste", meinte der Mann vom Fach, der natürlich auf seine beiden Learjets mehr als stolz war.

Es war 17.30 Uhr und immer noch nichts von der Maschine zu sehen, geschweige denn zu hören. Becker lief am Flugfeld entlang zum Tower. Dort fragte er nach der Maschine. Die Tower-Leute grinsten ihn an und teilten ihm mit, dass Herr Jennewein vor einer halben Stunde schon ein QDM verlangt habe. Demnach wusste er nicht, wo er sich befand, auf gut deutsch: Er hatte sich verflogen. Die Tower-Leute hatten ihn zwischen Speyer und Mannheim angepeilt und ihm die Koordinaten, Höhe, Geschwindigkeit und Richtung, durchgegeben - er war überfällig.

Becker beschloss, nach Heidelberg zurückzufahren, es hatte keinen Sinn, weiter zu warten. Die Towerbesatzung versprach, „wenn Licht ins Dunkel des Jennewein-Fluges komme sollte", so ihre lockere Formulierung, telefonisch Bescheid zu geben.

Gerade rief Werner von Silberburg an um nachzufragen, wo denn die Herrschaften blieben. „Sag' mal, hast du vergessen, dass um 17.30 Uhr der Sitzungstermin ist? Macht ihr noch einen Lustflug oder ist der Alte in den Rhein gestürzt?"

Becker antwortete: „Mach' jetzt bloß keine Scherze, er ist überfällig. Niemand weiß, wo er ist. Ich fahre jetzt nach Heidelberg, ich kann hier ja doch nichts ausrichten."

„Dunnerlittchen, komm zurück zu mir, mein Junge, Hauptsache, du bist nicht abgestürzt", lachte Werner von Silberburg ins Handy.

Über die Autobahn fuhr Becker zurück ins Verlagshaus nach Heidelberg. Dort angekommen, eilte Becker sofort ins Sitzungszimmer, der große Zeiger der Uhr stand schon auf der 12. Die komplette Mannschaft war angetreten und überfiel Becker, kaum dass er einen Fuß in die Tür gesetzt hatte, mit ihren Fragen.

„Hat man etwas gehört, ...wo ist er? ...ist er abgestürzt?", schwirrten die Fragen durcheinander.

Nur einer schwieg und starrte ausdruckslos vor sich hin: Hannes Jennewein. Was ihn bewegte, ob er Trauer empfand oder böse Hoffnungen hegte, war seinem Gesicht nicht anzumerken.

Plötzlich klingelte Beckers Handy. Der Tower des Flughafens Mannheim war am anderen Ende. Es war schon ziemlich surreal, was Becker da gerade hörte. Offensichtlich war Willi Jennewein auf einem Acker zwischen Edingen und Friedrichsfeld gelandet, allerdings mit Bruch. Ihm selbst schien nichts passiert zu sein, er war aber auch nirgends aufzufinden. Ein Bauer hatte die Polizei angerufen und die hatte den Flughafen benachrichtigt. Im Moment war man dabei, den Schrotthaufen zu sichten, das Bundesluftfahrtamt in Braunschweig würde den Fall begutachten müssen und die Sache würde den amtlich vorgegebenen Weg gehen. Nach Abschluss der Untersuchungen durch die Braunschweiger Experten würden die Reste der Cessna nach Mannheim gebracht werden.

„Sage es jetzt bloß nicht, bitte", flüsterte Becker seinem Freund von Silberburg zu. Der hatte schon zum ‚Dunnerli' angesetzt, brach aber mitten im Wort ab. Ihm und allen anderen hatte es schlicht die Sprache verschlagen: Die Tür öffnete sich und Willi Jennewein betrat den Raum. Alle erhoben sich schweigend von ihren Plätzen, „Was schauen Sie mich denn so an? Ich bin doch kein Marsmensch! Ich bin halt etwas später dran, weil ich einen Unfall hatte, die Maschine hat Schwierigkeiten gemacht. Na ja, für was gibt es Handy und Taxi? Das müssten Sie doch wissen", sprach, völlig gelassen, der Verleger.

Dann änderte er den Tonfall und fuhr quengelnd fort: „Wenn man einmal nicht da ist, dann funktioniert nichts, aber auch gar nichts. Ich habe gerade drüben reingeschaut, weil die Rotation schon läuft. Ich habe hier ein Exemplar der neuen Ausgabe in der Hand. Und ich sehe nichts, nichts, verstehen Sie, nichts über die Besucher aus dem Weltall. In den Nachrichten habe ich es im Taxi gehört. Und wir haben nichts. Hannes, du gehst sofort in die Druckerei und hältst die Maschine an. Die sollen den gedruckten Mist gleich einstampfen. Und Sie, sehr geehrter Herr Chefredakteur, Sie machen blitzschnell etwas zurecht. Also derlei Meldungen kann man nicht unterschlagen. Das ist Leserbetrug, merken Sie sich das", er seufzte theatralisch tief auf und setzte sich an seinen Platz.

Die Beteiligten versuchten ihm klar zu machen, dass sie den ganzen Tag versucht hätten, an gesicherte Informationen zu kommen, aber ohne Erfolg. Jetzt wurde Willi Jennewein böse und dozierte mit erhobener Stimme: „Der Südwestfunk hat die Informationen sicher nicht direkt von den Außerirdischen. Demnach gibt es wohl auch offizielle Meldungen über diesen wichtigen Fall. Ich glaube im Übrigen daran, dass fremde Wesen im Weltall herumfliegen und uns beobachten. Ständig werden wir umflogen von diesen Dingern, ich selbst habe während meiner unzähligen Flüge schon mehrfach Flugobjekte unbekannter Herkunft gesehen. Aber Sie begreifen das ohnehin nicht, deshalb brauche ich gar nicht erst darüber zu sprechen. Ungeachtet dessen müssen unsere Leser darüber informiert werden, Herrgottnochmal, das wenigstens werden Sie doch begreifen?", keifte er in die Runde.

Seelenruhig entgegnete Werner von Silberburg, der derlei Situationen meisterhaft beherrschte: „Du sollst nicht fluchen."

Totenstille herrschte im Sitzungszimmer. Willi Jennewein entgegnete: „Ja, Sie haben recht, Herr von Silberburg. Ich nehme es mit dem Ausdruck des Bedauerns zurück."

Wieder herrschte Stille im Raum und die Gesichter der einzelnen Anwesenden sprachen Bände. Vom leichten Grinsen bis hin zum schieren Erstaunen.

Willi Jennewein hielt eine knappe ‚Ansprache an sein Volk': „Meine Damen, meine Herren, eigentlich habe ich heute Abend mit Ihnen über eine bessere und farbigere Gestaltung der Zeitung sprechen wollen. Es ist jetzt aber schon viel zu spät geworden, und außerdem habe ich keine Lust mehr und mag mich nicht mehr konzentrieren!"

Tatsächlich waren in der Zwischenzeit Meldungen bezüglich der Beobachtung der unbekannten Flugobjekte über Belgien hereingekommen. Die Texte waren bereits elektronisch verarbeitet, die zwei entsprechenden Zeitungsseiten geändert und die Meldungen eingebaut. Eine halbe Stunde später lief die Rotationsmaschine wieder an. Wenn die Drucker ihren Laden im Griff haben, haben sie Puffer einkalkuliert, das heißt, dass die Maschine selten auf vollen Touren laufen muss. In Situationen wie der geschilderten wird die Maschine hochgefahren und der Zeitverlust weitestgehend aufgeholt. Mit anderen Worten: Es kommt bei den Nachfolgeaufträgen nicht zu Verschiebungen und auch die Logistik muss keine zeitaufwendigen Umplanungen vornehmen.

Die Versammlung löste sich auf, es wurde nur wenig gesprochen und wie immer verschwand Willi Jennewein sang- und klanglos. Wahrscheinlich dachte er über seinen Absturz nach; sicher dankte er seinem Schöpfer dafür, dass er ihn am Leben gelassen hatte.

Kapitel 19

Quid sit futurum cras, fuge quaerere
(Was morgen sein wird, meide zu fragen)

„Ein Mitarbeiter des Luftfahrtbundesamtes Braunschweig ist am Telefon", meldete Else Sander. Da Carl Becker in diesem Amt niemand kannte, war er verwundert über den Anruf. Else sagte gleich dazu, dass das Amt die Telefonnummer vom Tower des Flugplatzes Mannheim bekommen habe. Becker ahnte, was jetzt auf ihn zukommen würde.

Er nahm den Anruf entgegen. „Haben Sie die Cessna 172 geflogen?" fragte der Mitarbeiter des Amtes. Becker wunderte sich über diese Frage, weil sowohl im vorhandenen Flugbuch, das dem Amt ja sicher vorlag, als auch beim Flugplatz der Pilot eindeutig registriert und dokumentiert war. Nun passieren natürlich immer wieder mal Dinge, die solche Nachfragen notwendig machen. Becker war im Besitz einer Privatpiloten-Lizenz, das war sicher auch in Braunschweig bekannt. Vielleicht vermutete man eine Parallele zu den letzten Fällen von versuchtem Versicherungsbetrug, als eine Reihe älterer Maschinen absichtlich geschrottet worden war.

Bereitwillig gab Becker die notwendigen Auskünfte und teilte auch mit, dass die Cessna 172 ausschließlich von Willi Jennewein selbst geflogen werde.

„Sind Sie denn für die Maschine zuständig?" fasste der Beamte nach. Becker bejahte dies, als Geschäftsführer fielen die Firmenmaschine und die Fahrzeuge des Verlages in seinen Zuständigkeitsbereich.

„Ihr Verleger ist wohl nicht mehr der Jüngste", betonte der Beamte, „was jedoch unerheblich ist, solange er fit ist und die jährlichen flugtechnischen Prüfungen und Gesundheitschecks mit Erfolg absolviert."

Becker wusste noch immer nicht, auf was der Beamte hinaus wollte. Das wurde schlagartig deutlich: „Der Verleger hat den Mannheimer Flugplatz von der falschen Richtung aus angeflogen, obwohl der Tower ihm sehr wohl die an diesem Tag gültigen Anflugdaten gegeben hatte. Das ist aufgrund seines eingerichteten Kurses klar erkennbar. Und wissen Sie, Herr Becker, im Tank der abgestürzten Maschine war kein Tropfen Sprit mehr. Das hatte natürlich den Vorteil, dass das Vehikel bei der Bruchlandung weder brennen noch explodieren konnte. Da Ihr Verleger aber ab Abflug Mannheim insgesamt nur ungefähr 120 Flugminuten in der Luft war, heißt das, dass er mit fast leerem Tank losgeflogen ist. Ein bodenloser Leichtsinn ist das. Also ich muss schon sagen, das kommt uns auch nicht alle Tage unter", teilte der Beamte Becker mit. Der musste ihm Recht geben, zumal er selbst begeisterter Flieger war. „Was geschieht denn nun?", wollte Becker wissen. „Es wird ein förmliches Verfahren eingeleitet. Ihr Einverständnis vorausgesetzt, wird die demolierte Maschine auf den Flughafen Mannheim transportiert." Becker willigte ein und beendete das Gespräch. Er konnte es immer noch nicht fassen.

Wieder klingelte das Telefon, Werner von Silberburg war in der Leitung: „Kannst du bitte mal hochkommen, wir wollten doch heute Verschiedenes besprechen?" Becker machte sich gleich auf den Weg zum Fahrstuhl und fuhr die paar Stockwerke hoch zu seinem Freund, dem Verlagsdirektor.

Von Silberburg erzählte Carl Becker, dass er gerade mit dem Verleger eine Begegnung der anderen Art gehabt hatte. „Als ich ins Zimmer trat, saß er am Schreibtisch und summte vor sich hin. Im Hintergrund lief wieder das Band oder die CD mit dem Lied ‚Näher mein Gott zu dir…' In dem Augenblick, als er mich registrierte, schaltete er die Musik ab. Ohne jeden Kommentar!" Tatsache war, so berichtete von Silberburg, dass der Verleger einmal mehr die vorgelegte neue Anzeigenpreisliste total geändert hatte.

Sowohl die Anzeigenverkäufer als auch die Anzeigenkunden hatten Kritik geäußert. Beispielsweise waren die Preise für die Werbebeilagen als zu hoch empfunden worden, die Millimeter-Preise sollten zum Teil angepasst werden. Kundenwünsche werden über die Anzeigenverkäufer aber auch direkt in den Verlag getragen, wo sie schlussendlich in der Verlagsdirektion landen.

„Jetzt hat der Alte alles umgeändert mit dem Ziel, alle, aber auch alle Preise gewaltig zu erhöhen. Im Vergleich mit den örtlichen und erst recht mit den überregionalen Mitbewerbern liegen wir mit großem Abstand an der Spitze. Wir ernten Hohn und Spott, ich kann es dir prophezeien", schimpfte von Silberburg und schaute seinen Freund Carl fragend an. Dem fiel dazu nichts ein. Es war jedes Jahr das selbe Spiel: Bei jeder neu festzulegenden Preisliste gab es Probleme mit dem Verleger. Der wollte die Preise ohne Rücksicht auf die Mitbewerber- oder Kundensituation gewaltig erhöhen. Er sprach dann von gestiegenen Papierpreisen und Lebenshaltungskosten und außerdem brauche seine ‚große Familie' schließlich auch Geld, um zu leben. Damit meinte er die Mitarbeitenden des Verlages. Dass dieses alles Unsinn war, wussten von Silberburg und Becker natürlich. Es führte regelmäßig zu endlosen Diskussionen, die meistens im Streit endeten.

Von Silberburg erzählte, dass sie sich nicht einig geworden waren. Sie wollten sich in den nächsten Tagen erneut besprechen.

„Dabei sind wir schon spät dran", meinte von Silberburg, „die Preisliste muss schließlich noch gedruckt und verschickt werden. Aber nun warten wir eben mal wieder. Jedenfalls werden sich unsere Mitbewerber die Hände reiben und uns einiges an Aufträgen abjagen."

Werner von Silberburg hatte, wie schon vor einiger Zeit in diversen Sitzungen vom Verleger angekündigt, von ihm den Auftrag bekommen, die Zeitung farbiger und interessanter zu gestalten. Das wollten sie jetzt angehen. Dabei war klar, dass auf der vorhandenen Rotationsmaschine keine durchgängig farbige Zeitung gedruckt werden konnte. Für die Anschaffung eines weiteren Druckwerkes würde allerdings eine größere Investition getätigt werden müssen. Außerdem würde das Gebäude, in dem die Maschine stand, um ein paar Meter verlängert werden müssen.

„Du kennst doch den Baubürgermeister persönlich. Meinst du, dass wir eine Genehmigung für den Umbau bekommen?", fragte Werner.

Becker schüttelte den Kopf. „Ich habe schon mehrfach mit ihm wegen dieser Sache gesprochen, es ist so gut wie aussichtslos. Und im Gemeinderat wäre dieser Antrag ebenfalls nicht durchzubringen. Die ganze Riege will doch, dass die Heidelberger Altstadt zum Weltkulturerbe erklärt wird. Und somit darf so gut wie nichts baulich verändert werden, obwohl wir die Grundstücksgröße parat hätten. So sieht es aus, mein Lieber."

„Das müssen wir dem Alten beibringen. Der wird toben", meinte Werner, „aber da ist guter Rat teuer. Wahrscheinlich hat er immer noch im Hinterkopf, dass man die Zeitung umstrukturieren soll. Du hast es mir ja erzählt, als

Winfried Roth bei Eurem Essen im Europäischen Hof ihn wegen Synergie- und ähnlicher Modelle angesprochen hat. Das muss ihn schockiert haben. Und genau deshalb will er eine quasi neue Zeitung kreieren. Er wird wieder herumschreien und damit drohen, das Unternehmen zu verlagern. Er denkt da merkwürdigerweise immer an Walldorf. Damit glaubt er, die Stadt Heidelberg gefügig machen zu können. Aber die werden in der Sache nicht nachgeben."

„Alles geht halt nicht nach seinem Kopf, wenn er es auch meint. Vielleicht gibt es doch andere Möglichkeiten? Wir sollten einmal intensiv darüber nachdenken", entgegnete Carl Becker.

„Also mir fällt da nicht viel ein. Aber vielleicht gibt es ja auch eine kleine Lösung, nämlich die Maschine so umbauen zu lassen, dass die Räumlichkeiten nicht erweitert werden müssen. Da sollten wir uns bei verschiedenen Fachleuten, aber auch bei Kollegen, einmal kundig machen", war von Silberburgs Vorschlag.

Werner von Silberburgs Telefon läutete. Hedda Mahler, Willi Jenneweins Sekretärin war am Apparat und flüsterte in von Silberburgs Ohr: „Achtung, der Zampano ist im Anmarsch."

Heftiges Pochen an der Tür, Willi Jenneweins Erkennungszeichen. Schon stand er in von Silberburgs Büro.

„Ich möchte die Herren bei ihrem Plauderstündchen nicht stören", sagte er jovial, wenn auch ohne zu grüßen. „Sollte ich unpassend kommen, können Sie mir das ruhig sagen, ich gehe dann wieder." Eigentlich erschien er immer unpassend, aber die beiden Herren versicherten ihre Freude über seine Anwesenheit und boten ihm einen Stuhl an.

„Wenn ich Sie schon beide beisammen habe und wirklich nicht störe", sagte er salbungsvoll, „dann nehme ich die Chance wahr, um Ihnen einiges von meinen nächtelangen Überlegungen mitzuteilen verbunden mit der Bitte, diese Dinge auch umzusetzen. Es handelt sich um fünf wesentliche Dinge:

Erstens: Da das Firmenflugzeug nicht mehr reparabel ist, werde ich eine andere Maschine kaufen. Eine, die vielleicht ein wenig jünger ist als die zu Bruch Gegangene. Es ist mir schon wichtig, dass der Verlag ein Flugzeug hat, auch wenn ich selbst vielleicht die Pilotenlizenz nicht mehr hätte. Man ist beweglicher und bei dem heutigen Verkehr, nur Staus überall auf den Autobahnen, ist Fliegen immer noch das Beste. Außerdem kann ja Herr Becker mit solchem Gerät umgehen, wahrscheinlich machte es ihm doch Spaß, hin und wieder irgendwo hinzufliegen. Da wird Hobby zum Beruf, nicht wahr, Herr Becker?", säuselte er freundlich, „und dann können Sie mich da oder dorthin fliegen, das wäre doch nett."

„So nett finde ich das gar nicht, Herr Jennewein, ich habe schließlich keine Erlaubnis zur Personenbeförderung. Außerdem fehlt mir die Zeit, ich habe hier im Verlag genügend zu tun", entgegnete abwehrend Carl Becker.

Der Verleger beachtete die ablehnende Antwort Beckers gar nicht. Er sagte lediglich: „Wunderbar, ich kaufe eine Maschine." Das war sein letztes Wort zu diesem Thema. Werner von Silberburg und Carl Becker schauten sich tief in die Augen und jeder wusste, was der andere dachte: Ein mehr als unflätiges Wort.

Willi Jennewein war richtig in Fahrt gekommen.

„Zweitens: Ich habe mir lange Zeit überlegt, was man an der Zeitung verbessern könnte. Ich bin der Meinung, dass man ein Mal pro Monat ein mehrseitiges Verlagsspecial machen sollte, das speziell Frauenthemen behandelt. Die Hälfte Text, die andere Hälfte Anzeigen. Das bringt doch gutes Geld in die Kasse. Und dann setzen wir noch eins drauf und machen dasselbe nur für Männer, also mit reinen Männerthemen. Ich bin sicher, das gibt seitenweise Anzeigen." Mit einem Lächeln fuhr er fort:

„Ich gestehe, allerdings nur Ihnen, dass mich in dieser Sache Frau Eva Jennewein leicht inspiriert hat. Sie wollte ja schon immer so etwas machen. Sie freut sich bestimmt über meine Entscheidung, meinen Sie nicht auch?" Die beiden Männer sparten sich jeglichen Kommentar.

„Drittens: die Preisliste. Dazu gibt es noch einiges zu sagen. Sie liegt immer noch auf meinem Schreibtisch und ich weiß genau, dass Herr von Silberburg sich geärgert hat, weil ich, der Verleger, die Liste korrigiert habe. Aber, meine Herren, das müssen Sie einfach verstehen. Wir sind eine angesehene, herausragende Zeitung. Keine Zeitung in der ganzen Umgebung ist so gut wie wir. Und genau deshalb sind wir eben teurer als die anderen. Ein Mercedes kostet nun einmal mehr als ein Goggomobil, das muss Ihnen doch klar sein!"

Sie hatten etwas Mühe, das ‚Goggomobil', zu verkraften, dennoch konnte von Silberburg sich die entscheidende Frage nicht verkneifen:

„Wenn uns aber die Abonnenten und die Anzeigenkunden weglaufen, der Trend ist schließlich erkennbar, was machen wir dann?", fragte er mit gespannter Miene. „Ach wissen Sie, Herr von Silberburg, die Menschen sind dumm. Aber mit der Zeit lernen sie. Ja, Sie werden sehen, dass auch die Dummen begreifen, welch exzellentes Niveau wir haben und unsere Zeitung kaufen. Auch die Anzeigenkunden werden wieder kommen, ich bin da sicher, absolut sicher ", bekräftigte der Verleger mit fester Stimme.

Von Silberburg erwiderte: „Da bin ich mir überhaupt nicht sicher. Die Dummheit stirbt nämlich nie aus."

Die Zweideutigkeit in von Silberburgs Worten hatte der Verleger Gott sei Dank nicht verstanden. Das Thema wurde nicht weiter erörtert, es wäre ohnehin sinnlos gewesen. Es sollte noch schlimmer kommen, Willi Jennewein holte zum Rundumschlag aus:.

„Viertens: Schon seit geraumer Zeit beobachte ich, meine Herren, dass Sie sich in Ihrer Arbeit regelrecht aufreiben. Das kann ich mit meinem Gewissen nicht länger vereinbaren...", Becker und von Silberburg waren völlig überrascht, „...und deshalb habe ich mir vorgenommen,

Sie völlig vom finanziellen Kram zu entlasten. Ich hatte die grandiose Idee", er sagte wirklich ‚grandiose Idee', dass alles, was mit den Bilanzen und dem Jahresergebnis zusammenhängt in Zukunft ausschließlich von Wesseling und mir bearbeitet wird. Damit haben Sie viel Zeit gewonnen, die anderen Dingen zugute kommen kann." Damit schloss er die beiden elegant von der Prüfung der Bilanzen, aber auch von der Kenntnis über den finanziellen Status des Unternehmens aus. Das war der wahre Grund, der hinter der fürsorglichen Fassade steckte.

Doch der Verleger war mitnichten zufrieden

„Fünftens: Es ist mein erklärter Wunsch, unsere Zeitung komplett farbig erscheinen zu lassen." Becker antwortete: „Herr Jennewein, Werner von Silberburg und ich haben schon verschiedenste Modelle durchdacht, haben aber noch keine brauchbare Lösung gefunden. Wir haben bereits mit den zuständigen städtischen Stellen Kontakt wegen der Genehmigung einer Erweiterung des Maschinengebäudes aufgenommen, sind jedoch auf breiter Front auf Ablehnung gestoßen. Alternativ wollen wir uns noch schlau machen wegen eines Umbaus der Maschine selbst, mit zusätzlichen Farbwerken, einem anderen Aufbau der Drucktürme etc., aber ohne das Gebäude selbst erweitern zu müssen. Wir sind da noch am Tüfteln, vielleicht bekommen wir doch noch eine gute Lösung hin", wollte Becker den Verleger beruhigen.

Der Versuch war fruchtlos. Willi Jennewein ereiferte sich sofort: „Dann ziehen wir halt nach Walldorf um, dort bekommt man alle Möglichkeiten eingeräumt und die Stadtverwaltung rollt sogar einen roten Teppich aus zum Empfang." Verstimmt nuschelte er noch: „So, das war's für heute", stürmte aus von Silberburgs Büro und schlug die Türe hinter sich zu.

Carl Becker fragte seinen Freund: „Weißt du, was der ist?"

Werner antwortete: „Natürlich weiß ich es. Und zwar ein riesengroßes!"

Kapitel 20

Si tacuisses, philosophus mansisses
(Wenn du geschwiegen hättest, wärst du ein Philosoph geblieben)

Es war Freitagabend und Carl Becker war froh, dass die Samstagausgabe der Heidelberger Zeitung abgeschlossen und mehr oder weniger druckreif war. So machte er sich gemütlich auf den Nachhauseweg. Er lief durch die ganze Hauptstraße bis zum Bismarckplatz. Immer wieder war es für ihn schön und beruhigend, gewissermaßen als Tagesabschluss die Zeitung zu vergessen und sich auf den Feierabend zu konzentrieren. Besonders wohltuend war das natürlich am Freitag, stand doch das Wochenende vor der Tür.

Es herrschte ein buntes Treiben, manche Menschen wollten noch Wochenendeinkäufe tätigen, Müßiggänger und Touristen mit Wasserflaschen unter dem Arm und triefende Fisch- oder Wurstbrötchen in der Hand schlenderten durch die Straße. Es roch wie überall ein wenig nach Brot, ein wenig nach Kaffee, insbesondere in Höhe der Kaffeerösterei, und nach Tabakrauch. Manchmal streifte ihn auch ein Hauch von Parfüm, der von einem vorbeieilenden Mädchen herüber wehte.

Am Bismarckplatz war der Betrieb noch größer, viele Menschen warteten auf die Straßenbahnen und Busse, die sie nach Hause bringen sollten. Menschenmengen strömten ins und aus dem Kaufhaus Horten, das noch geöffnet hatte. Becker schlenderte weiter Richtung Menglerbau, unter dem sich die Parkplätze befanden.

‚Es ist schade, dass die Deutschen keine richtige Feierabendkultur haben', dachte er bei sich. In der Heimat seiner Frau, in Frankreich, oder z.B. auch in der Westschweiz, ist das anders. Der Feierabend wird dort regelrecht zelebriert. Man geht ins Bistro um sich zu treffen, trinkt dort seinen Ballon Weißen oder Roten und kommuniziert mit den Anwesenden. In Carpentras in der Provence sind das beispielsweise Winzer mit ihren blauen Hemden, Bauern, mit verarbeiteten Händen, aber auch Banker mit Anzug und Krawatte – jeder spricht mit jedem über Gott und die Welt. Alle sind gleich. Manche spielen noch ein oder zwei Runden Boule und freuen sich diebisch, wenn die anderen verloren haben. Alles geht mit einer gewissen Fröhlichkeit vor sich.

‚Bei uns alles nicht vorstellbar', dachte Becker, ‚wo ist zwischen dem Ende der Hauptstraße und dem Bismarckplatz ein Bistro? Und wenn so ein Lokal vorhanden wäre, dann würden sich dort auch wieder nur gewisse Schichten treffen – das Miteinander würde fehlen. Eigentlich schade, so etwas würde mir schon gefallen.' Ein schwaches Bedauern blieb, doch die Freude auf das Wochenende überwog, es würde ruhig und erholsam verlaufen.

Becker hatte seinen Parkplatz erreicht, wo der Jaguar schon auf ihn wartete. Er startete den Wagen, der mit dem typischen Jaguarklang ansprang, und steuerte Richtung Ziegelhausen in Erwartung eines wundervollen Freitagabends.

Der heilige Samstagmorgen in der Familie Becker war eingeläutet. Orelia hatte ein reichhaltiges Frühstück vorbereitet. „Krista kommt mit Nikodemus später vorbei", eröffnete ihm Orelia. ‚Nikodemus, na ja...', dachte Becker. ‚Der Kleine ist gesund und munter, was soll's.' Zum Thema Namensgebung äußerte er sich nicht mehr, es war sinnlos und außerdem nicht mehr zu ändern.

Im Verlauf des Frühstücks sagte Orelia: „Sag' mal Carlo, was macht eigentlich euer Heinrich Wesseling?"

Sofort spitzte Becker die Ohren und fragte kurz: „Warum?"

Orelia erzählte ihm, dass sie Heike Brünner wiedergetroffen hatte. Sie hatten seinerzeit gemeinsam am Dolmetscherinstitut der Universität Heidelberg studiert. Es verband sie eine langjährige, aber eher lose Freundschaft. Die ehemalige Kommilitonin hat mehr Pech als Glück gehabt in ihrem Leben – sie war zwei Mal geschieden und ihren

Beruf als Dolmetscherin hatte sie nie ausgeübt. Ihr letzter Mann hatte ein exklusives Etablissement im Mannheimer Rotlicht-Milieu gehabt, wo sie auch tätig war. Im Zuge ihrer Scheidung war ihr das Lokal überschrieben worden.

Becker kannte Heike zwar flüchtig, wusste aber nicht, was sie beruflich machte. Orelia und sie trafen sich manchmal zum Kaffee und zum Schwätzen.

„Also, Orelia, was willst du mir eigentlich sagen? Du weißt doch irgend etwas, was ich nicht weiß?"

Orelia lachte und meinte, dass das wohl öfter vorkomme. „Bei einem unserer letzten Treffen kam die Rede auf Männer, die solche Etablissements besuchen. Und irgendwie sind wir dann auf einen Mann zu sprechen gekommen, dessen Name mir bekannt vorkam. Aber dann ist es mir wieder eingefallen - natürlich kenne ich ihn, allerdings nur von kurzen Begegnungen im Zusammenhang mit der Zeitung - Heinrich Wesseling. Er war fleißiger Besucher dieses Edelbordells."

„Ach du lieber Himmel", Carl Becker stöhnte auf, „das darf doch nicht wahr sein. Wesseling gilt allgemein als frommer und gottesfürchtiger Mann. Er geht regelmäßig in die Kirche. In Kirchheim, wo er mit Frau und vier Kindern wohnt, ist er sogar Kirchenältester oder so etwas Ähnliches. Ich fasse es wirklich nicht."

„Ja, mein Lieber", entgegnete Orelia, „das ist aber noch nicht alles. Ich habe noch ein paar höchst erstaunliche Neuigkeiten, die Heike mir berichtet hat." Sie fuhr fort: „Mindestens ein Mal pro Woche erschien Wesseling in dem Lokal. Er hatte immer größere Mengen an Bargeld bei sich und zeigte sich den Mädels gegenüber immer sehr großzügig. Manchmal war er auch in Begleitung einer älteren, herausgeputzten Dame, die sich irgendwie merkwürdig, aber nicht auffällig benahm. Sie nennen sie dort die ‚Schabracke.' Wahrscheinlich ist sie ein Transvestit, was ja nichts Außergewöhnliches wäre heutzutage."

„Tja", meinte Carl Becker, „wir haben dieses Thema ja schon vor einiger Zeit mal angesprochen, haben es aber nicht vertieft." „Du hast recht, Carlo", erwiderte Orelia, „aber als Frau eines Journalisten bin ich gewohnt, dass man den Dingen auf den Grund geht. Deshalb habe ich mit Hilfe von Heike erst einmal gründlich recherchiert, bevor ich solche schwerwiegenden Dinge erzähle. Fakt ist jedenfalls, dass Wesseling, auch wenn seine dubiose Begleitung dabei ist, immer sehr viel Geld verbraucht. Die haben sich zwar gewundert, aber Geld stinkt bekanntlich nicht."

Becker sah seine Frau fassungslos an. „Ich kann zwar kaum glauben, was du mir da erzählt hast, aber ich bin fast sicher, dass der Nebel sich langsam lichtet. Ich werde gleich am Montag mit Werner von Silberburg sprechen, der wird Bauklötze staunen!"

„Nein, behalt es doch einfach noch für dich! Du musst nicht immer mit deinen kriminalistischen Fähigkeiten prahlen; warte noch, man wird sehen, wie sich das alles entwickelt. Eigentlich geht dich das alles doch nichts an, oder?"

Orelia war bestimmt eine kluge Frau, und Becker fragte sich, ob sie nicht vielleicht Recht hatte mit ihrer Meinung. Aber schweigen?

„Liebe Orelia, vielleicht hast du ja Recht. Aber schweigen ist in dieser Angelegenheit sicher falsch. Es geht schließlich um unsere Arbeitsplätze, es geht um die Zeitung. Wenn dieses Schmierentheater aufliegt, dann ist der Verlag am Ende. Und dann ist es auch mein Problem. Außerdem steht immer noch die Frage im Raum, wo das fehlende Geld geblieben ist. Nach deinen Erzählungen scheint die Antwort klar zu sein, oder?"

Becker schaute seine Frau lange an, aber sie schwieg. Becker erinnerte sich an das lange Gespräch mit seinem Freund Werner von Silberburg. Dieser hatte seinerzeit die Theorie entwickelt, dass das Geld als Bareinnahme sehr wohl eingegangen war, aber ohne Verbuchung entnommen wurde. Durch die Rechnungsstornos waren die Bücher sauber, wie man so schön sagt. Der definitive Beweis für diese Aktionen fehlte allerdings noch. Becker war sich sicher, dass er darüber noch einmal im Vertrauen mit von Silberburg würde sprechen müssen. Er sagte dies auch seiner Frau.

Diese meinte: „Tu, was du nicht lassen kannst. Wenn du es nicht besprichst, bist du vielleicht klüger und diplomatischer. Aber ungeachtet dessen: Du musst wissen, was du machst."

Eigentlich war damit das Thema abgeschlossen, aber Becker hatte trotz allem das Gefühl, Orelia noch weiter

Einblick geben zu müssen, einfach deshalb, weil sie ihn dann besser würde verstehen können. So erzählte er ihr im Detail, was Werner von Silberburg aufgrund seiner Vermutungen auf den Tisch gebracht hatte. Orelia war darüber natürlich mehr als erstaunt; sie hatten seinerzeit kurz darüber gesprochen, aber Einzelheiten konnte und wollte Carl Becker damals noch nicht sagen.

„Ja wenn das so aussieht", sagte Orelia mit ernstem Gesicht, „dann solltest du doch besser mit Werner sprechen, da muss ich dir zustimmen. Aber jetzt Schluss mit dem Ganzen, es ist Wochenende und wir sind privat! Außerdem sehe ich", sie blickte durchs Fenster in die Garageneinfahrt, „dass Krista mit Nikodemus im Anmarsch ist. Jetzt kommt Leben ins Haus."

„Mal sehen, was der kleine Nepomuk heute wieder alles zusammenschlägt", lachte Becker vor sich hin.

„Sag doch nicht immer Nepomuk. Du weißt genau, wie dein Enkel heißt. Er heißt nun einmal Nikodemus. Und du weißt auch warum. Mein Großvater…".

„Ach so", unterbrach lachend Carl Becker, „das hatte ich doch schon wieder vergessen."

Kapitel 21

Recte faciendi, nihil timendum
(Das Richtige tun, niemals fürchten)

Schon einige Male hatten Hannes Jennewein und Carl Becker verabredet, sich zum Abendessen zu treffen. Heute war es soweit, Hannes Jennewein hatte eingeladen und zwar in sein Lieblingslokal, ganz in der Nähe des Verlags, in die ‚Herrenmühle.' Dass man dort vorzüglich tafeln und es sich vor allen Dingen in der schönen Atmosphäre des Lokals gut gehen lassen konnte, war Becker durch die vielen Besuche dort bekannt. Um acht wollte man sich treffen. Vorher fuhr Becker nochmals nach Hause, um die Kleidung zu wechseln. Punkt 20 Uhr trafen beide ein. Beide hatten ein Faible dafür, bei jeder Gelegenheit äußerst pünktlich zu sein – eine gute Sitte auf Gegenseitigkeit, die leider nicht überall gepflegt wird.

Jedes Mal, wenn sich die beiden zum Essen trafen, hatte das etwas Zeremonielles. Sie kultivierten das: Zunächst wurde endlos diskutiert, welchen Aperitif man nehmen sollte. Man einigte sich auf Cynar auf Eis mit Wasser. Die freundliche Empfehlung des Personals aus der Tageskarte wurde abgelehnt, das wollten beide nicht. Irgendwie waren sie sich in dieser Situation immer einig, die Zeremonie war ihnen wichtig. Schlussendlich einigte man sich auf Entenleberscheibchen an Feldsalat, danach ein Stückchen Heilbutt auf wildem Reis und als Hauptgang wählten sie ein Rib-eye Steak mit Rosmarin-Kartoffeln. Die Provenienz des Weins zum Essen war ohnehin klar, da gab es nie Diskussionen: Ein schöner Schluck Bordeaux war beiden immer recht, der passte sogar zum Fisch.

Zufrieden ließen sie es sich munden. Beide wussten, was gut ist und hatten in etwa den gleichen Geschmack. Auf das angebotene Dessert verzichteten sie der Figur wegen. Dann kamen sie zum Wesentlichen. Becker war schon sehr gespannt, ließ sich aber nichts anmerken. Doch er ahnte, dass etwas „im Busche war".

„Sie wissen doch sicher, dass ich mit Ihrer Tochter befreundet war, ähm, eigentlich ja auch noch bin, freundschaftlich halt", begann Hannes Jennewein das Gespräch.

„Natürlich weiß ich das", antwortete Becker, etwas zögerlich, weil er immer noch nicht wusste, um was es eigentlich ging.

„Ja, und jetzt ist Ihre Tochter ja verheiratet, sogar Mutter ist sie, unlängst habe ich sie in der Hauptstraße getroffen mit ihrem Kleinen, ein goldiger Kerl. Hat sie Ihnen eigentlich gesagt, dass ich, dass ich, ähm...", Becker unterbrach ihn und sagte: „Ja, das hat sie mir gesagt. Meine Tochter und ich haben immer ein hervorragendes Verhältnis zueinander gehabt. Nur, was soll daran so besonders sein? Jeder Mensch kann leben, wie er will. Er sollte das tun, was er für richtig hält. Man darf keine Angst haben vor sich selbst. Sie sind so, die anderen sind so, jeder ist, wie er ist. Ganz einfach, oder?"

„Sie sagen das so leicht!" Mit gerunzelter Stirn schaute Hannes Jennewein Becker an. „Ich habe da schon Probleme. Haben Sie eigentlich mit irgendjemandem darüber gesprochen?" wollte er wissen.

„Nein, mit keinem Menschen. Warum auch? Es ist wirklich Ihre ganz persönliche Angelegenheit, und das geht effektiv niemanden etwas an. So sehe ich das", Becker sah in die traurigen Augen des jungen Mannes.

Hannes Jennewein begann sein Leid zu klagen. Er sprach über die Schikanen des Verlegers, denen er ständig ausgesetzt war, die endlose Angst vor ihm, seinem Vater, der das nie erfahren dürfe. Becker dachte für sich: ‚Na ja, wenn alles stimmt, was ich vermute, darf der Alte seinem Sohn wirklich keine Vorhaltungen machen. Und schon gar nicht wegen dessen sexueller Einstellung.'

Das Gespräch drehte sich zwischenzeitlich ausschließlich um den Verlag. Hannes Jennewein sagte Becker gegenüber ganz offen, dass er der Meinung wäre, Heinrich Wesseling habe Dreck am Stecken. Er vermutete, dass beide, sein Vater und Wesseling, irgendwelche krummen

Geschäfte tätigten. Aber er habe natürlich keinerlei Beweise.

„Die sitzen so oft beisammen, und immer wenn ich dazu komme, reden sie über belanglose und unwichtige Dinge. Klar, dass ich das merke. Meistens bekomme ich dann noch eine Abfuhr, weil Andruck- oder Auslieferungstermine verschoben werden mussten, warum und weshalb hat die beiden nie interessiert. Sie wissen selbst, Herr Becker, wie oft derlei Termine verändert werden müssen, aus technischen aber auch aus redaktionellen Gründen." immer mehr schüttete Hannes Jennewein sein Herz aus. Becker spürte förmlich, wie gut es ihm tat. Er hörte zu, ohne zu unterbrechen.

Jennewein sprach weiter über Verlagsinterna, die nicht so waren, wie sie eigentlich sein sollten, was Becker ohnehin schon längst vermutet hatte.

„Ob der Wesseling Dreck am Stecken hat oder nicht, das spielt für mich momentan keine Rolle. Wenn dem so ist, fliegt es eines Tages ohnehin auf. Und was meinen Vater anbelangt – womöglich haben die beiden sich gegenseitig in der Hand, ich weiß es nicht. Ich selbst bekomme keine Bilanzen mehr zu sehen und soweit ich weiß, Sie und von Silberburg auch nicht. Das ist doch sehr verdächtig, das gibt es in keinem Verlag. Also ich sage Ihnen nochmals, da stimmt etwas nicht."

„Ja, was vermuten Sie denn?", warf Carl Becker kurz ein.

„Ich vermute, dass es dem Verlag finanziell sehr schlecht geht. Ich habe vor gar nicht langer Zeit mit einem alten Freund, der bei der Sparkasse beschäftigt ist, gesprochen. Er hat durchblicken lassen, dass es nicht so rosig aussieht. Außerdem habe ich mit meinem Vater eine lange Diskussion geführt über den Umbau der Rotationsmaschine. Sie wissen ja, dass er unbedingt zusätzliche Farbwerke will, um die Zeitung komplett farbig herauszubringen. Das fällt ja alles in mein Ressort. Dann habe ich ihm die ungefähren Kosten zusammengestellt mit dem Erfolg, dass er mich für verrückt erklärt hat. Er hat gesagt, das könnte man alles für die Hälfte des Geldes machen. Und ich versichere Ihnen, Herr Becker, meine Kalkulation ist real und fußt auf vielen Gesprächen mit Fachleuten und Technikern", fuhr Jennewein aufgebracht fort. Becker wusste, dass Hannes Jennewein technisch über ein qualitativ hohes Wissen verfügte. Insofern war einleuchtend, dass die von ihm erarbeiteten Zahlen ganz sicher der Realität entsprachen. Becker entgegnete:

„Wenn die Finanzen weder vorhanden noch von der Bank zu bekommen sind, dann bleibt die Maschine einfach so, wie sie ist. Wir sollten auf redaktionellem Sektor den Lesern mehr bieten. Unser Service beim Vertrieb müsste besser werden. Ein paar Farbseiten mehr oder weniger spielen meines Erachtens keine große Rolle. Aber Sie kennen Ihren Vater genauso gut wie ich, er ist stur und regiert selbstherrlich. Er übt einen üblen Druck auf die Redaktionen aus und will, wie Sie ja wissen, die großen Hauptredaktionen ziemlich reduzieren. Von mir verlangt er, dass ich altgediente und dem Verlag nützliche Mitarbeiter kündige. Das alles spricht schon für Ihre Theorie, dass es dem Verlag nicht besonders gut geht."

„Ich stimme Ihnen voll zu. Redaktionell könnten wir wirklich mehr leisten. Das zählt nämlich bei unseren Lesern draußen. Menschen zu entlassen wäre hier auf jeden Fall der falsche Weg. Kurzfristig mag zwar mehr Geld in der Kasse sein, aber auf Dauer wird es nicht funktionieren." Sie waren sich absolut einig.

Aber Hannes Jennewein war noch nicht fertig. „Ich habe mit meiner Schwester Eva schier endlose, aber im Ergebnis höchst sinnvolle Gespräche über die Verlagsstrukturen geführt. Eva hat, wie Sie wissen, sich schon sehr oft Gedanken gemacht über redaktionelle Sonderseiten und wir haben das mit dem Verleger auch schon mehrfach erörtert. Aber bekanntermaßen kam nie etwas heraus – ganz einfach deshalb, weil er es einmal abgelehnt hat, dann wieder dafür war und es am Ende einfach weggelegt hat."

Becker unterbrach Jennewein: „Ich habe unlängst mit Ihrem Vater über redaktionelle Sonderseiten gesprochen. Werner von Silberburg war bei dem Gespräch dabei. Ihr Vater sagte, dass die Frauenseiten und auch andere Sonderveröffentlichungen realisiert werden sollen. Er gab sogar zu, dass ihn Ihre Schwester Eva zu diesen Seiten inspiriert hätte, die ja schon lange dafür Konzepte erarbeitet hat. Wegen Ihres Vaters bisher leider ohne Erfolg. Jetzt hatte er die verrückte Idee, dass alle Seiten zumindest zur Hälfte mit Anzeigen bestückt sein sollen. Natürlich wäre das wünschenswert, nur realisierbar wird es nicht sein."

„So sehe ich das auch. Wir werden sehen, wohin das alles führt. Ich habe kein gutes Gefühl. Wenn mein Vater einmal nicht mehr ist, dann brechen andere Zeiten an. Dann werden wir eine gute und perfekt organisierte Zeitung machen, wie es sich gehört, bei anderen Verlagen funktioniert dies ja auch. Wobei ich hoffe, dass Sie und alle anderen Personen, die die Säulen unserer Zeitung bilden, mitmachen. Mit meiner Schwester habe ich auch schon darüber gesprochen, klar, dass sie dabei ist", bekräftigte Hannes Jennewein. Becker spürte, dass er es ernst meinte.

Einen kurzen Moment überlegte Becker, ob er Hannes Jennewein in die Planungen und Ideen von Winfried Roth einführen sollte. Aber dann unterließ er es doch.

„Wenn er nur schon ins Jenseits abgetreten wäre, der elende Menschenverächter", waren die bittern Schlussworte von Hannes Jennewein. Das Abendessen war beendet.

Kapitel 22

Concordia parvaeres crescunt, discordia maximae dilabuntur
(Durch Eintracht wachsen kleine Dinge, durch Zwietracht zerfallen die größten)

Wie ein Potentat saß Willi Jennewein auf dem alten Stuhl hinter seinem Schreibtisch, ihm gegenüber saß Carl Becker, auf dessen Wunsch die Besprechung anberaumt war. Im Büro des Verlegers hing der übliche, widerlich-dumpfe Geruch, den Becker überhaupt nicht mochte.

Jennewein saß zurückgelehnt, die Hände über seinem Bauch gefaltet und starrte Becker wortlos an. Das ging schon beinahe eine Minute so. Der Grund für Beckers Besuch war, dass ihn schon mehrfach hochkarätige Mediziner aus dem Universitätsklinikum angesprochen hatten, mit der Bitte, über den aktuellen Erkenntnisstand und die neuesten technischen Möglichkeiten der modernen Medizin zu berichten. Da Becker sich schon immer für Medizin und die medizinische Forschung interessiert hatte, wollte er diese redaktionelle Arbeit selbst übernehmen. Natürlich hatte er das mit dem Chefredakteur Frieder Mack besprochen – insgeheim war dieser froh, dass er sich um derlei Dinge nicht auch noch kümmern musste.

Das Gespräch mit dem Verleger plätscherte so vor sich hin, ein positives Ergebnis wurde immer unwahrscheinlicher, je länger es dauerte.

Becker unternahm einen neuen Versuch: „Wissen Sie, Herr Jennewein, dass die Universität Heidelberg und auch das Klinikum der Universität Weltgeltung haben? Haben Sie gewusst, dass in Zusammenarbeit mit dem Deutschen Krebsforschungszentrum schon Erfolge erzielt worden sind, die mit dem Nobelpreis ausgezeichnet worden sind? Warum können wir uns nicht einigen, es geht doch hier um eine Sache, die wirklich jeden unserer Leser interessiert? Wir sprechen immer von Leserbindung und was machen wir? Nichts machen wir. Weil Sie einfach nicht wollen. Und Sie sagen mir nicht einmal, weshalb Sie nicht wollen, dass ich diese Artikelserie mache."

„Ach Herr Becker, hören Sie doch auf. Im Grunde unseres Herzens sind wir uns einig, das wissen Sie hoffentlich. Aber diese Medizinseiten will ich einfach nicht. Was sollen wir denn noch alles machen? Frauenseiten, Männerseiten, Kinderseiten und jetzt noch Medizinseiten. Wer will das denn alles lesen? Die Menschen haben doch alle keine Zeit. Außerdem verstehen sie den ganzen Quatsch ja auch nicht. Sie kennen meinen Standpunkt: Die Menschheit ist dumm. Und sie bleibt dumm!", wehrte der Verleger ab. Dann schwieg er wieder und beobachtete Carl Becker mit scharfem Blick.

Dieser schwieg zunächst auch. Dann konterte er sachlich: „Herr Jennewein, als Zeitungsverleger müssten Sie doch eigentlich..." Willi Jennewein unterbrach ihn abrupt: „Müssen muss ich gar nichts, das sollten Sie doch wissen, sehr geehrter Herr Becker."

Jennewein hatte sich vorgebeugt, ließ sich aber nach dieser Killerphrase wieder zurückfallen, faltete die Hände wie zum Gebet, starrte schweigend zunächst an die Decke um dann Becker wieder zu fixieren.

Wieder entstand eine längere Pause. Becker überlegte, wie er seinem Ziel näher kommen und den Verleger von seinem Ansinnen überzeugen könnte.

Er nahm einen erneuten Anlauf: „Wir haben im Heidelberger Klinikum, und da werden Sie mir sicher Recht geben, Spitzenmedizin und entsprechende Forschung. Die namhaftesten Köpfe agieren dort und die Forschungsergebnisse werden weltweit publiziert. Da wäre es doch sinnvoll und adäquat, dass wir als örtliches Medium auch darüber berichten, sozusagen ‚live'. Was glauben Sie, wenn ein hochqualifizierter Chirurg oder Internist in unserer Zeitung ein Interview zu einem aktuellen medizinischen Problem veröffentlicht, das ich natürlich lesenswert gestalte, welcher Run auf unsere Zeitung einsetzt, weil alle das lesen wollen..." Der Verleger unterbrach ihn barsch: „Die Mediziner können ja von mir aus alles veröffentlichen, was ihnen gefällt, geben Sie denen zwanzig

Seiten oder mehr. Aber die sollen die Veröffentlichungen als Anzeigen bezahlen. Man kann denen ja zehn Prozent Rabatt geben. Geld haben sie doch wirklich genug, mehr als ich. Das kostet mir alles zu viel, ich habe kein Geld. Wir sind schließlich keine Millionäre und auch kein Medizinblatt, begreifen Sie das doch endlich. Sie wollen nur Ihren Kopf durchsetzen. Und das dulde ich nicht."

Carl Becker merkte langsam, dass eine Einigung mit dem Verleger nicht zu erzielen war, jedenfalls nicht auf diesem Wege und auch nicht heute. Die Frage für ihn war: Wann dann?

Wieder beugte sich Willi Jennewein nach vorne, er war jetzt ganz nahe an Beckers Gesicht: „Was hat eigentlich der Chefredakteur dazu gesagt? Findet der das gut? Sie haben, wie ich Sie kenne, doch schon mit ihm gesprochen und ihn überzeugt? Sicher hat er es gut gefunden, ja, ich denke schon", beantwortete Jennewein seine Frage selbst, „es ist ja auch nicht sein Geld, der sagt zu allem ja und Amen. Und mit so etwas muss ich leben, es ist deprimierend." Becker glaubte, eine Träne in Jenneweins Augen glitzern zu sehen.

„Verehrter Herr Jennewein, Sie schränken die Redaktionsvielfalt ein", ereiferte sich nun Becker, er hatte von dem Gespräch die Nase restlos voll, „und nicht nur das, Sie treffen Entscheidungen, die kein Mensch nachvollziehen kann. Unsere Abonnenten gehen weg, die Anzeigenumsätze reduzieren sich jedes Jahr und was tun wir dagegen? Nichts, aber auch gar nichts. Vorhin haben Sie moniert, dass Ihnen Frauenseiten, Männerseiten oder Kinderseiten nicht passen. Vor einiger Zeit fanden Sie es gut, Sie sagten mir, dass Ihre Tochter Eva Sie in dieser Sache sogar inspiriert hätte. Und jetzt sagen Sie wieder nein. Also das begreife ich nun wirklich nicht. Die redaktionelle Vielfalt ist entscheidend für die Qualität einer Zeitung, die wahre Berichterstattung über aktuelle Themen. Den Einheitsbrei wollen die Leser nicht. Im Grunde genommen sollte für jeden Leser und dessen Interesse etwas in der Zeitung stehen. Und je breit gefächerter das Angebot ist, desto zahlreicher ist im Endeffekt die Leserschaft. Wir können nur gewinnen mit dem, was ich Ihnen schon mehrfach vorgetragen habe. Wenn Sie sich aber gegen alles stellen, weiß ich nicht, wo wir dann landen werden", schob Carl Becker noch nach.

„Hoffentlich nicht im Friedrichsfelder Acker, wie ich seinerzeit mit meiner Cessna", entgegnete Willi Jennewein, milde lächelnd.

Carl Becker verabschiedete sich höflich und kurz. Der Verleger schwieg, wie immer.

Kapitel 23

Cessante causa cessat effectus
(Fällt die Ursache fort, entfällt auch die Wirkung)

Winfried Roth hatte seinen Freund Carl Becker um ein längeres Gespräch gebeten. Auf Wunsch von Roth wollten sie sich zunächst auf dem Königstuhl zu einem Spaziergang treffen, worüber Becker sich insgeheim wunderte. Über die Molkenkur folgte Becker der Straße hoch zum Königstuhl. Er war schon längere Zeit nicht mehr da oben gewesen. Aber es war immer wieder schön, aus dieser Höhe über Heidelberg in die Rheinebene bis zum Pfälzer Wald zu blicken, das musste sich Becker eingestehen.

Es roch nach Holz, wahrscheinlich waren Bäume gefällt worden; Becker fühlte sich wohl in der Umgebung. Er war bewusst früher losgefahren, um ein paar Minuten dort oben stehen zu können und zu schauen. Alte Kindheitserinnerungen wurden wach. Als Kind war er sonntags mit seiner Mutter hier spazieren gegangen. Wenige Minuten später kam auch schon Winfried Roth, man hörte das Brummen seines Porsche von Weitem. Er stellte das Auto am Ende des Parkplatzes ab und lief die paar Schritte zu Carl Becker herüber. Sie umarmten sich freundschaftlich und machten sich dann langsam auf den Weg Richtung Fernsehturm. „Weshalb willst du, dass wir uns auf dem Königstuhl treffen?" fragte Becker seinen Freund.

„Es ist mir einfach so in den Sinn gekommen. Ich war schon ewige Zeiten nicht mehr hier oben. Nachher fahren wir runter und essen gepflegt im ‚Europäischen Hof'. Ein bisschen laufen und Luft schnappen tut uns doch sicher gut. Außerdem will ich mal wieder meine Stadt von oben sehen. Früher war ich sehr oft mit meinen Eltern hier, wir sind stundenlang spazieren gegangen." Ein bisschen wehmütig klangen die Worte aus dem Mund von Winfried Roth.

„Ähnliche Gedanken hatte ich vorhin auch. Merkwürdig. Sag' mal, was ist mit dir los? Oder werden wir melancholisch? So kenne ich dich überhaupt nicht – ist irgendwas passiert? Du weißt doch, wir sagen uns alles, Gutes und Schlechtes. Kann ich dir helfen oder sonst etwas tun?", bot Becker spontan seine Hilfe an. „Nein, nein, es ist alles im grünen Bereich. Ich habe gottlob keine Probleme. Nur klappt alles nicht so, wie ich es gerne hätte. Aber das erzähle ich dir nach dem Essen im Detail, einverstanden?"

Natürlich war es Becker so recht. Schweigend spazierten die beiden noch ein Stückchen weiter, die Vögel zwitscherten, der leichte Wind, der auf dem Königstuhls immer weht, blies ihnen ins Gesicht. Es waren kaum Besucher auf dem Berg. Nach ein paar hundert Metern drehten sie um und bestiegen wortlos ihre Autos. Gemächlich fuhren sie hintereinander den Berg hinunter und erreichten über die Friedrich-Ebert-Anlage die Tiefgarage des Europäischen Hofes. Dort stellten sie die Wagen ab, stiegen die Treppe hinauf, durchquerten den blumengeschmückten Innenhof des Hotels und betraten direkt die Kurpfalz-Stube, in der wie gewohnt der schöne Ecktisch für sie reserviert war.

Obwohl das Essen wieder vorzüglich war, wollte sich bei Becker der rechte Genuss nicht einstellen. Sie hatten weitgehend schweigend gegessen und Becker, der seinen Freund genau kannte, spürte deutlich, dass etwas Besonderes vorgefallen sein musste. Winfried Roth war anders als sonst.

Schließlich konnte Becker seine Neugierde kaum noch bezähmen, er musste einfach wissen, was geschehen war.

„Menschenskind, Winnel", so nannte Becker seinen Freund immer in besonderen Situationen, „jetzt schieß' schon los, meine Spannung wird immer stärker, ich halte es kaum noch aus."

Winfried Roth begann zu erzählen. Nach einer kurzen Terminabsprache waren gestern, am Tag vor ihrem Treffen, Dr. Meinhard Spycher von der Mannheimer Zeitung und Egon Tilz von der Pfälzer Zeitung in Roths Büro aufgetaucht. Nach belanglosen Geplänkel und dem üblichen Gejammer von Spycher über fallende Auflagen, permanent steigende Kosten und immer kleinere Gewinne - Egon Tilz lächelte bei so was immer und schwieg - kamen die beiden schließlich zur Sache. Aus dem Gespräch war außerdem zu schließen, dass einer von ihnen mit Heilbronn und auch mit Karlsruhe gesprochen haben musste, wahrscheinlich Spycher. Ihm wurde nachgesagt, dass er gerne auch solche Dinge ausplauderte, die im kleinen verabredeten Kreis hätten bleiben sollen, im Gegensatz zu Egon Tilz, der sich immer ausschwieg und von dem selten eine interne Information zu erhalten war.

Bei dem, was sie Winfried Roth berichteten, waren sie sich aber offensichtlich einig. An eine gemeinsame Herausgabe der Zeitungen, so wie es Winfried Roth konzipiert hatte, war nicht zu denken. Und schon gar nicht an einen Verkauf der Verlage an Roth. Sie hatten sich aber etwas ganz Besonderes ausgedacht und machten es sehr spannend. Damit sollten eine Menge Probleme gelöst werden und für Winfried Roth könnte es das Geschäft des Jahrhunderts werden. Roth erfuhr, dass auch Willi Jennewein an dem Deal interessiert sein könnte. Man hätte mit ihm gesprochen, aber er wollte natürlich, wie immer, Bedenkzeit.

Da eine der Gesellschaften von Winfried Roth über geeignete Immobilien und Grundstücke verfügte, das hatte er selbst bei seinem ursprünglichen Konzeptvortrag dargelegt, hatte man ihm vorgeschlagen, zwischen Mannheim und Heidelberg ein großes Druckzentrum mit entsprechenden Rotationsmaschinen zu errichten. Unter seiner Regie sollte außerdem die Vertriebsabwicklung von zunächst Pfälzer Zeitung und Mannheimer Zeitung erfolgen. Die Druckunterlagen, also die fertigen Zeitungsseiten, würden nach einem festzulegenden Schema geliefert, so dass Roth lediglich die technische Seite, den Druck, die Verarbeitung und den Versand, vornehmen müsste.

„Die alten Schlitzohren", warf Becker ein, „ich glaub', ich weiß, was die wollen."

„Meinst du, ich nicht? Das stinkt zum Himmel. Die halten mich bestimmt für naiv oder gar blöd", Roth grinste jetzt wenigstens wieder. So hatte es Becker eigentlich am liebsten.

Roth nahm einen großen Schluck Wein und berichtete weiter. Wenn also eine seiner Gesellschaften die Gebäude errichten und mit den entsprechenden Maschinen ausstatten würde, wäre er eine reine Lohndruckerei. Gewissermaßen maßgeschneidert müsste alles auf die zwei zu produzierenden Zeitungen zugeschnitten werden. Wobei noch überhaupt nicht sicher war, ob weitere Zeitungen, beispielsweise die Heidelberger Zeitung, dazu kommen würden. Dass das eine sehr ungewisse Planung nach sich ziehen würde, war logisch. Allerdings sollte das Gebäude so gestaltet werden, dass es ohne größere Kosten zu verursachen entsprechend erweitert werden könnte für künftige, neu zu installierende Druckmaschinen. „Da entsteht ja ein gewaltiger Investitionsbetrag", stellte Becker fest. „Der", antwortete Roth, „ist nicht so sehr das Problem, sondern die laufenden Kosten, sowohl Höhe als auch Struktur. Wenn es den Verlagen, die ja im Endeffekt die Auftraggeber wären, finanziell schlecht geht, werden sie ganz sicher an der Preisschraube drehen wollen, Verträge hin, Verträge her."

„Greif' mal einem nackten Mann in die Tasche", kommentierte Becker humorvoll Roths Ausführungen. Roth lachte und meinte, dass das komplette unternehmerische Risiko bei seiner Gesellschaft läge. „Wir müssten immer Kapazitäten vorhalten, um auch Produktionsspitzen abdecken zu können, Ausfälle aufgrund technischer Probleme, Maschinenstillstände etc. würden eventuell Regressforderungen nach sich ziehen." Das Risiko war unkalkulierbar für Roth.

Die beiden Freunde stellten fest, dass es noch weitere Imponderabilien gab. Fachleute in der Druckbranche waren rar, man konnte nicht einfach Personal beschaffen, man musste das Risiko der Leerzeiten ebenfalls einkalkulieren. Mit Überstunden entsprechende Überhänge auszugleichen war nicht unkompliziert – beide waren sicher, dass Betriebsrat und Gewerkschaft hier wohl kaum mitspielen würden.

„Was hast du nun gemacht, Winnel?" Carl Becker hatte eine Ahnung, wollte diese aber von seinem Freund bestätigt wissen.

Seine Ahnung wurde weit übertroffen: „Ich habe beide Figuren hinausgeschmissen und habe ihnen während ihres Abgangs gesagt, sie sollten ihre Käseblätter drucken lassen, wo sie wollen, oder sie könnten sie auch schließen. Und damit war der Fall für mich erledigt." Beide Freunde lachten schallend, der Oberkellner schaute mit erstaunter Miene und leicht pikiert herüber.

„Und jetzt komme ich zum eigentlichen Thema", entspannt beugte sich Winfried Roth zu seinem Freund, „du weißt ja, dass ich finanziell gut beisammen bin. Manchmal frage ich mich, weshalb ich permanent in der Gegend herumrenne, kaum Urlaub habe, meine Familie mich selten sieht, ich fast nicht weiß, wie meine beiden Enkel aussehen - und weshalb jeder kommt und etwas von mir will. Das ist, noch gelinde ausgedrückt, Mist, ich sage wie es ist, jeder will mich über den Tisch ziehen. Siehe unser Gespräch von eben. Ich habe schlicht und einfach die Schnauze voll von dem Treiben. Verstehst du das, mein Lieber?"

„Das verstehe ich sehr wohl, habe aber auch den Eindruck, dass du momentan eine ziemlich schwierige Phase durchmachst, psychisch betrachtet", entgegnete mitfühlend Becker.

„Nein, das ist es nicht. Dauernd Enttäuschungen erleben zu müssen ist eine Sache. Eine andere Sache aber ist, wenn man sieht, wie in anderen Berufssparten gearbeitet wird – es ist eine wahre Freude. In unserem Verlags- und Druckgewerbe gehen die Uhren einfach anders. Langsamer, schlechter und immer mit persönlichem Egoismus durchzogen. Leider war das schon immer so. Stimmt es denn nicht?"

„Mein lieber Winnel, das weiß ich nur zu gut. Aber was gedenkst du wirklich dagegen zu tun?"

Winfried Roth eröffnete seinem Freund, dass er sich entschlossen habe, definitiv auszusteigen. Mit seiner Frau habe er diese schwerwiegende Entscheidung längst besprochen – sie habe ihn sogar zu diesem Schritt ermutigt.

„Einen Teil meiner Firmengruppe werde ich verkaufen, die Zeit ist günstig und ich habe mehrere Angebote, den anderen Teil werde ich belassen, er ist auch der lukrativste. Den kann ich, wie man so schön sagt, fernsteuern. Ich mache es wie viele andere Unternehmer auch: Ich setze einen Generalbevollmächtigten ein. Einen, der etwas kann, der mein Vertrauen hat und den ich persönlich mag. Kannst du dir vorstellen, an wen ich denke?"

„Ich habe einen ganz vagen Verdacht. Wenn ich dich nicht so gut kennen würde, dann würde ich versuchen, dir von dem ganzen Unterfangen abzuraten. Aber ich bin sicher, dass dein Entschluss feststeht. Und wenn du meinst, dass ich deine Interessen ordentlich und vernünftig vertreten kann, dann soll es wohl so sein." Becker betrachtete seinen Freund mit ernstem Gesicht. Dieser nickte mehrfach und schwieg.

Nach geraumer Zeit sagte er: „ Eigentlich bin ich genauso frankophil angehaucht wie du, das ist ja nichts Neues. Deine Orelia kommt doch aus dieser Lavendel-Ecke am

Luberon und ihr seid doch ständig dort. Diese Gegend kenne ich sehr gut und könnte mir vorstellen, dort zu leben. Es müsste doch möglich sein, was Passendes für uns zu finden. Glaubst du, Orelia würde mir bei der Suche helfen?"

„Das tut sie ganz bestimmt mit Begeisterung, außerdem hat sie in Carpentras sehr viele Freunde und Bekannte. Ich sage ihr heute noch Bescheid, dass sie dich anruft." Insgeheim freute sich Becker, dass sein Freund gerade diese Ecke Frankreichs ausgesucht hatte.

„Irgendwann hocken wir alle gemeinsam da unten, da bin ich mir ziemlich sicher", freute sich Roth und strahlte seinen Freund an.

Kapitel 24

Quod licet Iovi, non licet bovi
(Was dem Jupiter erlaubt, ist dem Ochsen nicht erlaubt)

In seiner grandiosen Selbstherrlichkeit und ohne Rücksicht auf finanzielle Verluste wurde der laufende Zeitungsdruck ein weiteres Mal durch Willi Jennewein unterbrochen. Eine knappe Stunde nach Druckbeginn ließ er die Rotationsmaschine anhalten, nur um einen Leserbrief aus der Seite zu nehmen. An die Stelle des Leserbriefes wurde stattdessen eine nichtssagende Vereinsmeldung aus dem redaktionellen Überhang gestellt. Der Verleger war zufällig im Druckhaus vorbeigekommen und hatte die neue Ausgabe für den nächsten Tag betrachtet. Bei dieser Gelegenheit fiel ihm der Leserbrief ins Auge: Der Leser hatte sich über das anscheinend niemals zu einem Ende kommende Thema des Brückenbaus über den Neckar mit Anschlussstraße im Handschuhsheimer Feld ausgelassen. Dort besaß Jennewein bekanntlich große

Grundstücke, die er verpachtet hatte und die ihm jährlich gute finanzielle Erträge einbrachten. Alle Meldungen, Leserbriefe aber auch Aussagen von Verkehrsexperten, die sich pro Brückenbau aussprachen, durften nicht in der Heidelberger Zeitung erscheinen. Der pro-Leserbrief war sicher rein zufällig in die Seite gekommen, vielleicht durch einen ahnungslosen Volontär.

Ein weiteres Mal musste das komplette Logistik-Programm blitzschnell umgestellt werden. Eine mühevolles und kostenträchtiges Unterfangen, das dazu führte, dass ein Teil der Fahrer in der Nacht Überstunden machen musste, von den Papierkosten für die eingestampften Zeitungen überhaupt nicht zu reden. Mit unbewegten Mienen standen die Drucker um die Maschine und warteten auf die neu zusammengestellte Seite. Willi Jennewein seinerseits wartete, bis die Seite innerhalb der Seitenfolge eingefügt war und bis die Maschine wieder anlief. Ein kurzer Blick in die Zeitung und wortlos verschwand er wieder. Während die Maschine wieder auf volle Touren hochgefahren wurde, hörte man noch die Drucker schimpfen. Nicht einmal der Geschäftsführer oder der Chefredakteur halten eine laufende Rotationsmaschine wegen solch einem nichtigen Grund an, und schon gar nicht wegen eines simplen Leserbriefes. Derlei Absonderlichkeiten gab es nur bei der Heidelberger Zeitung.

Am nächsten Morgen startete Hedda Mahler, die Sekretärin des Verlegers, schon früh einen Rundruf bei den Verantwortlichen.

„Der Zampano hat mich von zu Hause aus angerufen. Bitte zur Sitzung antreten um 11 Uhr, es wäre wieder einmal sehr wichtig, hat er gesagt. Hoffentlich hat er ordentlich ausgeschlafen. Seiner Stimme nach zu urteilen, war er noch im Tiefschlaf." Hedda Mahler fand solche Aktionen immer besonders witzig. Niemand wusste über das Innenverhältnis zwischen dem Verleger und Hedda Mahler Bescheid. Nicht nur Becker vermutete, dass es sich um eine Art Hassliebe handelte. Hedda Mahler tat wirklich alles für ihren Chef, selbst die abgetragenen angeschmutzten Hosen und Jacken trug sie zur Reinigung und legte sie ihm danach wieder malerisch über seinen Schreibtischstuhl. Manchmal war sie aber so erbost über ihn, dass man denken musste, die beiden würden sich geradezu bekriegen. Sie schimpfte dann laut, selbst wenn er in der Nähe war und es hörte. Er schwieg dazu.

Werner von Silberburg hatte Becker gegenüber einmal die Bemerkung gemacht, dass die beiden in der Vergangenheit ‚wohl etwas miteinander hatten'. Das würde natürlich einiges erklären. Die Gerüchteküche brodelte bisweilen mächtig – aber den meisten war es einfach egal.

Pünktlich um 11 Uhr versammelten sich die Besprechungsteilnehmer, Frieder Mack, Werner von Silberburg und Carl Becker, im Vorzimmer des Verlegers. Hedda Mahler hatte ihnen schon beim Eintreten mitgeteilt, dass

Willi Jennewein gerade eingetroffen war, er hätte eine Stinklaune. Die Beizitierten sahen sich vielsagend an. Im gleichen Augenblick ging die Tür des Verlegerbüros auf und Jennewein streckte seinen Kopf heraus.

„Ja warum kommen Sie denn nicht herein, es ist schon eine Minute nach 11 Uhr, meine Herren", sagte der Verleger leutselig. Der Verleger hatte in seiner unglaublichen Güte bereits drei Stühle vor seinen Schreibtisch gestellt, auf denen nun die Herren Platz nehmen durften.

Er vermittelte den Eindruck, als ob er die Last der ganzen Welt zu tragen hätte. Ohne Umschweife kam er auf sein Lieblingsthema zu sprechen: „Nächtelang habe ich wieder über das Wohl des Verlages sinniert und bin zu dem Schluss gekommen, dass wir jetzt doch die Sonderseiten in Angriff nehmen sollten. Ich schlage vor, zunächst gewissermaßen als Test, mit den Frauenthemen zu beginnen."

„Wissen Sie, ich mache das eigentlich Frau Eva Jennewein zuliebe, sie ist ja meine Tochter und sie bemüht sich dermaßen, dass ich sie einmal belohnen will. Sie schreibt und gestaltet auch die Seiten. Das wird sicher sehr gut. Und wenn das einschlägt, dann werden wir auch die anderen vorgeschlagenen Themen als Sonderveröffentlichungen aufgreifen. Ich habe besonders an Sie, Herr Becker, gedacht. Sie dürfen dann Ihrem Hobby frönen, nämlich die Erstellung der Medizin-Seiten. Gesundheit ist unser höchstes Gut und die Leser werden es uns bestimmt danken. Wären die Herren mit meiner Entscheidung einverstanden?", fragte er lächelnd und wie immer mit kalten Fischaugen seine drei Gegenüber.

Natürlich kam aus dieser Richtung kein Veto, im Gegenteil, alle stimmten zu.

„Das freut mich, dass Sie Ihre Zustimmung gegeben haben. Wir gehen das alles schnellstens an. Frau Jennewein muss sich mit Ihnen, Herr Chefredakteur, bis ins kleinste Detail absprechen. Mich interessieren nicht die Termine, wohl aber die Seitenumfänge. Die will ich immer vorher wissen. Und Sie, Herr von Silberburg, Sie sind dafür verantwortlich, dass immer die Hälfte der zu veröffentlichenden Seiten mit Anzeigen gefüllt ist. Ich will das schriftlich von Ihnen."

Werner von Silberburg blickte zuerst Carl Becker, dann Frieder Mack an. Nach einer Weile des Schweigens sagte er ganz ruhig: „Sie bekommen von mir überhaupt nichts Schriftliches in dieser Sache. Zunächst muss ich erst einmal mit meinen Anzeigenleuten reden. Dann muss ich mit verschiedenen Großkunden sprechen. Und dann, erst dann, kann ich Ihnen eine Prognose geben. Mehr nicht. Hugh."

Er fügte dieses Schlusswort immer mal wieder an, und zwar immer dann, wenn er verärgert war. Niemand hatte ihn bislang deshalb gerügt. Und auch jetzt blieb merkwürdigerweise der Kommentar von Willi Jennewein aus.

„Also gut, dann machen wir das so", lächelte der Verleger wohlwollend nickend um dann ohne jede Vorwarnung ins krasse Gegenteil zu verfallen. Mit eisiger Miene schnauzte er: „Ich habe noch etwas zu sagen, etwas Wichtiges, das Sie alle drei angeht. In Zukunft will ich von allen Leserbriefen, die erscheinen sollen und die Sie, Herr Chefredakteur ja selektieren, eine Kopie. Auch über andere wichtige Themen, beispielsweise den unsinnigen Brückenbau oder Gravierendes aus der Politik oder der Wirtschaft, Besonderheiten wie Besuch aus dem Weltall, ich will das alles vorher als Kopie sehen. Haben Sie mich verstanden, alles will ich sehen!", dabei schlug er mehrmals mit der flachen Hand auf seinen Schreibtisch. Die nachfolgende Stille lastete wie ein Alb auf den Männern und nahm ihnen den Atem. Jetzt fiel ihnen auch wieder deutlich der dumpfe Gestank des Büros auf.

Frieder Mack ergriff mutig das Wort: „Verehrter Herr Jennewein, wir verstehen natürlich Ihr Anliegen, wir haben wirklich Verständnis dafür. Nur wie soll das in die Realität umgesetzt werden? Sie sind häufig verreist oder nicht greifbar. Manche Meldungen kommen in letzter Minute und müssen aus Aktualitätsgründen noch erscheinen, also ich weiß nicht, wie wir das machen sollen."

Silberburg und Becker bekräftigen die Aussage von Frieder Mack. Werner von Silberburg setzte noch eins drauf: „Wissen Sie, Herr Jennewein, das gibt's in der ganzen Zeitungsbranche nirgends. Sie wissen selbst, wie eng unsere Termine täglich sind. Jeden Tag gibt es einen Wettlauf mit der Zeit. Wir gewinnen diesen Wettlauf ja auch regelmäßig, das ist schon beinahe Normalität, erfordert allerdings auch viel Engagement von den einzelnen

Mitarbeitenden. Und jetzt kommen Sie und wollen Kopien der Manuskripte vor Erscheinen lesen. Es könnte sein, dass das jeden Tag der Fall sein wird. Immer am Spätnachmittag, wenn feststeht, welches Material veröffentlicht wird, immer dann müssten sie parat sein und Manuskripte lesen oder auch korrigieren. Wobei es durchaus sein kann, dass im letzten Moment etwas zurückgestellt wird, weil eine andere, viel aktuellere und wichtigere Meldung hereingekommen ist. Also ich sehe da tiefschwarz!" Er sagte nicht ‚Hugh', sondern lehnte sich in dem unbequemen Holzstuhl zurück, streckte die Beine nach vorne und verschränkte die Arme über seiner Brust.

„Es ist mir egal, wie Sie das machen. Ich will das einfach so. Ich bin der Verleger. Und nicht Sie. Merken Sie sich das endlich."

Damit war die Sitzung beendet.

Kapitel 25

Audiatur et altera pars
(Auch die andere Seite soll gehört werden)

Carl Becker wählte die direkte Nummer seines Freundes Werner von Silberburg. Gut gelaunt nahm dieser sein Telefon ab und lachte: „Na, mein Sohn, gerade wollte ich dich auch anrufen. Hast du Zeit, wollen wir über die Mittagszeit ein paar Meter spazieren gehen und anschließend im Café Schafheutle etwas essen?"

„Genau das wollte ich vorschlagen, mein lieber Vater", lachte Carl Becker, „also, du holst mich um 12 Uhr in meinem Büro ab, ist das in Ordnung?"

Pünktlich zur verabredeten Zeit marschierten die beiden los. Else Sander gab wie üblich ihren Kommentar dazu ab, sie murmelte etwas von „mal wieder konspirative Gespräche" und wünschte aber trotzdem scheinheilig: „Gesegnete Mahlzeit den Herren."

Der Spaziergang verlief über die Hauptstraße zum Marktplatz, die Fischergasse hinunter zum Neckar. Überall tummelten sich Touristen, so war es immer in dieser Stadt, die beide als ihre Heimatstadt bezeichneten und die sie trotz aller ihrer negativen Seiten liebten. Ungelöste Verkehrsprobleme, Kongresszentrum ja oder nein, Sozialwohnungen wie und wo, Ausländerintegration, Neckar-Brückenbau, altes Hallenbad erneuern oder nicht – für alles gab es für und wider, wie in allen anderen Städten auch. Und doch lebten beide gerne hier.

Becker nutzte die Gelegenheit, um seinem Freund Werner zu erzählen, was Orelia von ihrer ehemaligen Kommilitonin über Heinrich Wesseling und dessen Ausflüge ins Rotlichtmilieu erfahren hatte. Silberburg unterbrach kein einziges Mal, er schüttelte nur mehrfach seinen Kopf und brummte immer wieder „nicht zu fassen, unglaublich."

Zwischenzeitlich waren sie am Neckar angekommen und schlenderten Richtung Alte Brücke. Als sie am Tränktor unterhalb der Alten Brücke vorbeiliefen, merkte Becker an, dass in diesem Loch seinerzeit das ermordete Mädchen gefunden worden war. Ein trauriges Kapitel, an das sich beide noch gut erinnerten.

„Dein Kriminalrat Wolters hat in dieser Mordsache auch nichts weiter herausgefunden, oder weiß man da was?" fragte Silberburg. Becker verneinte, es gäbe wohl nichts Neues, sonst hätte ihn Wolters sicher informiert.

Carl Becker hatte seine Geschichte über Heinrich Wesseling zu Ende erzählt. Von Silberburg dachte einige Zeit darüber nach und sagte dann: „Ich habe auch eine Geschichte für dich, jetzt wirst du dich wundern. Es ist alles wie ein Puzzle, es fügt sich immer mehr zusammen und wird gleichzeitig immer unglaublicher, du wirst sehen."

Werner von Silberburg war dieser Tage auf einer Tagung in Frankfurt gewesen. Dort traf er Kollegen von verschiedenen Zeitungsverlagen, manche kannte er schon seit Jahren. Wie bei solchen Tagungen üblich, werden auch mehr oder weniger interne Erfahrungen und Informationen ausgetauscht.

Von Silberburg kam mit einem seiner Kollegen, den er schon lange kannte, ins Gespräch über die so genannten fliegenden Händler. Der Kollege wusste, dass diese immer mit sehr viel Bargeld hantierten. Der Grund war einleuchtend: Die meisten dieser Händler sind ehrenwerte Havariekaufleute. Sie kaufen Waren und Produkte, die sich in leckgeschlagenen Schiffen oder in verunfallten Lastkraftwagen befunden haben. Mit den Herstellern oder Besitzern werden Pauschalpreise für das gesamte Konvolut ausgehandelt. Das ist günstiger, als die vielleicht sogar noch teilweise beschädigte Ware abholen zu lassen und neu zu verpacken oder zu verladen. Die so erstandenen Waren werden meist in leer stehenden Geschäften, bevorzugt in zentraler Innenstadtlage, zum Kauf angeboten. Diese Läden werden für drei oder vier Wochen gemietet, bis die Waren verkauft sind. Im Grunde genommen für alle Teile, für den Hersteller bzw. Besitzer, für den Händler und auch für den Kunden, ein gutes Geschäft. Letzterer kann zu Preisen, die oft weit unter den Gestehungskosten liegen, den einen oder anderen Artikel erwerben. Um den nötigen Zuspruch zu finden, müssen diese Verkäufe in der jeweiligen Tageszeitung entsprechend groß angekündigt werden. Und fast immer werden die Anzeigen im Voraus und bar bezahlt.

Der Zeitungskollege, mit dem sich von Silberburg unterhalten hatte, war zufällig mit einem Havariekaufmann eng befreundet. Sie verabredeten sich per Telefon und trafen sich auf einen Kaffee im Hotel ‚Frankfurter Hof'. Im Laufe des Gespräches stellte sich heraus, dass eben dieser Händler auch in Heidelberg seine Waren anbot und dort für vier Wochen einen Laden in der Hauptstraße gemietet hatte. Wie er erzählte, liefen die Geschäfte sehr gut. Sein Bruder, der ebenfalls mit derartigen Waren handelte, hatte den Laden anschließend ebenfalls für vier Wochen gemietet, hatte jedoch Restbestände von Teppichen eines insolventen großen Teppichherstellers angeboten. Die Brüder agierten innerhalb einer gemeinsamen Gesellschaft und wussten jeweils, wann und zu welchem Preis der andere Waren aufgekauft oder Anzeigen geschaltet hatte. So stellte sich heraus, dass seinerzeit beide Brüder großformatige Anzeigen in der Heidelberger Zeitung geschaltet und, was Gepflogenheit bei fast allen Zeitungen ist, auch im Voraus bar bezahlt hatten. Üblicherweise nimmt der Anzeigenberater, der die Firma betreut, den bar bezahlten Betrag entgegen, um ihn anschließend in die Verlagskasse einzuzahlen.

„Und wer ist die Verlagskasse?", fragte Silberburg seinen Freund, „jawohl, du denkst richtig, die ist der Heinrich Wesseling."

Bei den beiden Frankfurter Geschäftsleuten ging es um eine Summe von ungefähr sechzigtausend Mark, der Betrag war dem Kaufmann noch im Gedächtnis.

Zwischenzeitlich waren die beiden Spaziergänger über den Fischmarkt wieder in die Hauptstraße eingebogen, das Café Schafheutle war schon in Sicht. Auf dem Universitätsplatz war, wie immer, viel los. Eine mexikanische Musikgruppe schmetterte ihre landestypischen Lieder, kleine Grüppchen von Zuschauern scharten sich um die Spielenden.

Während des Essens erzählte von Silberburg weiter, offenbar hatte er in der Sache schon sehr viel recherchiert und gerechnet. Er meinte, dass seine Hochrechnungen in etwa stimmen müssten, wenn man also über drei oder vier Jahre zusammenrechnete, dann kämen allein durch solche Einnahmen mehr als sieben Millionen zusammen. Von Silberburg hatte auch schon mit dem Anzeigenverkäufer gesprochen, dieser wusste noch genau, dass er den Betrag Heinrich Wesseling persönlich übergeben hatte. Es wurde seinerzeit sogar noch gewitzelt. Wesseling meinte, mit dem Geld könne man sich einen netten

Abend machen. Möglich, dass er selbst einen großartigen Abend verlebt hatte.

„Also dann deckt sich das, was du erzählt hast genau mit den Informationen von Heike, der Kommilitonin von Orelia", folgerte Becker, „für mich bestehen jetzt keine Zweifel mehr an dieser Schweinerei, oder?"

Von Silberburg nickte: „Wir sind uns da einig, das müssten schon merkwürdige Zufälle sein. Die Frage ist, was machen wir jetzt? Gehen wir zuerst zum Alten, oder gehen wir zu deinem Kriminalrat? Was denkst du?", stellte Silberburg die Gretchenfrage.

Becker schaute seinen Freund lange an und überlegte: „Ich meine, wir marschieren zum Alten und legen die Karten komplett auf den Tisch. Dann haben wir zunächst unsere Pflicht getan. Die Frage ist, wie er reagieren wird. Aber das dürfte für uns sekundär sein, soll er doch reagieren wie er will."

„Du hast recht, wir gehen zu ihm und erzählen ihm die ganze Geschichte. Ich bin davon überzeugt, dass er mit Wesseling unter einer Decke steckt. Die müssen froh sein, wenn sie nicht beide ins Gefängnis kommen. Die Problematik der Steuerhinterziehung kommt auch noch dazu. Der Freund des Frankfurter Kollegen, also der Kaufmann, der hatte nämlich eine Bemerkung gemacht, die ich mir gemerkt habe. Sinngemäß hat er festgestellt, dass mit Bargeld sehr oft Unfug getrieben wird, er selbst aber sich solche krummen Touren nie leisten würde. Er hat geschmunzelt und die Hoffnung geäußert, dass in den

Zeitungsverlagen doch wohl alles mit rechten Dingen zugeht. Bares Geld habe eine teuflische Anziehungskraft. Damit hat er offensichtlich Recht."

„Klar hat er Recht", entgegnete Becker, „man muss schon einen gefestigten Charakter haben. Und wie wir jetzt wissen, hat Heinrich Wesseling keinen Charakter. Als Finanzmann muss gerade er besonders diffizil sein im Umgang mit Geld."

Die beiden Männer hatten sich trotz des ernsten Themas ihre Rühreier und das knusprige Baguette Parisienne schmecken lassen. Mit einem ordentlichen Kaffee und einer angemessenen Portion Baumkuchen wurde das Mittagsmahl beendet und der Rückmarsch über die Hauptstraße ins Verlagshaus angetreten.

Sie beschlossen, nichts zu übereilen und in der nächsten Woche mit Willi Jennewein ein Gespräch zu führen, um seine Meinung zu den Vorgängen zu hören. Danach wollten sie überlegen, ob der offizielle Weg via Polizei und Staatsanwaltschaft beschritten werden müsste.

Abschließend meinte Werner von Silberburg zu seinem Freund: „Es ist schon blöd, wenn man ein solch' teures Hobby hat wie der Wesseling."

Kapitel 26

Amore, more, ore, re iugundur amicitiae
(Durch Liebe, Sitte, Wort und Gegenstand hält sich der Freundschaft festes Band)

Für das Wochenende war wunderschönes Wetter vorausgesagt und in der darauf folgenden Woche war ein Feiertag. Carl Becker hatte seiner Frau berichtet, dass Winfried Roth sich zurückziehen wolle und vielleicht den südlichen Teil Frankreichs, genauer gesagt die Gegend um Carpentras, ins Auge gefasst habe. Dass Orelia natürlich sofort Feuer und Flamme war, lag auf der Hand. Zwischenzeitlich hatten die beiden mehrfach telefoniert. In Carpentras lebte ein alter Freund Orelias, den sie seit ihrer Jugend kannte. Dessen Vater, der aus dem Elsass stammte, hatte eine große Immoblienagentur in Carpentras eröffnet. Fritz Haeberlin hatte schon vor Jahren das väterliche Geschäft übernommen und zu einer namhaften Agentur ausgebaut, die von Valence, Avignon bis nach Aix en Provence ihr Betätigungsfeld hatte.

Orelia las jeden Sonntag den Immobilienteil der Welt am Sonntag, in der Haeberlin auch seine Frankreich-Immobilien anbot. Wenn in Carpentras oder in der Umgebung ein schönes Objekt zum Verkauf stand, war Orelia ganz außer sich. Oft kannte sie es sogar. Und der Zufall wollte es, dass unlängst ein Manoir, ein altes Herrenhaus, ein paar Minuten vom Zentrum Carpentras', zum Verkauf stand.

„Das wäre doch was für Winfried", meinte Orelia begeistert, „ich rufe schnell mal Fritz Haeberlin an."

Aus dem kurzen Anruf wurde ein langes Gespräch, aus dem herauszuhören war, dass das Manoir wunderschön sei und dass man es mit wenig Geld nach seinen besonderen Wünschen herrichten lassen könne.

Umgehend rief sie auch Winfried Roth an und schilderte begeistert die Vorzüge des Wunschhauses. Ihre Begeisterung steckte Roth an und so beschlossen sie, auf seine Anregung hin: „Die nächste Woche fahren wir mal für zwei oder drei Tage schnell rüber."

Gesagt, getan. Becker konnte die paar Tage inklusive dem Feiertag freinehmen. Zu viert machten sie sich im Jaguar auf die altbekannte Strecke nach Carpentras. Die Katze schnurrte vor sich hin, Winfried Roth, seine Frau Ingrid, Orelia und Carl Becker genossen die Fahrt in den sonnigen Süden.

Im Hotel ‚Fiacre' in der Rue Vigne hatte Orelia Zimmer für Winfried Roth und seine Frau bestellt. Das ‚Fiacre' ist ein wunderschönes altes Hotel, das Gebäude stammt aus dem 18. Jahrhundert. Schon der erste Eindruck von außen ist bezaubernd. Überall Blumen, aus einer Vielzahl von Gefäßen quillt es in leuchtenden Farben, ein Fest für Auge und Nase, der feine Duft der Blüten umgibt das alte Gemäuer und durchzieht Räume und Flure. Außerdem liegt es nur einen Katzensprung vom Place de Verdun entfernt, wo das Elternhaus von Orelia steht.

Die zwei Paare beschlossen beim Aperitif in Orelias Haus, sich in einer Stunde am Hotel „Fiacre" zu treffen, um dann gemeinsam in das Restaurant „L'Atelier de Pierre" zu spazieren, das Lieblingslokal von Orelia.

Auf ihrem gemütlichen Spaziergang kamen die vier über den gewohnten Weg an der Kathedrale St. Siffrein vorbei in die Rue des Halles. Winfried und seine Frau kamen aus dem Staunen nicht mehr heraus, sie waren regelrecht begeistert von dieser historischen Stadt, die die Abenddämmerung in ein geheimnisvolles, zauberhaftes Licht tauchte. Die alten Bauwerke erstrahlten im sanften Schein der untergehenden Sonne, die Dachfirste und die Spitzen der Türme und Türmchen glänzten wie mit flüssigem roten Gold überzogen.

„Also, hier würde es uns sehr gut gefallen", waren sich Winfried und Ingrid einig, „wenn sich der positive Eindruck morgen bei dem Besichtigungstermin bestätigt, na, dann werden wir hier Neubürger."

„Sei nicht so überschwänglich, mein Freund, erst mal abwarten, was uns im Herrenhaus erwartet", versuchte Becker seinen Freund etwas in seiner Euphorie zu bremsen. Sie hatten das ‚L'Atelier' erreicht, und was sie hier aus Küche und Keller erwartete, war oft erprobt und nachgewiesenermaßen vorzüglich. Ingrid und Winfried ließen sich von der heimeligen Atmosphäre des Restaurants einfangen und genossen den Abend in vollen Zügen.

Nach dem Essen und bei einem guten Tropfen aus der Umgebung gab Becker, unterstützt von Orelia, seinen Freunden einen Überblick über die Stadtgeschichte. „1306 bis 1309 hat Clemens V., der ehemalige Bischof von Bordeaux, die Papstresidenz kurzfristig hierher verlegt."

„Wir wissen ja, dass du ein kluger Kopf bist", meinte Winfried Roth, „aber haben die hier überhaupt eine Zeitung in dieser Stadt?"

Zu diesem Thema wusste Carl Becker natürlich einiges zu sagen. „Die meistgelesene Zeitung ist der ‚Nice Matin'. Dieses Blatt besteht aus mehreren Regionalausgaben, unter anderem gibt es eine Ausgabe ‚Vaucluse', in der täglich alle regionalen Meldungen enthalten sind, insbesondere für Carpentras." Und er fügte hinzu: „Der Journalist Michel Bavastro war der Gründer der Zeitung ‚Combat', die er, noch im September 1945, gleich nach Beendigung des unseligen Krieges, umbenannt hat in „Nice Matin". Er hat die Zeitung bis zu seinem Tod mit fast 90 Jahren geleitet.

„Eigenartig", warf Winfried Roth ein, „es gibt auch bei uns in Deutschland eine Reihe von Zeitungsverlegern, die uralt sind. Was glaubst du, meinen die, dass es ohne sie nicht ginge?"

Becker lachte: „Womöglich denken die das, aber Genaueres weiß wohl niemand – ich kenne auch einige dieser alten Knaben. Wir lassen dieses Thema besser ruhen, sonst schmeckt mir der Wein nicht mehr. Aber zu deiner Beruhigung, ich lasse dir jeden Tag eine Heidelberger Zeitung schicken. Dann weißt du, was bei uns so alles passiert. Darüber hinaus kannst du dir noch andere deutsche Zeitungen hier abonnieren, wahrscheinlich sogar im Geschäft kaufen."

„Na ja", meinte Winfried grinsend, „so sehr lange wirst du mir mit eurem Luxusblatt keine Freude machen können. Ich denke, dass es mit dieser Zeitung langsam zu Ende geht. Zumal du und bestimmt auch dein Freund von Silberburg dort weggehen und meine Geschäfte führen werden. Dann bricht der Laden vollends zusammen."

Das traf den Nagel auf den Kopf. Offensichtlich wusste Winfried, wie fast immer, mehr als er sagen wollte. Bestimmt kannte er auch die miserable finanzielle Situation der Heidelberger Zeitung. Kein Wunder, bei seinen exzellenten Verbindungen zu den Banken.

Nach diesem herrlichen Abend trafen sie sich am nächsten Morgen bei Beckers, um zum verabredeten Zeitpunkt gemeinsam mit dem Makler Fritz Haeberlin das Haus zu besichtigen. Der Tag versprach wunderschön zu werden, das Wetter war sonnig und die Luft noch kühl und klar.

„Sag' mal", begann Winfried, der gerade mit Ingrid eingetroffen war, „die Boule-Spieler dort vorne an der Ecke, die waren doch gestern Abend schon am Spielen. Haben die die ganze Nacht über gespielt?"

Becker amüsierte sich: „Natürlich nicht, es sind andere. Aber sie sehen fast alle gleich aus, Kappe, unrasiert, Gitanes-Zigarette im Mundwinkel, meistens ist die Kippe bereits kalt und blaue Kittel mit feinen Streifen haben sie auch alle an."

„Ich muss sagen, mir gefällt das einfach, das absolut Legere", meinte Winfried mit einer gewissen Hochachtung den Männern gegenüber.

Lachend bemerkte Becker: „Irgend wann stehst du vielleicht auch dabei und wirfst die Kugel…"

Das angebotene Manoir lag nur ein paar Autominuten vom Place de Verdun, wo Orelias Elternhaus stand, entfernt. Man fuhr eine kurze Strecke über die Landstraße Richtung Mazan-Sault, in der Ferne winkte schon der Mont Ventoux. Unmittelbar nach den letzten Häusern von Carpentras zweigte ein kleiner Privatweg nach links ab. Orelia kannte sich bestens aus, schließlich hatte sie ihre Kindheit in dieser Gegend verbracht. Und da, nach der nächsten Biegung, tauchte es plötzlich aus dem vielblättrigen Grün auf, das „Vieux Manoir", umgeben von Zypressen, Koniferen und Kiefern. Hinter dem hohen, schmiedeeisernen Tor, dessen Flügel an gemauerten hellen Sandsteinpfeilern befestigt waren, führte eine großzügige Zufahrt mit weißem Kies in elegantem Schwung zum Herrenhaus, das durch sein aristokratisches Flair beeindruckte.

Die Besucher waren wirklich überwältigt. Fritz Haeberlin stand wie ein Fürst am Tor und empfing seine Gäste. Orelia und Haeberlin begrüßten sich auf landestypische Weise, was in Heidelberg sicherlich Aufsehen erregt hätte. Becker hatte seinen Jaguar neben Haeberlins altem Citroen DS geparkt – sogar die zwei Autos passten hier zum Ambiente.

Die Besichtigung des „Vieux Manoir" war ein echtes Erlebnis, das die vier Freunde in Erstaunen versetzte. Die Zimmer waren wie in einem Schloss gestaltet: hohe Decken mit Stuckarbeiten und gepflegter Parkettboden zum Teil mit schönen Intarsien. Die hochherrschaftliche Eingangshalle betrat man über einen dreistufigen Marmorantritt. Die zweiflügelige, riesige Eingangstüre aus altem Eichenholz wartete mit herrlichen Schnitzereien auf. Links und rechts vom Eingang, am Fuße der Eingangstreppe, standen Lavendel-Büsche, die natürlich nicht fehlen durften, in übergroßen Tontöpfen. Es waren jedoch keine Büsche, es waren Lavendel-Bäume.

Die Besichtigung hatte einen tiefen Eindruck hinterlassen, das Ehepaar Roth war begeistert und die Stimmung der vier Freunde mehr als gehoben. Fritz Haeberlin wurde beauftragt, schnellstmöglich einen Termin beim Notar zu vereinbaren. Winfried Roth und seine Frau Ingrid waren sich sicher – sie wollten das Manoir absolut erwerben. Sie hatten sich in das Haus verliebt, keine Frage, es war wohl Liebe auf den ersten Blick.

Und richtig, bereits am nächsten Morgen fand der Notartermin statt. Den unvermeidlich folgenden Papier- und Bürokratenkram wollte Winfried dann von Heidelberg aus von seinem Anwalt erledigen lassen.

Vergnügt und guter Dinge fuhren die Vier nachmittags wieder zurück nach Heidelberg. Dort angekommen meinte Becker: „Aber Ihr müsst doch zugeben, Heidelberg ist doch auch schön, oder?"

„Die Lavendel-Ecke gefällt mir besser", entgegnete Winfried trocken.

Kapitel 27

Beneficium accipere est libertatem vendere
(Einen Gefallen anzunehmen, bedeutet seine Freiheit zu verkaufen)

Es war soweit. Von Silberburg und Becker hatten mit Hedda Mahler einen Gesprächstermin mit Willi Jennewein für den heutigen Nachmittag vereinbart. Davor wollten sie aber noch kurz das Vorgehen und den Ablauf des Gesprächs vereinbaren.

Sie trafen sich in Beckers Büro. Zunächst berichtete Becker seinem Freund über das Gespräch bei Winfried Roth. Sie hatten das Thema schon einmal erörtert, allerdings nicht vertieft. Danach hatte von Silberburg signalisiert, dass er sich so etwas durchaus vorstellen könnte. Becker erläuterte das Vorhaben Roths sehr ausführlich. „Das klingt sehr vielversprechend", sagte von Silberburg, „alles besser als unser ödes Einerlei bei der HZ, ich bin dabei." Damit war klar, dass die beiden Freunde auch den künftigen Weg gemeinsam gehen wollten.

„Wenn wir jetzt mit dem Alten reden, lieber Carlo, machen wir kein großes Palaver. Wir sagen ihm klipp und klar, was wir wissen. Und dann soll er Stellung beziehen. Ich bin sehr gespannt", fügte von Silberburg sachlich an. Das war ganz im Sinne Beckers. Else Sander schaute kurz herein und wies auf den bevorstehenden Termin hin. Sie schnappten ihre Unterlagen, gingen zum Fahrstuhl und fuhren hoch zu Willi Jenneweins Büro.

„Der Zampano hat schon nach euch gefragt, dabei seid ihr ja noch ein paar Minuten zu früh, aber geht ruhig rein, er hat großzügig die Erlaubnis gegeben." Lächelnd öffnete Hedda Mahler die Tür zum Verlegerbüro. Der übliche Geruch schlug den beiden Herren entgegen. Willi Jennewein begrüßte sie, was sehr selten vorkam, mit Handschlag. Zwei Holzstühle standen bereit vor seinem Schreibtisch. Er ließ sich laut seufzend auf seinen Stuhl fallen und fragte lauernd: „Was führt die ehrenwerten Herren denn so überraschend zu mir?"

„Wir kommen heute mit einer sehr komplizierten Geschichte zu Ihnen und möchten gerne Ihre Meinung dazu hören", begann von Silberburg das Gespräch.

Silberburg blieb Gesprächsführer, das hatten die beiden ausgemacht. Er erklärte dem Verleger den ganzen Sachverhalt. „Heinrich Wesseling ist im Mannheimer Rotlichtmilieu kein Unbekannter, er ist immer mit viel Bargeld unterwegs. Außerdem habe ich mit mehreren Anzeigenkunden gesprochen, die versichert haben, ihre Anzeigen bar bezahlt zu haben. Diese Kunden sind absolut vertrauenswürdig." Von Silberburg sagte mit Absicht „mehrere Anzeigenkunden", um die Wichtigkeit zu betonen. „Zudem ist er manchmal in Begleitung einer auffälligen Person, die sich aber in allem sehr zurückhält. Carl Becker und ich verfügen über ein weitreichendes Netzwerk im Großraum Heidelberg-Mannheim, das wissen Sie genau, Herr Jennewein. Das erstreckt sich aber nicht nur auf den erwähnten Bereich, sondern vor allem auf die Verlage und besonders hier auf das eigene Verlagshaus. So ist es für uns es ein Leichtes gewesen, bezahlte und trotzdem stornierte Rechnungen herauszusuchen. Wir sind auf beachtliche Beträge gekommen. Eben die Beträge, die seinerzeit schon einmal mit Ihnen besprochen worden sind. Damals handelte es sich um 5,4 Millionen Mark. Dieser Betrag ist eher zu niedrig angesetzt, in Wirklichkeit sind es bestimmt 8 Millionen Mark oder mehr." Becker merkte, dass von Silberburg bewusst auf den Putz klopfte.

Silberburg und auch Becker waren sehr erstaunt darüber, dass Willi Jennewein bis jetzt noch keinen Ton gesagt hatte. Er saß starr und völlig verkrampft an seinem Schreibtisch und starrte auf die zerkratzte Tischplatte.

Nach geraumer Zeit des Schweigens begann Willi Jennewein mit brüchiger Stimme zu sprechen.

„Ich weiß das alles, meine Herren." Wieder folgte eine größere Pause, in der niemand ein Wort sprach.

„Ich sage Ihnen jetzt, wie das alles zusammenhängt. Aber bitte schweigen Sie darüber, allen Menschen gegenüber. Vor ein paar Jahren überraschte ich Heinrich Wesseling in seinem Büro. Er saß am Schreibtisch und vor ihm lagen mehrere Bündel Geld, lauter große Scheine. Er zählte, notierte und schichtete die Scheine hin und her. Ich fragte ihn, was er da mache. Er sagte mir, dass es sich um Bareinzahlungen von Anzeigengeldern handle. Wir sprachen an diesem Spätnachmittag sehr lange miteinander und ich fragte ihn, ob man nicht einen Teil verschwinden lassen könne. Zuerst schaute er mich verwundert an, dann meinte er, dass das kein großes Problem sein könne, weil ja nur er Zugriff auf das Geld habe und zudem die Möglichkeit, Rechnungen aus dem Buchungssystem heraus zu nehmen. So hat alles angefangen."

Willi Jennewein verstummte.

„Und dann?", fragte von Silberburg knapp.

„Ja, was meinen Sie, Herr von Silberburg? Dann habe ich mir einen größeren Teil von dem Bargeld genommen. Es gehörte ja mir. Oder? Wesseling habe ich rechnerisch sieben Prozent für sich selbst überlassen."

„Wieso gerade sieben Prozent?", wollte Silberburg wissen.

„Weil ich es eben so wollte, das ist doch meine ureigene Angelegenheit, oder nicht?", antwortete der Verleger barsch und klopfte dabei mit den Fingern auf seinen Schreibtisch.

„Und was ist mit dem Rotlicht-Milieu, waren Sie da auch schon dabei?", wollte Silberburg, der sich wie ein Staatsanwalt gerierte, jetzt wissen.

„Dazu sage ich nichts, das Thema geht Sie überhaupt nichts an", sagte sehr forsch der Verleger, „aber ich habe nun einen Vorschlag zu machen. Mir war schon seit langem klar, dass Sie beide hier einmal sitzen würden und diese Angelegenheit zur Sprache kommen würde. Ich war darauf vorbereitet, da können Sie sicher sein. Und jetzt möchte ich Sie um einen Gefallen bitten, ich revanchiere mich ebenfalls mit einem Gefallen. Wir sind doch eine Familie, das betone ich ja immer wieder. Und deshalb bekommt jetzt jeder von Ihnen einhunderttausend Mark sofort bar auf die Hand. Und dann wird über dieses Thema nie mehr gesprochen. Wie gefällt Ihnen das, das ist doch gut so?" Der Verleger betrachtete die beiden wie die Schlange das Kaninchen.

„Nein", antwortete Silberburg hart, „das ist nicht gut so. Sie müssen uns schon zugestehen, dass wir das erst bedenken. Natürlich bewahren wir bis auf weiteres Stillschweigen. Wir werden in Kürze erneut einen Termin wegen dieser Angelegenheit mit Ihnen vereinbaren."

Willi Jennewein saß wie versteinert an seinem Schreibtisch. Nach einer Weile stand er wortlos auf, ging zur Tür und hielt diese auf. Der Hinweis war unmissverständlich. Von Silberburg und Becker verabschiedeten sich höflich, der Verleger aber schwieg, wie immer in solchen Momenten.

Am Fahrstuhl angekommen, sagte Werner von Silberburg: „Das ist ja das Letzte. Wenn ich alles geglaubt hätte, aber das? Mein Gott, was haben wir verbrochen, dass wir so etwas erleben müssen."

„Da hast du recht. Menschenskind Werner, egal ob wir plaudern oder nicht, wir sind Mitwisser eines Riesenskandals. Betrug, Steuerhinterziehung und was weiß ich noch alles. Jetzt müssen wir gut aufpassen, sonst kommen wir unter die Räder, wenn es knallt." Carl Becker hatte natürlich keine Lust, in diese Affäre mit hineingezogen zu werden

„Auf jeden Fall müssen wir ein paar Stunden darüber nachdenken, da muss sich erst mal einiges setzen in meinem Hirn", Silberburg grinste schon wieder und Becker nahm einmal mehr zur Kenntnis, dass den alten Fuchs Silberburg so schnell nichts umhauen konnte.

„Jetzt gehen wir in dein Büro", sagte Silberburg lächelnd, „da gibt's erstens einen guten Kaffee und zweitens, das weiß ich, gibt es eine gute Williamine von Morand, die brauchen wir doch jetzt, oder etwa nicht?"

„Und ob", lachte Becker, „die Gläser stehen im Kühlschrank für uns bereit".

„Else", rief Becker, als er das Büro betrat. Er hatte noch nicht ausgesprochen, stand sie schon im Türrahmen.

„Zwei geeiste Gläser, je eine Williamine und zwei Kaffee, gehe ich recht in der Annahme, meine Herren?" fragte Else Sander wissend.

„Woher weiß die denn immer, was los ist?", verblüfft schaute von Silberburg seinen Freund an. Im gleichen Moment brachte Else Sander ein Tablett mit zwei duftenden Tassen Kaffee, zwei geeisten Gläsern und der berühmten Flasche Williamine von Morand.

„Du hast mir meine Frage noch nicht beantwortet. Mir ist das schon häufiger aufgefallen, wieso weiß die Sander immer im Voraus, was los ist?", Silberburg wollte es genau wissen.

„Sie hat eine hellseherische Begabung, außerdem riecht sie es, wenn etwas nicht stimmt, wirklich, es ist so. Du darfst nicht vergessen, dass sie schon seit vielen Jahren bei mir ist. Ich habe sie seinerzeit mit in dieses Haus gebracht, du erinnerst dich bestimmt. Du selbst hast es befürwortet. Und nach so einer langen Zeit kennt man sich in- und auswendig", erklärte Becker seinem Freund.

„Ich bin schwer beeindruckt. Aber wenn wir schon so traut beisammen sitzen: Wir müssen uns in dieser Sache wirklich schnell etwas überlegen!" Silberburg wirkte jetzt zwar lockerer, aber trotzdem sehr nachdenklich.

„Was machen wir mit Heinrich Wesseling?", Becker schaute seinem Freund forschend an.

„Den lassen wir über die Klinge springen. Fertig. Abgemacht?"

„Jawohl, das gilt", war Beckers kurze Antwort.

Kapitel 28

Accipere quam facere praestat iniuriam
(Unrecht erleiden ist besser als Unrecht tun)

Es waren ein paar Tage vergangen, das Gespräch mit Willi Jennewein wirkte bei Becker und von Silberburg noch immer nach. Fast täglich sprachen sie über den ‚Fall', wie sie das außergewöhnliche Geschehen nannten. Beiden war allerdings klar geworden, dass sie, egal wie die Sache laufen würde, die vom Verleger angebotene Summe keinesfalls annehmen würden.

Carl Becker saß an seinem Schreibtisch und arbeitete ein Konzept für ein noch zu installierendes System aus, bei dem die Zeitungsausträger zusätzlich die nicht in der Zeitung beigelegten Werbeprospekte in die Briefkästen stecken sollten. Plötzlich klopfte es sehr laut an seine Bürotür. Becker schreckte auf und brüllte: „Herein!"

Die Tür öffnete sich sofort, ein älterer, weißhaariger Mann und hinter ihm ein jüngerer traten ein.

„Guten Morgen, Steuerfahndung Mannheim. Mein Name ist Ewald Müller, das ist mein Kollege Gerd Bachmann. Unsere Kollegen von der Kripo und von der Staatsanwaltschaft stehen draußen bei Ihrer Sekretärin. Ein Aufsichtsbeamter der Stadt Heidelberg ist ebenfalls dabei." Herr Müller ratterte seinen Spruch herunter. Gerd Bachmann und Carl Becker kannten sich sehr gut, ließen sich aber nichts anmerken. Sie waren gemeinsam in einem Heidelberger Motorsportklub und fuhren öfters zusammen nach Hockenheim, wenn dort größere Rennsportveranstaltungen waren.

„Ja und", entgegnete Becker, „was wollen Sie hier?"

„Wir haben einen Durchsuchungsbefehl hier wegen des Verdachts der Steuerhinterziehung in Höhe von achtzigtausend Mark. Sie sind der Geschäftsführer und verpflichtet, uns nicht in unserer Arbeit zu behindern", erläuterte Steuerfahnder Müller sachlich die Situation. Becker dachte für sich, dass der genannte Betrag ja minimal sei, beinahe hätte er gegrinst, er beherrschte sich jedoch gerade noch rechtzeitig.

Ohne auf die Worte von Müller einzugehen sagte Becker: „Sie gestatten doch sicher, dass ich meinen Vorgesetzten anrufe?"

Er erhielt die Erlaubnis und rief Werner von Silberburg an.

„Ein herrlicher Tag heute", begann Becker das Gespräch, „wir haben Besuch, hohen Besuch hier. Die Steuerfahndung. Kannst du mal bitte herunterkommen?"

Zwei Minuten später war von Silberburg in Beckers Büro.

„Na", sagte er fröhlich zu den Steuerfahndern und den anderen Anwesenden, „dann walten Sie mal schön Ihres Amtes, hoffentlich ist Ihre Suche erfolgreich. Allerdings kann ich Ihnen jetzt schon sagen, dass Sie hier nichts finden werden. Nun, schon in der Bibel steht: Wer suchet, der wird auch finden." Und zu Carl Becker gewandt meinte er lässig: „Hoffentlich finden sie nicht deinen herrlichen Williams-Brand, es wäre wirklich schade, wenn der konfisziert werden würde."

Etwas pikiert meinte der Steuerfahnder Müller: „Hoffentlich sind Sie, wenn wir gehen, noch genauso gut gelaunt wie jetzt."

„Worauf Sie einen lassen können", lachte Werner von Silberburg.

Die Mannschaft durchsuchte Schränke und Schreibtischschubladen in Beckers Büro, das Sideboard mit den Angebotsordnern, Betriebsratsprotokollen, Artikelthemen von Becker und weitere Mappen und Papiere wurden gesichtet. Auch die Schränke im Vorzimmer von Else Sander wurden durchsucht. Else regierte ziemlich giftig: „Was wühlen Sie denn da in meinen Sachen herum? Das ist ja wie in der DDR, meine Zigaretten, mein Eau de Toilette, ja du lieber Himmel, was sollen denn die Scherze? Das ist ja lachhaft, eine Sauerei ist das."

Eine Antwort auf ihre Tiraden erhielt sie nicht.

Silberburg konnte es nicht lassen und meinte leicht zynisch: „Falls Sie Geld suchen, hier ist sicher nichts zu finden. Als Verlagsdirektor sage ich Ihnen offiziell, dass alle finanziellen Angelegenheiten generell in der Finanzabteilung abgewickelt werden. Auch die Buchungsunterlagen befinden sich dort. Ich will es Ihnen nur einfach machen, sonst nichts."

Die Staatsanwältin – sie gab den Ton an - merkte tatsächlich, dass ihr Großaufgebot ein Schlag ins Wasser war. Sie stellte fest, dass hier wohl nichts Bedeutendes zu finden sei und beorderte die Fahnder in die Finanzabteilung. Becker war klar, was von Silberburg beabsichtigte: Er wollte Heinrich Wesseling in die Schusslinie bringen. Dieser war nicht ihm unterstellt, er erhielt alle Anweisungen direkt von Willi Jennewein

Während die Fahnder einer nach dem anderen das Büro verließen, nahm Carl Becker kurz den Steuerfahnder Gerd Bachmann zur Seite. Leise sagte er zu ihm: „Ich frage dich jetzt was, du brauchst mir keine Antwort zu geben, nur Nicken oder Kopfschütteln genügt. Kam die Anzeige gegen uns aus Frankfurt?" Gerd Bachmann nickte unauffällig. Der Tross zog weiter Richtung Flur und Fahrstuhl.

Silberburg blieb noch im Büro von Carl Becker. Durch die geschlossene Tür hörten sie Else Sander schimpfen:

„Diese Deppen haben mir da ein totales Durcheinander hinterlassen. Jetzt muss ich alles wieder aufräumen. Typisch Beamte, und wir bezahlen die auch noch mit unseren Steuern. Was für eine Schweinerei."

Kurz darauf kam sie in Beckers Büro mit Kaffee und zwei geeisten Gläsern samt der Flasche Williams. „Es ist doch recht so, oder?"

Silberburg warf einen Handkuss in ihre Richtung und sagte: „Immer, liebe Frau Sander, immer."

Becker fragte von Silberburg, ob sie gemeinsam hochfahren sollten in das Büro von Heinrich Wesseling um zu schauen, was dort passierte.

„Niemals, mein lieber Carlo", grinste Silberburg, „der soll sehen, wie er zurecht kommt mit den Herrschaften. Aber sage mal, was hast du vorhin mit dem einen Steuerfahnder geflüstert? Es sah für mich so aus, als ob ihr euch kennen würdet."

„Ich kenne Gerd Bachmann gut, wir sind beide Mitglieder im Motorsportklub. Ich habe ihn gefragt, ob die Anzeige aus Frankfurt kommt, was er bejaht hat.".

„Hab' ich mir es doch gedacht, klar, der Frankfurter Havarie-Kaufmann. Der hat seinerzeit bei unserem Gespräch schon solche Merkwürdigkeiten losgelassen – ich bin sicher, dass der die Anzeige gegen uns gemacht hat. Nun denn, von mir aus. Ich bin mal gespannt, wie das Treiben weiter geht." Von Silberburg rieb sich erfreut die Hände und lachte.

Das Tagesgeschäft verlangte sein Recht. Becker und von Silberburg hatten einen gemeinsamen Termin wegen einer großen Konzertpräsentation in Mannheim. Als sie am späten Nachmittag zurückkamen, erfuhren sie schon an der Rezeption, dass Teile der Buchhaltung, die noch in Papierform vorlagen, von den Steuerfahndern mitgenommen worden wären. Die Umstellung auf elektronische Verarbeitung war noch mitten im Gange, so dass die Beamten mit den Computern überhaupt nichts anfangen konnten.

Auf dem Weg zum Fahrstuhl kam ihnen Heinrich Wesseling entgegen.

„Na, Herr Kollege, wir haben gedacht, dass Sie schon im Kerker schmoren. Sie sind also doch noch frei?", witzelte von Silberburg.

Wesseling fand das nicht so lustig, er antwortete: „Die sollen nur suchen, bei mir gibt es nichts zu holen, alles ist in Ordnung in unserem Hause, was glauben Sie denn? Es ist eine Frechheit, einem das Büro auf den Kopf zu stellen, ich muss wieder alles in Ordnung bringen. Ich frage mich wirklich, wer uns diese Leute auf den Hals gehetzt hat. Aber na ja, es gibt sicher immer wieder Menschen, die unsere Zeitung nicht leiden mögen." Sagte es und verschwand mit einem freundlichen: „Einen schönen Feierabend wünsche ich den Herren."

„Das ist doch unglaublich, ich kann es kaum fassen", von Silberburg starrte immer noch auf die Eingangstüre, durch die Heinrich Wesseling verschwunden war.

„Der Kerl ist sich anscheinend sehr sicher. Wahrscheinlich hat er seine ganze Buchhaltung gefälscht oder manipuliert, was weiß ich. Jedenfalls stimmt da etwas nicht an der ganzen Sache, ich sage es dir. Außerdem: Die Steuerfahndung sollte man nicht unterschätzen, die sind clever und mit allen Wassern gewaschen. Wenn da etwas dran ist, und wir wissen, dass es so ist, dann finden die es auch, da kannst du dich drauf verlassen. Vielleicht dauert es eine Weile, aber plötzlich schlagen sie dann zu, mit allen Beweisen und was sonst noch dazu gehört, oder glaubst du das nicht?" Becker schaute seinen Freund fragend an.

„Doch, ich glaube es auch. Wenn sie nichts finden, dann lege ich eine Spur, aber sicher."

„Werner, der Spurenleger. Du alter Indianer", lachte Becker.

Von Silberburg brummte mit tiefer Stimme: „Hugh!"

Kapitel 29

Actio recta non erit, nisi recta fuerit voluntas
(Eine Handlung ist nicht richtig, wenn ihre Absicht nicht richtig gewesen ist)

Samstagmorgen an einem herrlichen Wochenende. Orelia hatte Geburtstag, deshalb hatte Carl Becker bei seinem Freund Wolf Schönmehl, dem bekannten Meisterkoch, dem eigentlich drei Michelin-Sterne zuerkannt werden müssten, ein Brunchbüffet für vier bis fünf Personen bestellt. Wolf war soeben mit seiner Partnerin Andrea voll bepackt mit Köstlichkeiten eingetroffen. Gerade hatten sie mit dem Aufbau auf dem großen Esszimmertisch begonnen, als es an der Haustüre klingelte. Wer mochte das sein? Tochter Krista mit Familie war bereits eingetroffen, ansonsten wurde eigentlich niemand erwartet. Becker ging zur Tür und stellte überrascht fest, dass Werner von Silberburg draußen stand: „Hoffentlich störe ich euch nicht, ich wollte noch anrufen, aber dann ging mir das alles zu langsam."

„Komm' rein, du störst nie, das weißt du doch. Und jetzt kommst du gerade richtig, es gibt nämlich tolle Sachen zum Essen. Wir feiern ein wenig den Geburtstag von Orelia. Wolf Schönmehl hat das Feinste vom Feinen mitgebracht, du kannst also ungeniert zuschlagen."

Silberburg ärgerte sich, dass er unvorangemeldet in die kleine Familienfeier hineingeplatzt war. Carl Becker wischte den Einwand weg und sagte: „Du gehörst doch genauso dazu wie alle anderen, die hier sind. Jetzt tu nicht so!" Und damit drückte er seinem Freund zunächst einmal ein Glas Prosecco in die Hand, während dieser Orelia herzlich gratulierte.

Der kleine Nikodemus hatte zwischenzeitlich für einiges Chaos in der Wohnung gesorgt, indem er wie ein Wirbelwind durch Flur, Küche und Wohnzimmer gefegt war und mit umgeworfenen Einrichtungsgegenständen, angebissenen Brotscheiben und Obststücken, die er, wenn sie ihm nicht schmeckten, einfach auf die Terrasse kickte, eine Spur der Verwüstung hinter sich gezogen hatte. Auf den zaghaften Einwand von Orelia, dass das so doch nicht ginge, meinte Krista, dass man Kinder nicht gängeln dürfe. Damit war das Thema beendet, niemand wollte den Tag verderben. Becker hatte schon eine bissige Bemerkung auf der Zunge, schluckte sie aber dann hinunter. Maximilian als Vater freute sich über seinen lebhaften Sohn, ihm war das Benehmen im Grunde egal. Nikodemus wütete weiter, jetzt vergriff er sich an Schönmehls Büffet. „Halt, und weg hier, das ist nichts für Kinder, fertig", sehr streng schaute Wolf Schönmehl den Kleinen an. Und siehe da, der kleine Feger verzog sich auf die Terrasse und, zumindest für den Augenblick, kehrte Ruhe ein.

„Wie heißt er denn, dein kleiner Enkel", fragte völlig unvoreingenommen Wolf Schönmehl seinen Freund Carlo.

„Nikodemus", antwortete dieser sehr knapp.

„Aha", war alles, was der gebürtige Schwarzwälder dazu sagte, allerdings zuckte ein verschmitztes Lächeln um seine Mundwinkel.

Zu Werner von Silberburg gewandt, fragte Carl Becker: „Sag' mal, du bist doch sicher nicht zufällig hier, es gibt bestimmt einen triftigen Grund, oder sehe ich das falsch?"

„Du siehst das schon richtig, aber ich kann mich jetzt nicht konzentrieren, wenn ich diesen glasierten Lachs, die Coquilles St. Jaques, die getrüffelte Pastete und die anderen Sachen sehe. Erst wenn ich alles versucht und mit einem weiteren Gläschen hinuntergespült habe, dann kann ich wieder sprechen. Mahlzeit!" meinte Werner fröhlich. Becker wusste, weshalb Silberburg zögerte, es waren ihm zu viele Personen anwesend.

Wolf Schönmehl und seine Andrea hatten noch zwei weitere Termine, Gäste, die sie beliefern mussten, sie verabschiedeten sich.

Nachdem die beiden gegangen waren, konnte Werner von Silberburg berichten.

„Da wir uns alle kennen -", begann er, „der anwesende Anwalt kann und muss schweigen, deine Tochter und deine Frau kenne ich seit vielen Jahren, dein Enkel interessiert sich momentan für deine Geranien, die er gerade sortiert, - kann ich loslegen."

„Herrschaft noch mal, jetzt reißt er die ganzen Geranienköpfe ab, das darf doch nicht wahr sein, also Krista, jetzt pfeif deinen Wilden endlich mal zurück", Becker schimpfte zornig mit seiner Tochter.

„Ich bringe dir morgen ein paar Geranienstöcke, bist du dann zufrieden, lieber Papa?", Krista raspelte Süßholz und küsste ihren Vater zärtlich auf die Wange.

„Erstens bringst du doch keine Geranien und zweitens – ach lasst mich doch in Ruhe! Werner, du hast das Wort."

„Gestern Abend haben sie Heinrich Wesseling verhaftet, er sitzt in U-Haft", mit unbewegtem Gesicht verkündete Werner diese Botschaft. Zunächst schwiegen alle, es war schon eine Bombe, die da explodiert war. Auf Beckers Frage, wo Werner das denn erfahren habe, meinte dieser grinsend, dass auch er über ein gutes Netzwerk verfüge.

Klar, dass der anwesende Anwalt wissen wollte, mit welcher Begründung man Wesseling verhaftet habe. Von Silberburg wusste es: Es bestünde der Anfangsverdacht der Steuerhinterziehung in größerem Umfang und der Verdacht des Betruges. Da Fluchtgefahr bestünde, war Untersuchungshaft notwendig; der Untersuchungsrichter hatte den Haftbefehl ohne Bedenken unterzeichnet.

„Kann man in etwa die Höhe der hinterzogenen Beträge feststellen?", fragte Maximilian. Silberburg meinte, dass es sicher einige hunderttausend Mark oder auch sehr viel mehr sein könnten. „Im Falle einer Verurteilung wird dieser Wesseling schon einige Jahre brummen müssen", stellte Beckers Schwiegersohn völlig ungerührt fest, „und wenn man ihm noch Betrug nachweisen kann, na dann gute Nacht."

Von Silberburg berichtete noch, dass Willi Jennewein ihn angerufen hätte. Er hätte mehrfach versucht, Becker anzurufen, aber dessen Telefon sei wohl ausgeschaltet gewesen. Der Verleger wäre völlig außer sich gewesen, die Polizei hatte ihn zu dieser Sache vernommen, aber er wisse doch von diesen Dingen überhaupt nichts. Er wäre schließlich kein Buchhalter oder Finanzmensch. Offenbar hatte man ihm das abgenommen, denn sie ließen ihn wieder laufen.

„Wenn es wirklich stimmt", meinte von Silberburg, „was der Alte dir, Carlo, und mir berichtet hat, dann wird es für Heinrich Wesseling sehr eng. Er selbst hat schließlich die Rechnungen aus dem System genommen, er hat das Geld vereinnahmt und es, jedenfalls zum großen Teil, an Willi Jennewein weitergegeben. Und der wiederum hat ihm sicher keine Quittung dafür ausgestellt. Jedenfalls kommt er nicht so schnell wieder aus dem Zuchthaus".

„Gefängnis", warf Maximilian ein, „Zuchthäuser gibt es nicht mehr".

„Das ist mir egal, er ist jedenfalls dort, wo er hingehört, der scheinheilige Bruder, der Dreckspatz, der elende!" Es war ganz deutlich zu verstehen, dass von Silberburg und Wesseling keine Freunde waren.

„Der Verleger hat bereits gestern Abend einen bekannten Strafverteidiger aus Frankfurt engagiert, dieser wird die notwendigen Schritte unternehmen: Akteneinsicht, Haftprüfung und was da sonst noch alles gemacht werden muss", erzählte von Silberburg, „und der Gipfel von dem Ganzen ist, man glaubt es fast nicht, der Alte sagte zu mir, dass wir alle Brüder im Herrn wären und dass es seine Menschenpflicht wäre, dem Wesseling den besten Anwalt zur Verfügung zu stellen. Selbstverständlich würde er das aus seinem Geldbeutel bezahlen. So ein Hohn, ich darf gar nicht daran denken, sonst wird es mir noch schlecht. Er sagte wirklich ‚aus seinem Geldbeutel', und was ist da drin? Das Geld, das ihm Wesseling gegeben hat. O Herr, welche Abgründe. Orelia, dein Geburtstag ist doch wirklich ein schönes Fest, soviel Klamauk hattest du doch sicher noch nie. Oder doch?"

Orelia lachte, sie meinte: „Ja, Werner, da hast du wohl recht, so toll war es wirklich noch nie. Aber dem Wesseling gönnen wir es ja alle - natürlich ohne schadenfroh zu sein. Prost!" Sie erhob ihr Glas und alle tranken und prosteten sich zu.

„Ihr seid eine verruchte Gesellschaft, jawohl, da wird ein armer Kollege eingelocht, und ihr trinkt auch noch darauf. Eine Schande ist das, muss ich schon sagen", Beckers Worte sollten streng klingen, aber vor lauter Lachen verschluckte er sich am Prosecco.

Eine Weile danach saßen die beiden Freunde auf der Terrasse und rauchten genüsslich eine Zigarre. Sie waren allein und beratschlagten, wie sie sich in den nächsten Tagen verhalten sollten.

„Wir machen nichts, aber auch überhaupt gar nichts", erklärte Werner seinem Freund Carlo, „auch über das vom Alten angebotene Geld sprechen wir mit keinem Menschen, wir wissen nichts. Wir warten ab, was der Alte uns zu erzählen hat, dann entscheiden wir aufs Neue. Die Zeit, mein Lieber, die Zeit ist unser bester Freund, so ist es nun einmal im Leben."

Es war schon Spätnachmittag geworden, von Silberburg rief seine Frau Hella an. Sie war natürlich von ihm bereits über die Vorgänge informiert worden und konnte sich denken, dass es in dieser Situation viel zu besprechen und diskutieren gab. Er teilte ihr mit, dass er sich nun langsam auf den Heimweg machen wollte. Offensichtlich kannte sie ihren Mann, sie empfahl ihm nämlich, mit dem Taxi zu fahren.

„Siehst du, Orelia, wie besorgt Hella um ihren Mann ist, richtig liebevoll. Nimm dir ruhig mal ein Beispiel", sagte Becker sehr neidisch.

„Ach, mein Lieber", flötete Orelia zurück, ich weiß doch, dass du so gut wie nie etwas trinkst, du bist wie ein unschuldiger Engel!"

„Also heute haben wir doch so gut wie nichts getrunken", blinzelte von Silberburg seinen Freund an.

„Getrunken? Wer? Wie? Was?", Becker blinzelte zurück.

Der seltsam-schöne Geburtstag von Orelia klang langsam aus.

Kapitel 30

De profundis clamavi ad te Domini
(Aus der Tiefe, Herr, rufe ich zu Dir! Psalm 130)

Montagmorgen. Der Tag versprach wie alle Montage zu werden, im Terminkalender stand nichts Besonderes. Frieder Mack hatte schon angerufen und nach Beckers Meinung zum Thema Verhaftung von Heinrich Wesseling gefragt. Sie waren beide der Meinung, dass man diesen Vorgang auf jeden Fall verschweigen und nicht veröffentlichen sollte. Unmittelbar danach teilte Else Sander mit, dass Egon Tilz von der Pfälzer Zeitung angerufen hätte mit der Bitte um Rückruf.

„Stellen Sie mich bitte durch, Else", bat Carl Becker seine Sekretärin. Und da war er auch schon. Mit dröhnender Stimme und großen Gelächter meldete sich Egon Tilz.

„Einen wunderschönen guten Morgen, mein lieber Carlo. Es ist doch ein wirklich guter Morgen, oder? Endlich seid ihr euren Erbsenzähler los, da muss doch Freude aufkommen. Stellt ihr diese freudige Mitteilung auch auf die Seite eins?"

„Menschenskind Egon, mach' bloß keinen Ärger. Ich bitte dich, ignoriere diesen Mist. Das gibt noch genug Ärger. Und bitte, tu mir den Gefallen und halte die Mannheimer auch zurück, auf dich hört der Meinhard Spycher doch!"

„Aha", konterte Egon Tilz, „da wird man gezwungen, wichtige Nachrichten zu unterdrücken. Dabei habe ich geglaubt, dass euer Heinrich Wesseling irgendwann einmal zum Papst gewählt werden wird. Aber das wird wohl nichts. Na, im Gefängnis kann er in Ruhe beten, der Depp. Klar, wir machen nichts, die Mannheimer werden sich auch zurückhalten, ich schaukle das schon. Aber bei Gelegenheit musst du mir unbedingt die ganze Story erzählen, abgemacht?"

„Abgemacht", erwiderte Carl Becker, „auf dich ist halt Verlass. Danke, wir sehen uns bald."

Damit wurde das Gespräch beendet. Trotzdem dachte Becker kurz darüber nach, wie es um die Pressefreiheit in Deutschland wirklich bestellt war. Ehrlicherweise musste er sich selbst gegenüber zugeben, dass die wahre Pressefreiheit nicht existiert. Die Abhängigkeiten der schreibenden Zunft von Wirtschaft und Politik sind bedenklich groß. Und was heißt schon freie Meinungsäußerung? Es bedeutet nichts, eine leere Phrase. Natürlich sind wir alle der Wahrheit verpflichtet, trotzdem nimmt man es nicht immer ganz genau damit. Becker und seine Kollegen hatten schon an unzähligen Pressekonferenzen teilgenommen, bei denen gezielt die Unwahrheit verkündet wurde. Fast jeder wusste Bescheid und trotzdem stand die Lüge am nächsten Tag in allen Blättern und wurde auf den Bildschirmen vordergründig abgehandelt. Selten fasste jemand nach oder hinterfragte eine Information. Und wenn, dann war es lediglich ein Alibiakt. Jeder hat es eilig, man rennt schon wieder zum nächsten Termin.

Wenn es allerdings um Sensationshascherei geht, dann, so überlegte Becker, dann sind alle flink dabei. Ohne die Hintergründe ernsthaft zu recherchieren, wird die Story mitgenommen und veröffentlicht. Selbst auf die Gefahr hin, dass ein offizieller Widerruf erfolgen muss. Der ist ohnehin winzig in seiner Aufmachung und interessiert eigentlich niemanden mehr. Ist das Pressefreiheit? Wohl nicht.

Grundgesetz der Bundesrepublik Deutschland

Artikel 5

(1) Jeder hat das Recht, seine Meinung in Wort, Schrift und Bild frei zu äußern und zu verbreiten und sich aus allgemein zugänglichen Quellen ungehindert zu unterrichten. Die Pressefreiheit und die Freiheit der Berichterstattung durch Rundfunk und Film werden gewährleistet. Eine Zensur findet nicht statt.

(2) Diese Rechte finden ihre Schranken in den Vorschriften der allgemeinen Gesetze, den gesetzlichen Bestimmungen zum Schutze der Jugend und in dem Recht der persönlichen Ehre.

(3) Kunst und Wissenschaft, Forschung und Lehre sind frei. Die Freiheit der Lehre entbindet nicht von der Treue zur Verfassung.

Stand: Juli 1998

Becker musste grinsen, er dachte gerade an einen Ausspruch des Verlegers vor einigen Wochen. Er hatte ihn sich extra notiert, weiß der Kuckuck, wo Jennewein das gelesen hatte, lateinisch natürlich: *Fama crescit eundo,* das Gerücht wächst im Weiterschreiben. Wie oft wird dieses so genannte System praktiziert. Eine kleine Meldung, die im Grunde genommen nichtssagend ist, aber den Normalbürger aus Neid oder anderen Gründen interessiert, diese Meldung ist plötzlich im gesamten Blätterwald zu lesen und täglich kommen neue „Enthüllungen" dazu; es geht eben um eine bekannte Person des öffentlichen Lebens. Schlussendlich stellt sich heraus, dass an der Sache nichts war, gut, auch recht, dann ist der Fall schnell erledigt. Aber im schlimmsten Fall kann es auch passieren, dass nicht nur die berufliche Existenz der Person sondern auch deren Familienleben zugrunde gerichtet wird. Oft genug sind solche Dinge schon passiert. Aber, und das war wieder das Tröstliche für Carl Becker, er wusste zu genau, dass die Mehrzahl der Kolleginnen und Kollegen sich der Wahrheit verpflichtet fühlte. Entsprechend wurde von ihnen auch berichtet – auch auf die Gefahr hin, dass der Ärger programmiert war. Was Becker traurig stimmte, waren die Auswüchse. Er selbst war momentan auch einer derjenigen, die es mit der wahrhaftigen Berichterstattung nicht ernst nahm, er animierte sogar noch andere, Nachrichten zu unterdrücken.

Carl Becker schob die Gedanken beiseite, das Telefon läutete. Werner von Silberburg war in der Leitung und teilte mit, dass der Verleger Becker und von Silberburg sehen wolle. Und zwar in einer Stunde.

„Ich komme bei dir vorbei, dann gehen wir gemeinsam zu ihm. Ich bin mal gespannt, was er zu berichten hat", Becker war wirklich sehr neugierig.

Pünktlich um 11 Uhr liefen die Herren bei Hedda Mahler ein.

„Guten Morgen, ihr zwei Hübschen", meinte sie wohlwollend, „der Zampano ist heute sehr bedrückt und traurig, ich glaube, dass er geweint hat. Geht nur rein, er erwartet euch."

In dem Moment ging die Bürotür des Verlegers auf und Willi Jennewein stand im Türrahmen: „Ach, da habe ich doch richtig gehört, die Herren sind schon da, kommen Sie herein und nehmen Sie Platz", meinte er betont fürsorglich. Wie immer hatte er zwei Holzstühle vor seinem Schreibtisch drapiert, auf denen die Herren Platz nahmen. Er selbst ließ sich mit einem lauten Seufzer auf seinen Stuhl fallen.

„Ach ja, meine Herren, das Leben ist manchmal ganz schön grausam, nicht wahr?" Niemand antwortete. Eine ganze Weile sprach keiner ein Wort. Plötzlich schlug er mit der Faust auf den Schreibtisch, um mit erhobener Stimme, die sich fast überschlug, festzustellen: „Ich habe klar und deutlich gesagt, und das schon mehrfach, dass ich die zu veröffentlichenden Artikel vor dem Druck, also vorher, bevor gedruckt wird, ja, dass ich die sehen will. Was wird gemacht? Nichts. Jeder macht hier, was er will.

Heute Nacht musste ich schon wieder die Rotationsmaschine anhalten, weil sich wieder einige Leute über die Neckarquerung ausgelassen haben.

Dem Chefredakteur habe ich schon Bescheid gesagt, der wusste, wie immer, von nichts. Außerdem sind erneut unbekannte Flugobjekte gesichtet worden, ich habe das bei dpa gelesen, das hat man ein weiteres Mal unterschlagen. Aber ich habe alles wieder reguliert, auf meine Kosten. Sie wissen, wie teuer das jedes Mal ist. Also, passen Sie mir auf. Das nächste Mal bezahlen Sie aus Ihrer Tasche die entstandenen Verluste. Aber ich hoffe doch sehr, dass Sie sich bessern. Ich habe momentan sehr große Sorgen, überall lauern Probleme auf mich, es ist alles nicht so einfach. Aber ich vertraue auf unseren Herrn, er hat immer geholfen."

„Hm, hm", brummte von Silberburg.

„Dann habe ich noch ein paar Kleinigkeiten, über die ich Sie informieren will", mit gefalteten Händen saß der Verleger da und starrte die beiden an. „Sie wissen, dass ich das mit dem Flugzeug habe sein lassen. Aber ich bin es meinem Prestige schuldig, mich mit etwas Besonderem fort zu bewegen, ich habe mir einen Bentley gekauft, natürlich einen gebrauchten. Ein alter Schulkamerad, er ist schon Rentner, wird mich chauffieren, was sagen Sie dazu?" fragte Willi Jennewein lächelnd.

„Wir finden das sehr angemessen und auch insgesamt gut, eine bessere Idee hätten wir auch nicht gehabt", plapperte Becker daher, nur um etwas zu sagen.

Dann fing der Verleger an, über die Wesseling-Sache zu sprechen. Es täte ihm so leid, dass der Familienvater, der sei ja wohl verheiratet und habe vier Kinder, dass dieser gute Mann nunmehr im Gefängnis sitzen müsse, er fände das alles abscheulich und ungerechtfertigt vom Arm des Gesetzes.

„Und, stellen Sie sich vor, mich haben die Staatsdiener auch vernommen, als ob ich etwas zu den Vorgängen sagen könnte. Ein paar Stunden habe ich opfern müssen für das dumme Geschwätz. Schlussendlich haben die aber begriffen, dass ich wirklich nichts weiß. Dann haben sie mich in Ruhe gelassen. Und um des lieben Friedens willen bitte ich Sie jetzt ganz herzlich, dafür zu sorgen, dass nirgendwo etwas von diesem schlimmen Vorgang veröffentlicht wird. Ich möchte wirklich nicht, dass unser Kollege Wesseling ins Gerede kommt. Die Dinge, die man ihm vorwirft, sind ja schließlich nicht ganz so, wie manche glauben. Wir drei haben intensiv über dieses Thema gesprochen, Sie erinnern sich sicher. Ich will ja nicht alles an die große Glocke hängen, aber Ihnen kann ich es ja sagen, zumindest ansatzweise: Mit dem Geld habe ich sehr, sehr viel Gutes auf dem sozialem Sektor getan, glauben Sie mir. Mehr werde ich dazu nicht sagen. Niemand werde ich etwas sagen. Können Sie mir also den Liebesdienst erweisen und schauen, dass nichts draußen bekannt wird?"

„Ja, Herr Jennewein, wir werden alles tun, dass niemand etwas veröffentlicht. Das ist zwar die Pressefreiheit mit Füßen getreten, aber auch wir wollen Gutes tun. Sie sind unser Vorbild." Werner von Silberburg sagte das, ohne mit der Wimper zu zucken. Becker musterte ihn leicht erschreckt.

Der Verleger beendete jetzt das Gespräch, er sagte nur: „Danke, danke, danke meine lieben Kollegen. Ihnen danke ich und auch unserem Herrn, der seine Arme immer schützend über uns ausbreitet. Auf Wiedersehen."

Und damit war die Runde aufgelöst.

„Wenn wir das jemals einem Menschen erzählen, was wir hier so erleben, hält man uns für total plemplem. Manchmal glaube ich sogar, dass wir es tatsächlich sind", bemerkte Werner von Silberburg im Fahrstuhl.

„Natürlich sind wir verrückt, was denn sonst?" war Carl Beckers Antwort darauf.

Kapitel 31

Nec est ullum magnum malum praeter culpam
(Und es gibt kein größeres Übel als die Schuld)

Wieder waren einige Monate ins Land gezogen und die Staatsanwaltschaft hatte schnell und effizient gearbeitet; der Prozess stand vor der Tür. Heinrich Wesseling saß immer noch in Untersuchungshaft im Mannheimer Gefängnis, genannt Café Landes. Er war angeklagt wegen Steuerhinterziehung in mehreren Fällen in Tateinheit mit Unterschlagung, Betrug und Aktenunterdrückung. Die dem Fiskus hinterzogene Summe belief sich angeblich auf 1,8 Millionen Mark, der Betrug gegenüber dem Arbeitgeber war vollendet.

Weshalb man auf die genannte Summe kam, verstand weder Carl Becker noch Werner von Silberburg; sie sollten es aber in den nächsten Tagen erfahren.

Die Verhandlung war angesetzt auf Mittwoch, 9 Uhr. Werner von Silberburg und Carl Becker liefen um 8 Uhr die Hauptstraße entlang. Vom Kornmarkt aus konnte man auf den Stadtwald blicken, die herbstlichen Farben der Laubbäume veränderten sich dauernd, je nach Sonneneinstrahlung. Mittendrin ragte die malerische Ruine des Heidelberger Schlosses auf – ein wirklich schöner Anblick, besonders im Herbst.

Beide schauten zum Schloss hinauf und von Silberburg sagte beinahe wehmütig: „Das sieht er so schnell nicht mehr, der Wesseling. Der Herr stehe ihm bei."

„Fängst du jetzt auch so an wie der Alte? Sag' mal! Der Wesseling ist ja selbst schuld an seinem Elend. Oder überkommt dich jetzt das große Mitleid?", Becker schaute seinen Freund fragend an.

„Ach was, ich habe kein Mitleid, es ist mir nur so eingefallen."

Sie erreichten den Parkplatz, stiegen in den Wagen und fuhren nach Mannheim ins Landgericht. Die Verhandlung fand an der Wirtschaftsstrafkammer statt. Im Foyer sah man fast ausschließlich bekannte Gesichter: Hannes und Eva Jennewein, Frieder Mack, einige Mitarbeitende des Verlags, die es sich nicht nehmen ließen, den Prozess zu beobachten – so manchem stand die Schadenfreude ins Gesicht geschrieben. Heinrich Wesseling hatte sich im Verlag durch seine unfreundliche und herrische Art keine Freunde gemacht. Winfried Roth, Egon Tilz und auch Dr. Meinhard Spycher wollten ebenfalls bei dem erwarteten Spektakel dabei sein. Bei der Begrüßung meinte Carl

Becker zu den zwei Zeitungskollegen: „Ihr seid hoffentlich nicht als Redakteure anwesend, oder doch?"

„Natürlich nicht", lachte Egon Tilz, „wir sind des Schreibens unkundig, aber unsere Redaktionen sind gut vertreten, keine Angst. Die können für euer Blättchen die Berichterstattung gleich mitmachen."

Daraus schloss Becker, dass über den Prozess am nächsten Tag sowohl in der Pfälzer Zeitung als auch in der Mannheimer Zeitung berichtet werden würde. Undenkbar, hier noch etwas zurückhalten zu können. Gerade traf auch Beckers Schwiegersohn Maximilian ein, er hatte ohnehin an diesem Tag im Gericht zu tun und die Neugierde plagte ihn ganz sicher. Er nahm Becker zur Seite und sagte ihm, er habe gehört, dass Willi Jennewein als Zeuge geladen sei – im selben Moment kam dieser in Begleitung eines Mannes zum Haupteingang herein. Becker fragte Maximilian, wer der Begleiter sei.

„Das ist Ralph Thomasetti, sein Anwalt, ein ganz übler Typ. Der ist charakterlich genau so, wie er aussieht."

„O je", meinte Werner von Silberburg, „dann passt ja mal wieder alles zusammen."

Grußlos marschierte Willi Jennewein mit seinem Advokaten an den Menschen vorbei und verzog sich mit ihm in eine stille Ecke, unaufhörlich auf den Anwalt einredend. Der tat so, als ob er zuhörte, nickte dauernd und zeigte grinsend seine großen ungepflegten Zähne.

Der Saal wurde geöffnet, die Zuschauer strömten hinein und nahmen Platz. Beim Eintreten des Vorsitzenden

Richters erhoben sich alle Anwesenden und die Verhandlung begann. Spannung lag in der Luft.

Das übliche Szenario lief ab, Wesseling wurde in Begleitung von zwei Polizisten hereingeführt, Willi Jennewein als Zeuge musste den Saal verlassen. Nach Feststellung der Personalia durch den Richter kam der Staatsanwalt mit seinem Anklage-Plädoyer zum Zuge. Kurz und sehr präzise legte der noch junge Mann seine Fakten dar. Gravierend für Silberburg und Becker war, was jetzt außer den ihnen schon bekannten Tatsachen ans Licht kam. So hatte Wesseling bei einer seiner Vernehmungen behauptet, dass er das Geld Willi Jennewein gegeben hätte und er selbst nicht wisse, wo es sein könnte. Unmittelbar darauf waren Wohnung und Büroräume von Willi Jennewein durchsucht worden. Sämtliche Bankunterlagen waren beschlagnahmt und er selbst war auch mehrfach vernommen worden – aber alles ohne Ergebnis. Willi Jennewein drehte die Situation sogar um und behauptete, er sei enttäuscht von Heinrich Wesseling, dieser habe sein Vertrauen missbraucht und er habe nie etwas geahnt. Auf die Frage, weshalb er Heinrich Wesseling einen bekannten Strafverteidiger kostenlos offeriert habe, antwortete der Verleger lediglich, dass er nach dem Motto ‚liebe deinen Nächsten' menschliche Güte habe walten lassen. Außerdem stellte er dem verhörenden Staatsanwalt auch noch die Frage, wer denn auf dieser schnöden Welt ohne Schuld sei. Er habe Heinrich Wesseling von Herzen verziehen, so wie der Herr auch uns Sündern immer verzeihe.

Die zweite Überraschung war, dass der angeblich hinterzogene Betrag weit unter dem lag, den Silberburg und Becker hochgerechnet hatten; demnach fehlten rund sieben Millionen. Heinrich Wesseling hatte, als er merkte, dass es ernst wurde, offenbar alle Akten mit nach Hause genommen und sie vernichtet. Im elektronischen System waren sie noch nicht eingegeben und als Papier existierten sie nur in einfacher Ausfertigung. In dieser Hinsicht hatte er ganze Arbeit geleistet.

Die Steuerfahnder wurden vernommen, sie konnten für weitere Beträge jedoch keinerlei Beweise erbringen. Allerdings stellten sie die Vermutung an, dass es noch andere, größere Summen gegeben haben müsste, nur war nichts zu beweisen. Es klafften unglaubliche Lücken in der vorsintflutlichen Buchhaltung. Heinrich Wesseling äußerte sich zu diesem Thema überhaupt nicht. Er hatte das offensichtlich mit seinem gewieften Strafverteidiger so besprochen.

Der Vorsitzende Richter stellte fest, dass es zwar mit hoher Wahrscheinlichkeit weitere versteckte Summen gegeben habe, dafür aber keine Beweise vorlägen und sie deshalb bei der Urteilsfindung keine Beachtung finden dürften.

Wesseling beharrte auf seiner Aussage, dass er Willi Jennewein größere Summen übergeben und sehr wohl mit dessen Einverständnis gehandelt habe. Über die

Höhe der angeblich übergebenen Beträge schwieg Wesseling sich aus.

Der Zeuge Willi Jennewein wurde aufgerufen. Nach Feststellung seiner Personalien wurde er ebenfalls vernommen. Er blieb bei seinen schon mehrfach wiederholten Aussagen, nämlich dass er nichts wisse und niemals Geld von Wesseling bekommen habe. Mehr war von ihm nicht zu hören. Selbst als der Staatsanwalt ihn mit scharfen Worten attackierte, saß Jennewein schweigend und ruhig auf seinem Stuhl. Abschließend sagte er lediglich mit Leidensmiene und trauriger Stimme. „Wissen Sie, Hohes Gericht, natürlich finde ich das alles schlimm und unangenehm. Aber dass Sie mich in diese widerliche Sache hineinziehen wollen, das ist, gelinde ausgedrückt, eine Frechheit. Und jetzt habe ich nichts mehr zu sagen. Wenn Sie mich nicht mehr hier brauchen, dann wünsche ich noch einen guten Tag."

Er stand auf, blickte Richter und Staatsanwalt an, denen es kurz die Sprache verschlagen hatte. Aber offenbar war für sie die Sache soweit erledigt.

Im Hinausgehen säuselte Willi Jennewein in Richtung seines Anwaltes: „Kommen Sie, lieber Herr Thomasetti, wir verlassen diese Stätte."

Es ging unerwartet zügig voran. Für diesen Tag war die Verhandlung beendet – eine Beweisaufnahme war nicht notwendig. Die Staatsanwaltschaft beantragte fünf Jahre Gefängnis wegen Steuerhinterziehung in Tateinheit mit Betrug und Unterschlagung. Die Urteilsverkündung war für knapp drei Wochen später angekündigt. Heinrich Wesseling wurde wieder abgeführt und der Saal leerte sich.

Im Foyer entwickelten sich die heißen Diskussionen. Egon Tilz meinte seufzend zu von Silberburg und Becker: „Na ja, das habe ich mir alles viel spannender vorgestellt. Das war ja geradezu läppisch. Und ob euer Verleger da nicht doch seine Finger im Spiel hatte, also ich weiß nicht. Aber wenn nichts bewiesen werden kann…"

„Mein lieber Egon, du erwartest doch hoffentlich keinen Kommentar von uns, oder?", fragte Carl Becker grinsend.

„Nein, erwarte ich nicht, aber dein Gesicht spricht Bände", Egon Tilz lachte schallend. Ein paar der Anwesenden schauten pikiert herüber.

Eva Jennewein und ihr Bruder Hannes kamen zu von Silberburg und Becker herübergeschlendert. Hannes Jennewein fragte beide, ob sie in den nächsten Tagen einmal abends Zeit hätten, um mit ihm und seiner Schwester Eva ein paar Dinge zu besprechen. Sie vereinbarten, dass sie sich am Montag der kommenden Woche bei Hannes Jennewein in der Wohnung treffen wollten. Er wohnte mitten in der Altstadt von Heidelberg, in der Dreikönigstraße, in einer wunderschön renovierten Altbauwohnung mit hohen Stuckdecken.

Ähnlich schön wohnte auch Eva, nur ein paar Straßen weiter in der Fischergasse, unterhalb des Rathauses. Anscheinend freute sie sich auf das Treffen, denn sie bemerkte, dass sie für ‚die Herrschaften' natürlich etwas zu essen und zu trinken richten werde.

Die Menschenmenge im Foyer begann sich aufzulösen. Die Sensationshungrigen waren nicht auf ihre Kosten gekommen. In der Menge war auch Steuerfahnder Ewald Müller gestanden und hatte mit Bekannten ein paar Worte gewechselt. Jetzt reichte er Becker die Hand und sagte: „Wissen Sie, Herr Becker, der von uns ermittelte Betrag ist sehr viel höher, aber leider, leider lässt sich ja nichts beweisen. Es ist wirklich schade. Ich bin überzeugt davon, dass Ihr Verleger irgendwie mit diesem ganzen Kram zu tun hat. Aber auch das kann ich nicht beweisen. Mein Gefühl hat mich aber in fünfundvierzig Dienstjahren noch selten getäuscht."

Becker entgegnete freundlich: „Tja, lieber Herr Müller, so ist halt das Leben. Wenn wir alles wüssten, dann wäre die Welt sehr viel einfacher, friedlicher und sicher auch schöner." Und damit war der Prozesstag beendet.

Becker und von Silberburg überlegten, was sie mit dem angebrochenen Tag machen sollten. „Lass uns ins „Maredo" essen gehen, ich freue mich auf ein saftiges Steak", schlug von Silberburg vor, „das haben wir uns nach diesem Trauerspiel verdient."

Kapitel 32

Speramus meliora; resurget cineribus
(Wir hoffen auf Besseres; es wird sich aus der Asche erheben)

Der Montag lag schon weitgehend hinter ihnen. Gegen 19 Uhr wollten sich Hannes und Eva Jennewein sowie Werner von Silberburg und Carl Becker in der Wohnung von Hannes Jennewein treffen. Silberburg und Becker hatten noch im Verlag zu tun, zu Jenneweins Wohnung waren es nur ein paar Minuten.

Beide trafen pünktlich in der Dreikönigstraße bei Hannes Jennewein ein. Der melodische Klingelton war noch nicht verklungen, als ihnen Eva Jennewein öffnete. Sie trug noch die Schürze mit Rüschen, die sie zum Schutz der Kleidung angelegt hatte und wirkte darin ausgesprochen weiblich. Sie war eine ungewöhnlich hübsche Frau, stellte Becker einmal mehr fest. Über ihr Privatleben wusste man so gut wie nichts; aber einen Freund sollte sie angeblich haben. Wer könnte das wohl sein?

Eva Jennewein hatte im großen Wohn-Essbereich ihres Bruders ein nettes kaltes Büffet angerichtet, Prosecco stand im Eiskühler, einige Flaschen Bier und ausgesuchte Weine befanden sich hübsch dekoriert auf dem mit Blumen geschmückten riesigen Tisch.

„Liebe Leute, greift zu", meinte Eva Jennewein lächelnd, „aber zunächst einmal Prost!", sie erhob ihr Prosecco-Glas, „und danke, dass Sie gekommen sind." Hannes Jennewein bedankte sich ebenfalls. Der zwischen von Silberburg und Becker gewechselte Blick sprach Bände: Eigentlich waren beide Jenneweins nette Menschen. Im Laufe der Jahre war die Zusammenarbeit mit den beiden immer harmonisch und ohne besondere Komplikationen verlaufen.

Alle hatten auf der riesigen blauen Ledercouch Platz genommen. Becker stellte für sich fest, dass die Wohnung mit großem Geschmack eingerichtet und ausgestattet war, wobei er sich fragte, ob das alles die Ideen des Lebenspartners oder Freundes von Hannes Jennewein waren. Ihm selbst traute er diesen erlesenen Geschmack nicht so ganz zu.

Nach dem üblichen Geplaudere über den Verlag, das Wetter und natürlich auch über Heinrich Wesseling nahm das Gespräch Fahrt auf: Hannes Jennewein war offensichtlich der Sprecher der beiden. Es war allseits bekannt, dass die beiden ein wirklich hervorragendes Verhältnis zueinander hatten; sowohl Becker als auch von Silberburg hatte das schon immer gefallen.

Hannes Jennewein sprach zunächst einmal über seine Sorgen, die ihm die Zeitung bereitete. Umsätze und Abonnenten waren im Sinkflug, die Banken machten immer häufiger Probleme mit Kontokorrentüberziehungen und manchmal sei es problematisch, Löhne und Gehälter am Monatsende pünktlich auszuzahlen. Bedauerlicherweise bekäme niemand Einblick in die Quartalsabschlüsse, Willi Jennewein behaupte immer, dass das niemand etwas anginge, es wäre schließlich sein Verlag und zudem sei alles in Ordnung. Hannes und Eva waren der Überzeugung, dass eben nichts in Ordnung war. Sie vermuteten, dass das gesamte Verlagsgebilde bis zum Jahresende zusammenbrechen könnte. Allerdings hatten sie keine Zahlen und Fakten, die das definitiv belegten. Nun wollten sie gerne die Meinung von Silberburg und Becker hören.

Ausführlich wurden die verschiedenen Gesichtspunkte beleuchtet und erörtert, ein Argument gab das andere. Hannes Jennewein erzählte, dass der Verleger vom Schrumpfen der Redaktionen niemals mehr gesprochen habe. Und bei dieser Gelegenheit fiel Becker auch ein, dass er die von Willi Jennewein ‚befohlenen' Kündigungen von ungefähr 50 Mitarbeitenden ebenfalls nie realisiert hatte; eine Nachfrage seitens des Verlegers war ebenfalls nicht gekommen.

Hannes Jennewein wusste mehr, als Becker und Silberburg vermutet hatten. Er berichtete emotionslos, dass alle Rationalisierungsmaßnahmen vom Alten negiert wurden. Dazu gehörte auch die systematische Ausarbeitung, wo zusätzliche Synergieeffekte zu realisieren wären. Die Aussichten waren sehr vielversprechend gewesen.

„Sei es eine Kooperation mit den Mannheimern und den Ludwigshafenern oder eine enge Zusammenarbeit mit Winfried Roth, mit dem Sie, Herr Becker ja befreundet sind – alles, aber auch alles und jede Diskussion darüber wurde vom Alten abgeschmettert", berichtete Hannes Jennewein niedergeschlagen, „und so ist es auch kein Wunder, dass uns alle Nachbarverlage überholen und sich im Grunde ihres Herzens freuen, wenn es uns schlecht geht. Ich gehe sogar so weit, zu behaupten, dass die gleichen Leute hoffen, dass wir den Verlag vollends an die Wand fahren." Hannes Jennewein fügte sehr erregt hinzu: „Wenn man sehenden Auges an die Wand fährt, also dann muss man entweder einen Dachschaden haben oder man ist verblödet. Ich habe mit Eva dieses Thema schon mehrfach diskutiert. Wir sind zu dem Schluss gekommen, dass wir, wenn dieses Schiff untergeht, gemeinsam einen Neuanfang starten. Und unser Anliegen an Sie ist, uns dabei mit Ihren Ratschlägen zu unterstützen. Könnten Sie sich das vorstellen?"

Silberburg und Becker hatten die ganze Zeit geschwiegen und konzentriert zugehört, was Hannes Jennewein zu sagen hatte. Werner von Silberburg erwiderte: „Natürlich können Sie mit unserer Unterstützung rechnen, das ist klar. Die eine Frage, die im Raum steht, ist, wie hoch die Verschuldung des Verlags tatsächlich ist, wir wissen nichts. Die andere Frage ist: Was macht Ihr Vater? Macht er weiter oder gibt er auf? Auch das wissen wir nicht. Es ist alles mehr als kompliziert. Eines möchte ich jedoch ganz deutlich unterstreichen: Wenn wir helfen können, und da spreche ich auch für Carl Becker, dann werden wir es tun."

„Uns ist ein Stein vom Herzen gefallen. Ihre Worte, Herr von Silberburg, haben uns gut getan. Vielen Dank dafür", meinte mit bewegter Stimme Hannes Jennewein, Eva stimmte ihm zu.

„Wenn das Schiff untergehen sollte, geht der Alte jedenfalls auch mit baden, das ist sicher. Wir werden dann mit Vernunft und eigenen guten und kreativen Ideen eine hervorragende Zeitung herausbringen, ich bin da sehr zuversichtlich. Allerdings darf der Alte nicht dabei sein, sonst ist alles zum Scheitern verurteilt. Vor allen Dingen muss geklärt werden, wie die rechtlichen Verhältnisse im Falle einer Insolvenz aussehen. Wir haben damit definitiv nichts zu tun, weil wir keinerlei Anteile am Verlag besitzen. Es wird jedoch noch eine extrem große Anstrengung erforderlich sein, um diese ganzen Dinge wieder ins Lot zu bringen", meinte Hannes Jennewein und man spürte, dass er sich auf dieses Gespräch, zusammen mit seiner Schwester, sehr gut vorbereitet hatte.

Wenn also die drohende Insolvenz tatsächlich eintreten sollte, was anzunehmen war, dann müsste im Vorfeld natürlich einiges geschehen, darüber waren sich die Gesprächspartner einig.

Auf die finanzielle Situation angesprochen meinte Hannes Jennewein ganz ruhig und selbstsicher: „Mein Freund ist im Vorstandsgremium einer großen Bank beschäftigt. Natürlich wird er nichts Unrechtes tun, aber er kann sicher Hilfestellung geben und uns in Finanzdingen ehrlich beraten. Das kann nur von Vorteil sein."

Sicher wusste Eva von den speziellen Neigungen ihres Bruders und wahrscheinlich kannte sie auch den Partner von Hannes. Zwischen den Geschwistern herrschte eine stillschweigende Harmonie. Man fühlte auch als Außenstehender, dass die beiden zusammenhielten wie Pech und Schwefel.

Von Silberburg und Becker gefiel die Offenheit des Gesprächs sehr. Ihrerseits verloren sie allerdings kein Wort darüber, dass sie beabsichtigten, bald den Verlag zu verlassen, um bei Winfried Roth die Geschäfte zu führen. In solchen Situationen genügte oft ein Blick, um die Reaktion zu klären. Silberburgs Blick sagten, ‚abwarten, wir werden sehen, dann werden wir definitiv entscheiden. Becker hatte verstanden und nickte leicht.'

Langsam beendeten die Vier den gemütlichen Abend, nicht ohne sich gegenseitig zu versichern, regelmäßig alle Informationen untereinander auszutauschen.

Silberburg und Becker liefen die Dreikönigstraße hoch zur Hauptstraße, um zum Parkplatz zu gelangen.

„Mensch Carlo, die Zwei tun mir fast leid. Sie sind so einträchtig bemüht, aus dem ganzen Schlamassel etwas zu machen. Ich bin mir nicht sicher, ob es gelingen wird. Nicht zu vergessen unsere Nachbarverlage. Die schlafen sicher nicht und die wollten schon immer hier in Heidelberg eine Dependance errichten. Und beim Niedergang der Heidelberger Zeitung stehen die Chancen enorm hoch. Vielleicht sollten wir den Jennewein-Geschwistern das Ganze ausreden und dafür sorgen, dass sie in einem der uns bekannten Verlage gut unterkommen? Was meinst du?"

„Mein lieber Werner, du sprichst einen Punkt an, der mir schon die ganze Zeit durch den Kopf geht. Ich meine aber, wir sollten noch warten, bis sich am Horizont etwas bewegt. Wer weiß, wie alles wird. Nur, da stimme ich dir zu, helfen sollten wir den beiden auf jeden Fall – die haben es verdient, schon deshalb, weil beide so gar nichts haben von ihrem Vater", Becker sagte dies im Brustton der Überzeugung wohl wissend dass sein Freund Werner von Silberburg der gleichen Meinung war.

Am Parkplatz angekommen stellten sie fest, dass an der Rohrbacher Straße noch heftig Betrieb herrschte. Viele Leute saßen, es war immerhin fast Mitternacht, noch im Freien bei Bier oder Eisbechern.

„Wir gehen jetzt brav nach Hause, kein Eis, kein Bier, alles klar?", sagte von Silberburg streng.

„Jawohl, selbstverständlich. Ich wünsche dir eine gesegnete Nachtruhe", gab Becker zur Antwort.

„Na, na, fängst du jetzt auch schon so an wie der Alte. Übrigens, die Eva Jennewein sieht schon gut aus, das muss man ihr lassen. Gute Nacht!" Silberburg verschwand in seinem Auto und Becker sah ihm überrascht und staunend hinterher.

Kapitel 33

Sit intra te concordia er publica felicitas
(In deinen Mauern herrsche Eintracht und allgemeines Wohlergehen)

Sie hatten schon eine ganze Weile nichts voneinander gehört, umso mehr freute sich Becker, als Winfried Roth endlich anrief. Sie hatten natürlich beide ziemlich viel um die Ohren. Das Letzte, was Becker von Roth gehört hatte war, dass die Renovierungsarbeiten an seinem ‚Vieux Manoir' in Carpentras zügig voran gingen und der Umzug schon bald bevorstand. Offenbar war es nun soweit.

„Mein lieber Freund Carlo", sagte sehr distinguiert Winfried Roth, „ich darf dir mitteilen, dass wir nunmehr im Herrenhaus wohnen. Wie du hörst, funktioniert sogar das Telefon. Die Vorbesitzer waren übrigens Adlige, alter französischer Landadel. Das ist doch was, oder etwa nicht?" Roth ließ Becker nicht zu Wort kommen, „die hatten sogar Bedienstete und einen Chauffeur, hat man uns erzählt."

Carl Becker nutzte die kurze Pause, um Winfried und seiner Familie in der neuen Umgebung alles Gute und viel Glück zu wünschen.

„Und im Übrigen, wenn du Personal brauchst, Orelia kann dir sicher eine Adresse geben, wo du vertrauenswürdige Leute herbekommst." Roth wollte darauf zurückkommen und meinte, dass er deshalb Orelia anrufen würde.

Roth war jetzt schon vollends davon überzeugt, dass seine Familie und er diesen Schritt sicher niemals bereuen würden. „Es stimmt eben alles: die Landschaft, die Menschen, das Wohnen im Manoir und auch die Lavendelbüsche", meinte er ernsthaft. Carl Becker konnte ihn verstehen, er kannte das doch alles auch von seinen vielen Besuchen und Begegnungen mit Einheimischen und Freunden Orelias.

Winfried Roth kündigte zwei Ereignisse an: Erstens würden sie im frühen Frühjahr ein Riesenfest im Manoir veranstalten. Mit Becker gemeinsam wolle er die Gästeliste ausarbeiten. Er denke so an ungefähr 60 bis 80 Personen. Zweitens werde er in den nächsten Tagen nach Heidelberg kommen, um mit Werner von Silberburg und Carl Becker die Verträge zu besprechen. Immerhin müssten diese zum Teil notariell bearbeitet und ins Register eingetragen werden. Roth hatte es sich so gedacht, dass der Beginn am kommenden 2. Januar sein sollte. Auf den

Hinweis von Becker, dass das ja recht bald sei, meinte Winfried Roth, dass bis zu diesem Datum es ohnehin keine Heidelberger Zeitung mehr gäbe.

Insgeheim war Becker nun doch erschrocken. Er war zwar selbst ein Mensch von schnellen Entschlüssen, aber das, was Roth ihm eben so beiläufig mitgeteilt hatte, das war doch eine größere Dimension und ging ihm fast zu schnell.

Sie plauderten noch eine geraume Zeit über Lavendel, den Luberon, über Carpentras und das neue alte Manoir von Winfried Roth. Dann beendeten sie das Gespräch – Roth kündigte an, dass er sich unverzüglich nach seiner Ankunft in Heidelberg melden werde zwecks Absprache eines gemeinsamen Termins, an dem natürlich auch Werner von Silberburg teilnehmen sollte.

Carl Becker griff sofort zum Telefon und rief von Silberburg an. Dieser war zwar in einer Besprechung, ließ aber ausrichten, dass er in einer Viertelstunde bei Becker vorbei käme.

Von Silberburg und Else Sander betraten Beckers Büro gleichzeitig. Sie fragte Becker, ob er auch ein Stückchen Linzertorte wolle. Becker machte das Spiel mit und fragte begeistert: „Was, Linzertorte? Mein Lieblingskuchen - ja bitte, bitte!" Von Silberburg fragte beleidigt, ob er denn nichts bekomme. Else Sander lachte und unmittelbar danach brachte sie Kaffee und Linzertorte – für beide Herren natürlich. Die wiederum waren voll des Lobes, obwohl es seit zehn Jahren gute Übung war, dass Elses Mutter ein

Mal pro Monat Linzertorte buk, und zwar für die ganze Verwandtschaft. Und tags darauf offerierte Else Sander sie ihrem Chef. Diese Linzertorte war schlicht unübertroffen.

Becker berichtete von Silberburg von dem Gespräch mit Winfried Roth. Auch Silberburg wirkte überrascht über Roths Voraussage – wenn man es genau überlegte, hatte Roth den Untergang der Heidelberger Zeitung auf den Tag genau präzise prognostiziert. Den beiden war das fast unheimlich.

„Woher will der denn das so genau wissen?", fragte von Silberburg.

„Du darfst nicht vergessen, dass Roth ein unglaublich großes Netzwerk besitzt, außerdem sitzt er selbst im Aufsichtsrat einer großen Bank. Oftmals werden solche Insolvenzen auch gezielt gesteuert. Man weiß leider nie, wer genau dahinter steckt. Wir müssen es abwarten. Ich tendiere dazu, das alles für Realität zu halten. Roth hat in dieser Richtung noch nie eine falsche Aussage getätigt. Ich denke, wir sollen ihm vertrauen, uns ruhig verhalten und abwarten. Die Vertragswerke, die uns betreffen, scheinen fertig zu sein. In den nächsten Tagen treffen wir uns alle drei und bereden alles. Danach werden wir einen Notartermin ausmachen, damit alles seine Richtigkeit hat."

Becker erklärte seinem Freund das weitere Vorgehen und das, was er mit Roth besprochen hatte. Die wichtigsten Details hatten sie ohnehin schon mehrfach in Dreierrunden besprochen, außerdem gab es ein schriftliches Konzept, das die Inhalte der Holding, in der die Firmenverbände von Winfried Roth zusammen liefen, in allen Einzelheiten definierte.

Die großen geschäftspolitischen und richtungsweisenden Strukturen würde, da war sich Becker absolut sicher, Winfried Roth niemals aus der Hand geben. Er würde Silberburg und auch ihm, Becker, die größten Freiheiten lassen, sich gegebenenfalls allerdings das letzte Wort vorbehalten. Silberburg nahm das zur Kenntnis und fand diese Einstellung sehr gut.

„Glaube mir, es ist für alle Beteiligten so das Beste. Niemand kennt die Betriebe und die inneren Zusammenhänge und Verflechtungen so gut wie Winfried Roth. Er hat diese Betriebe gegründet und ist mit ihnen gewachsen und groß geworden. Wir würden ganz sicher Fehler machen, die unter Umständen teures Geld kosten würden", Silberburg fand mit seinen vernünftigen Worten Beckers unbedingte Zustimmung.

In Heidelberg-Süd hatte Winfried Roth vor ein paar Jahren einen gewaltigen Gebäudekomplex errichten lassen. Die Verwaltungen verschiedener technischer Firmen, aber auch Marketing- und Verkaufsabteilungen waren dort untergebracht. Auch die WRH, die Winfried Roth Holding hatte eine komplette Etage dort als Domizil. Hier fand das Treffen der Drei statt. Winfried Roth, hatte, direkt aus Frankreich kommend, von Silberburg und Becker telefonisch verständigt.

Roth war, wie Becker aus Erfahrung wusste, immer für eine Überraschung gut. So hatte er zwei geräumige Büros, beinahe in Rufweite voneinander entfernt, stilvoll aber zweckmäßig einrichten lassen. Jedes der beiden Büros hatte noch ein Vorzimmer mit ausreichendem Platz für ein Sekretariat.

„Wer welches nimmt, spielt keine Rolle. Sie sind beide fast gleich. Und wie ich sehe, gefallen sie euch?" Roth wartete gespannt auf ihre Reaktion. Die kam spontan und begeistert.

Winfried Roth ergänzte noch, dass beide selbstverständlich ihre eigenen Sekretärinnen mitbringen könnten, das habe er vergessen zu sagen. Roth stellte den beiden noch seinen langjährigen Assistenten vor. Dieser kannte das Firmengebilde im Detail und war als quasi Direktionsassistent für Becker und Silberburg vorgesehen.

Alles hörte sich viel versprechend an und zeigte wieder einmal die kluge Voraussicht von Winfried Roth.

Nach Besprechung der Verträge, dieses geschah in aller Offenheit zwischen den drei Männern, waren keinerlei Unklarheiten mehr zu besprechen, man war sich einig. Die drei beschlossen, den bürokratischen Teil, also Anträge für das Handelsregister und entsprechende Notariatstermine, dem Anwalt zu überlassen. Der werde dann lediglich noch die Unterschriften von Silberburg und Becker einholen. Ansonsten war nunmehr alles programmiert. Alles? Sicher nicht alles.

Kapitel 34

Sunt lacrimae rerum et mentem mortalia tangunt
(Tränen sind in allen Dingen, und alles was dem Tode geweiht ist, berührt unser Herz)

Auf Beckers Schreibtisch lag eine Kopie des Urteils vom Landgericht Mannheim: Heinrich Wesseling war zu vier Jahren und acht Monaten Gefängnis verurteilt worden. Anscheinend wurden keine Rechtsmittel eingelegt, dies konnte Becker nicht so richtig deuten. Auch war nach mehrmaligem Lesen des Urteils nicht erkennbar, wo das Geld verblieben ist. Nun ja, dachte Becker, zwei Personen wissen es ganz bestimmt.

Es klopfte an die Bürotür und ehe Becker etwas sagen konnte, standen Else Sander und Werner von Silberburg im Zimmer. Becker lugte sofort auf das Tablett in Elses Hand, jawohl, zwei Teller mit belegten Brötchen waren zu sehen, Kaffee ohnehin.

„Dass das ein für alle Mal klar ist", Silberburg machte eine Kunstpause, und fuhr dann fort, „die Brötchen habe ich vom Schlemmermeyer mitgebracht. Die müssen mit Bedacht und Ehrfurcht gegessen werden, die sauteuren Dinger." Und zu Else gewandt, er hatte sie natürlich ebenfalls mit „Belegtem" bedacht, sagte er ganz traurig: „… Und denkt dran, wenn ihr die schönen Brötchen esst, unser lieber und hoch geschätzter Kollege Wesseling kaut jetzt vielleicht gerade trockenes Brot und trinkt lauwarmes Leitungswasser dazu."

Er hatte das Urteil also auch schon gelesen. Becker hätte zu gerne gewusst, von wem von Silberburg die Kopie des Urteils bekommen hatte. Der würde seine kleinen Geheimnisse bestimmt nicht gerne offenbaren. Else Sander jedenfalls wusste es noch nicht genau, meinte aber, dass „der Wesseling da ja ganz gut weggekommen ist." Für die großen Beträge, „die ganz bestimmt irgendwo vergraben sind", mutmaßte Else, „und die sicher nicht verfaulen, also dafür hätte man den Kerl ohne weiteres zehn Jahre einbuchten können." ‚Wahrscheinlich hat Else recht', dachte Becker.

Es klopfte schon wieder an der Tür, dieses Mal benutzte anscheinend jemand seine Faust. „Was kommt denn da für ein Ochse", konnte Silberburg gerade noch sagen, als auch schon die Tür aufflog und Kriminalrat Otto Wolter hereintrabte.

„Morgen, die Herren, da habe ich ja die Richtigen beisammen", dröhnte Otto Wolter.

„Guten Morgen, lieber Otto, du siehst ja heute mal wieder sehr zerrupft aus", grüßte Carl Becker herzlich den Kriminalrat. Dabei überlegte er krampfhaft, ob Otto Wolter jemals persönlich, noch dazu ohne sich per Telefon vorher anzumelden, im Verlag aufgekreuzt war. Er konnte sich nicht daran erinnern. Auch von Silberburg stand das Fragezeichen im Gesicht, das sah Becker aus seinen Augenwinkeln.

Otto Wolter ließ sich stöhnend auf die Couch fallen, es wirkte beinahe so, als wolle er sein Nachtlager einrichten, denn er stopfte sich die beiden Couchkissen in den Rücken.

„Ach ja. Wenn ich jetzt noch einen Kaffee bekommen würde, dann könnte ich loslegen. Euch wird dann ohnehin gleich der Schlag treffen", meinte Otto Wolter. Er verzog allerdings keine Miene, man konnte ihm nichts ansehen. Carl Becker bestellt bei Else Kaffee und nachdem Otto Wolter die ersten Schlückchen geschlürft und dabei mehrfach schwer geseufzt hatte, gab er eine unglaubliche Geschichte zum Besten, so unglaublich und schrecklich wie ein schauriges Märchen von Oskar Wilde.

„Euer Willi Jennewein weilt nicht mehr unter uns, er ist tot", formulierte Otto Wolter in gewählten Worten, die sonst eher nicht in seinem Sprachschatz zu finden waren. Von Silberburg und Becker zuckten zusammen, es verschlug ihnen die Sprache. Stille senkte sich über den Raum. Dann fuhr der Kriminalrat fort: „Aufgrund dessen, dass wir alle drei seit vielen Jahren befreundet sind und wir uns immer gegenseitig vertraut haben, werde ich euch die Hintergründe mitteilen. Aber ab jetzt ist das Gespräch als privates einzustufen. Wann die Öffentlichkeit informiert wird, weiß ich nicht. Die Pressefritzen werden nach dem ersten Hinweis schon rennen, um möglichst alles zu bekommen, einschließlich Fotos. Aber ich bin, wie gesagt, privat hier. Fragt jetzt bitte nicht, ich werde euch das alles chronologisch schildern.

Um sieben Uhr heute Morgen, ich hatte Dienst, kam der Funkruf einer Polizeistreife: Neben der Alten Brücke, direkt innerhalb des Tränktores, läge eine weibliche Leiche, wahrscheinlich erdrosselt. Wir fuhren sofort hin und meine schlimmsten Befürchtungen wurden bestätigt. Die Leiche erwies sich, nachdem unser Mediziner sie etwas genauer untersucht hatte, als Mann, nämlich Willi Jennewein in Frauenkleidung. Er hatte ein türkisfarbenes Tuch sowie eine Perücke auf dem Kopf. Wir wissen schon lange, dass dieser Mann manchmal nachts so herumläuft und dass er sich im Rotlichtmilieu bewegt. Aus Sicherheitsgründen haben wir ihn hin und wieder observiert, was schon beinahe unsere Pflicht ist; immerhin ist er eine Person des öffentlichen Interesses. Er wurde mit so einem Nylonstrumpf erdrosselt, ähnlich wie es vor einiger Zeit, sicher erinnert ihr euch noch daran, mit den Mädchen passiert ist. Das letzte Mädchen lag übrigens an der gleichen Stelle, am Fluss unten, im Tränktor. Wir hatten immer vermutet, dass Willi Jennewein mit den Morden etwas zu tun haben könnte, aber wir haben keine Beweise dafür gefunden. Ob der Mord an ihm ein Indiz sein könnte? Oder ist es ein Racheakt? Ich weiß es nicht. Das Perverse an der Sache war letztendlich, dass man den Toten mit ein paar zerknüllten Blättern seiner eigenen Zeitung zugedeckt hat. Aber auch das werden wir noch untersuchen. So meine Lieben, jetzt schließe ich meine Ausführungen, ihr wart tapfere Buben." Der Kriminalrat schaute wehmütig in seine leere Kaffeetasse. Becker rief laut: „Else."

Schon an der Lautstärke hatte Else erkannt, was gewünscht wurde: Kaffee, eisgekühlte Gläser, in diesem Fall drei, sowie die Williamine.

„Sag' mal Otto, wie geht es denn nun weiter? Wer informiert die Familie und wer wickelt das alles ab?", Carl Becker wollte es jetzt genau wissen.

Der Kriminalrat erklärte kurz und klar, dass das alles seinen festgelegten Weg gehe: Die Staatsanwaltschaft, das Gericht, die Ermittlungen, die in sein Ressort fallen würden, das alles sei ein festgelegtes Prozedere. Wobei es allerdings nicht einmal andeutungsweise Hinweise auf Tatverdächtige gegeben hatte. Otto Wolter war ziemlich pessimistisch, was die Aufklärung des Verbrechens anging.

„Das Ganze sieht mir, wie schon erwähnt, nach einem Racheakt aus. Gleiche Tötungsweise, gleicher Ort, also leichter wird es dadurch nicht, im Gegenteil. Aber wir bleiben dran. Logisch", führte Otto Wolter sachlich und kompetent aus.

Kaum war Otto Wolter gegangen, kamen auch schon Eva und Hannes Jennewein hereingestürzt. Sie hatten zwar vom Tod ihres Vaters erfahren und waren total aufgelöst, wussten jedoch von der Verkleidungsgeschichte noch nichts. Von Silberburg und Becker sprachen ihnen ihre herzliche Anteilnahme aus. „Jetzt müssen wir zunächst diese Situation bewältigen. Hoffentlich beruhigt sich die Lage bald wieder, dann werden wir schauen, wie es weitergehen kann", sagte von Silberburg tröstend.

Siedend heiß fiel Becker etwas ein: Er hatte vergessen, den Kriminalrat zu bitten, keine Polizeifotos, die den Verleger in der Verkleidung zeigten, herauszugeben. Sofort griff er zum Telefon und teilte Wolter seine Bitte mit.

„Natürlich geben wir die Fotos nicht heraus, es war schließlich nur unser Polizeifotograf vor Ort. Wenn allerdings Passanten den Toten gefunden hätten, na ja, dann kannst du dir vorstellen, was los gewesen wäre. Die meisten Leute rufen in solchen Fällen Zeitungen und Polizei zeitgleich an oder fotografieren sofort, weil sie hoffen, mit den Fotos später großes Geld zu machen. Also, wie gesagt, die Fotos bleiben bei den Akten und es wird nichts veröffentlicht. Auch bei der Pressekonferenz heute Nachmittag wird von der Verkleidungsgeschichte nicht gesprochen. Der Tenor lautet, ich habe das bereits mit dem Staatsanwalt besprochen: Mord durch Erdrosseln. Mehr wird von unserer Seite nicht kommen. Bist du damit zufrieden?" Becker war mehr als erleichtert und dankte Wolter dafür, dass er das alles im Sinne des Verlags organisiert hatte.

Man konnte das auch nicht als Unterdrückung der Nachrichtenpflicht interpretieren, zumal es für die Ermittlungen sicher erforderlich war, dass Details vorerst nicht an die Öffentlichkeit gegeben wurden.

Auch Werner von Silberburg war mit der besprochenen Planung einverstanden. Die Frage für beide war, was sie selbst in der Heidelberger Zeitung veröffentlichen wollten. „Am besten ist, wir rufen Frieder Mack an, er ist schließlich Chefredakteur, seine Meinung sollte auf jeden Fall berücksichtigt werden." Von Silberburg klingelte kurz durch, legte aber gleich den Hörer wieder auf und sagte zu Becker, dass Mack schon auf dem Weg zu ihnen sei.

Nach Luft schnappend, weil der die Treppe genommen hatte, stürmte Frieder Mack in Beckers Büro: „Mein Gott, ist das nicht furchtbar? Dass das so enden muss mit unserem Verleger, ich bin völlig erschüttert. Wie wird es jetzt weitergehen hier?"

Mack jammerte noch eine Zeitlang, er war untröstlich. Becker unterbrach ihn nach einer ganzen Weile und fragte, was er in Sachen Veröffentlichung zu tun gedenke. Mack meinte, dass er am liebsten überhaupt nichts veröffentlichen würde.

„So geht das natürlich nicht", warf Carl Becker ein, „ich schlage vor, dass wir den Mord nur kurz erwähnen, viel ist dazu ohnehin nicht zu sagen. Außerdem können und wollen wir die Ermittlungen der Polizei nicht behindern, in dem wir zu Spekulationen beitragen, die nicht bewiesen werden können. Der umfangreichere Teil des Artikels sollte sich mit der Vita von Willi Jennewein befassen, gewissermaßen sein Lebenswerk aufzeigen. Ich nehme doch an, dass sie, verehrter Herr Chefredakteur, so etwas in Ihrer berühmten Schublade haben?"

Frieder Mack bejahte, jeder verantwortungsvolle Chefredakteur habe für solche Fälle, zumal wenn das Alter des Verlegers fortgeschritten sei, entsprechendes Material vorbereitet und unter Verschluss. Manchmal gehe alles sehr schnell und komme unerwartet, wie geschehen.

„Wie sieht es mit Todesanzeigen aus?", fragte Werner von Silberburg in die Runde. Hannes und Eva Jennewein beabsichtigten eine Familienanzeige zu schalten, sicher die einzige. Auch der Verlag, also Geschäftsleitung, Betriebsrat und Mitarbeiter, sollte eine entsprechende Anzeige veröffentlichen.

„Das wird voraussichtlich zwei Seiten geben", meinte Silberburg, „und was sonst noch kommt, von Verlegerkollegen oder von Verbänden, müssen wir abwarten."

Das Schrillen des Telefons unterbrach jäh die kurze Gesprächspause. Egon Tilz von der Pfälzer Zeitung war dran: „Mein Beileid, lieber Carlo. Jetzt ist euer großer Meister in die ewigen Jagdgründe abmarschiert. Na ja, irgendwann wird es nicht zu verhindern sein, dass wir ihn wieder treffen." Tilz lachte fröhlich und Becker fand das dann doch etwas deplatziert.

„Was werdet ihr in Sachen Veröffentlichung machen?", fragte Carl Becker seinen Pfälzer Kollegen. Dieser meinte, dass man zuerst einmal die Pressekonferenz der Polizei abwarten solle.

„Da kommt nichts Besonderes heraus. Ich mache dir einen Vorschlag: Wie bereiten eine halbe Seite vor, gehen auf den Mord ein und leiten über in die Vita von Willi Jennewein. Ihr bekommt das gesamte Textmaterial heute Nachmittag, natürlich zusätzlich ein oder zwei Fotos von ihm. Und wenn du mir den Gefallen tun könntest, das alles auch bei den Mannheimern zu platzieren, dann wäre ich dir sehr dankbar. Sicher kannst du dir vorstellen, dass hier ein ziemliches Durcheinander herrscht", bat Becker seinen Kollegen. Ohne zu zögern stimmt dieser Beckers Vorschlag zu.

„Siehst du, lieber Carlo, kaum ist euer Alter hinüber, und schon ist in allen drei Zeitungen unisono der gleiche Text. Das hat es bislang auch noch nie gegeben. Das nenne ich Synergieeffekt. Dass der gute Jennewein das nicht mehr hat erleben dürfen, jammerschade", musste Egon Tilz schnell noch anmerken.

„Ich habe das komische Gefühl, dass er uns vom Himmel aus beobachtet", meinte von Silberburg grinsend.

„Nicht auch noch das!", kam es wie aus einem Mund von Hannes Jennewein und Carl Becker.

Trotz des Geplänkels: Es war deutlich zu spüren, dass bei vielen Beteiligten echte Trauer über das grausame und unrühmliche Ende des Verlegers aufgekommen war.

Kapitel 35

Ad te levavi animam meam
(Zu dir, Herr, erhebe ich meine Seele – Psalm 25,1)

Ein paar Tage später, es lag ein Wochenende dazwischen, trug man Willi Jennewein zu Grabe. Anscheinend hatte der Verleger seine eigene Beerdigung selbst inszeniert – es war eine fast schon gigantomanisch zu nennende Veranstaltung, an der unglaublich viele Menschen teilnahmen. Unklar blieb dabei, was die Teilnehmenden mit ihrer Anwesenheit jeweils bezwecken wollten: Wollten sie Abschied nehmen von Willi Jennewein oder verbarg sich dahinter nur schnöde Neugierde? Man wird es nie erfahren.

Die ersten Stuhlreihen in der Friedhofskapelle waren reserviert, offensichtlich befolgte das Beerdigungsinstitut detaillierte Order von Jennewein.

Hannes und Eva Jennewein sowie Werner von Silberburg, Frieder Mack und Carl Becker saßen zusammen in einer der ersten Reihen. Die Kollegen der Nachbarschaftsverlage saßen ebenfalls im vorderen Bereich. Zudem hatte eine große Anzahl unbekannter Frauen und Männern ebenfalls im so genannten VIP-Bereich Platz genommen.

Die Friedhofskapelle war überfüllt; viele Menschen warteten sogar im Freien auf dem Vorplatz. Ein kleines Kammerorchester hatte sich neben dem vorne stehenden weißen Sarg, auf dem ein großes Farbfoto des Verlegers stand, aufgebaut und intonierte das Lied: ‚Näher mein Gott zu dir, näher zu dir'.

„Dunnerlittchen", flüsterte Silberburg Carl Becker ins Ohr, „der hat das alles minutiös bis ins letzte Detail geplant, unglaublich."

Der Pfarrer berichtete über das Leben von Willi Jennewein, dem großen Zeitungsverleger und Wirtschaftsmagnaten. Außerdem stellte er ihn als gottesfürchtigen und glaubenstreuen Menschen dar. Aus diesem Anlass – sicher auch weil es der Wunsch von Willi Jennewein war – sprach der Pfarrer über den 25. Psalm und legte ihn entsprechend aus: *Sieh, wie meiner Feinde so viele sind und zu Unrecht mich hassen. Bewahre meine Seele und errette mich...*

Auch die Verleger der umliegenden Zeitungen sprachen lobende Worte über Willi Jennewein, Verbands- und Betriebsratsvorsitzende ließen es sich ebenfalls nicht nehmen, Worte der Ehrerbietung und des Dankes zu sprechen. Aus dem Familienkreis sprach niemand. Von Silberburg und Becker hatten mit den Jennewein-Geschwistern vereinbart, dass weder von deren noch von Seiten der Verlagsleitung Ansprachen gehalten werden sollten – gelogen wurde an diesem Tag ohnehin viel zu viel.

„O Herr", flüsterte salbungsvoll Werner von Silberburg, „lass' doch bitte diesen Kelch bald an uns vorbeigehen. Man kann es ja beinahe nicht mehr ertragen. Außerdem habe ich Durst."

Carl Becker flüsterte zurück: „Ein paar Reden werden wir uns schon noch anhören müssen. Anschließend gibt es einen Empfang im Europäischen Hof, Hannes Jennewein hat mir das vorhin gesagt. Allerdings nicht für alle, die hier sind."

„Hauptsache ist, dass wir dabei sind und dass es etwas Gutes zu trinken gibt", Von Silberburg konnte das Frotzeln nicht lassen, auch nicht bei einem derartigen Anlass. Endlich waren die Beerdigungszeremonien vorbei und die Besucher entfernten sich langsam. Nachdenklich lief Becker auf der Seite, auf der keine Besucher zu sehen waren, über den Friedhof Richtung Ausgang. Wie oft war er schon auf Beerdigungen gewesen und wie oft schon hatte er sich von lieben Menschen verabschieden müssen. Stets war sein Herz mit tiefer Trauer erfüllt, manchmal mit großem Schmerz, der lange anhielt. Eigenartigerweise hielt sich das heute in Grenzen. Unwillkürlich sog er die Luft ein, um festzustellen, dass auch hier auf dem Friedhof die typische Geruchsmischung von Buxbäumen, Koniferen und verwelkten Blumen herrschte, eine Mischung, die Becker ekelte. Er lief schnell zum Ausgang und traf dort Werner von Silberburg, der auf ihn gewartet hatte.

Er schien in Gedanken versunken und unterbrach das Schweigen nur kurz, um Becker aufzufordern: „Lass' uns in den Europäischen Hof fahren." Wortlos setzten sie sich ins Auto und fuhren Richtung Friedrich-Ebert-Anlage.

Einige der Gäste, darunter die Jennewein-Geschwister, waren bereits eingetroffen. Dem Anlass angemessen sprachen alle mit gedämpfter Stimme; mit zunehmendem Alkoholgenuss und den dabei erzählten Episödchen wurde es dann doch allgemein etwas lebhafter. Egon Tilz von der Pfälzer Zeitung und Dr. Meinhard Spycher von der Mannheimer Allgemeinen Zeitung ließen am Rande des Empfangs wissen, dass sie gerne in den kommenden Tagen mit von Silberburg und Becker ein Gespräch vereinbaren würden. Worum es gehen sollte, war für die beiden ein offenes Geheimnis.

Aufgrund der fortgeschrittenen Zeit beschlossen Becker und von Silberburg, die Veranstaltung ohne große Verabschiedungen zu verlassen – im Verlag wartete noch jede Menge Arbeit auf sie.

Es war früher Nachmittag. Von Silberburg und Becker gingen in Gedanken die wichtigen Dinge durch, die sie jetzt erwarteten. Sie mussten mit dem Chefredakteur besprechen, in welcher Form am nächsten Tag über das Begräbnis in der Heidelberger Zeitung berichtet werden sollte. Gerade passierten sie das Heidelberger Rathaus und die Verlagsgebäude kamen in Sicht. „Menschenskind, was ist denn da los? Da muss etwas passiert sein", aufgeregt wandte sich Silberburg an Becker. Polizeifahrzeuge, dunkle Limousinen und Mannschaftswagen standen vor dem Haupteingang des Verlagshauses. Ein Teil der Mitarbeitenden stand in Grüppchen auf dem Vorplatz und unterhielt sich. Am Haupteingang angekommen, wurden beide von einem dunkel gekleideten jungen Mann mit der Frage angehalten, ob sie sich ausweisen könnten.

„Weisen Sie sich erst einmal aus, was glauben Sie denn? Wir gehören zur Firmenleitung und kommen gerade von der Beerdigung unseres Verlegers – und jetzt wollen Sie uns hier schikanieren! Also, was geht hier vor?". Von Silberburg reagierte mehr als gereizt und bügelte den jungen Mann ab, der sehr erschrocken war über die harsche Reaktion.

Sehr viel verbindlicher, ja fast liebenswürdig antwortete der junge Mann: „Mein Name ist Sven Keller, ich bin der Assistent des Oberstaatsanwalts. Wir sind hier wegen verschiedener zu untersuchender Delikte, unter anderem wegen Insolvenzverschleppung."

„Dunnerl...", - „sag's jetzt nicht, bitte", unterbrach Becker seinen Freund Werner. Im selben Moment kam der weit über die Grenzen Heidelbergs hinaus bekannte Insolvenzanwalt Wolfgang Lachmann die Treppe herunter. Alle drei kannten sich sehr gut. Der Anwalt berichtete von der Misere, die schon seit einigen Wochen schwelen würde. Der Verleger war darüber offensichtlich im Bilde gewesen und hatte auch bereits mit Wolfgang Lachmann gesprochen. Dieser war zwar Insolvenzanwalt, allerdings in diesem Falle lediglich als beratender Anwalt und Freund von Jennewein anwesend. Dass Willi Jennewein einem Mord zum Opfer fallen würde, damit hatte niemand gerechnet.

Der Anwalt hatte wohl auch bereits alle Zahlen und Daten von Jennewein erhalten. Er war sich sicher, dass der Tod des Verlegers auch das Aus für den Zeitungsverlag bedeutete. Selbst wenn jetzt noch strafbare Handlungen nachgewiesen werden würden, wäre allein und ausschließlich Willi Jennewein dafür verantwortlich zu machen – was offensichtlich unmöglich war.

Der Anwalt sagte höflich und bestimmt, dass die kommende Ausgabe der Heidelberger Zeitung die letzte wäre, die in absehbarer Zeit erscheinen würde. Das Rollenpapierlager war ziemlich geschrumpft und die Papierfabriken lieferten wohl nicht mehr, weil die Rechnungen nicht beglichen worden waren – möglicherweise schon lange nicht. Die noch auf Lager liegenden Rollen waren wahrscheinlich noch bezahlt worden; der Anwalt war sich aber nicht sicher, ob er den Beweis dafür finden würde. Des Weiteren wies Lachmann darauf hin, dass er ganz klar die Rechte der Heidelberger Zeitung und deren Betriebsangehörigen im Sinne seines Freundes Jennewein vertreten werde – aber der eigentliche Insolvenzverwalter würde noch vom Gericht bestimmt werden. Bliebe zu hoffen, dass er ihm bekannt sei – das würde manches sicher sehr viel einfacher machen. Er stellte noch fest, dass er es wirtschaftlich vertreten könne, dass noch eine letzte Ausgabe, die morgige, erscheinen würde - was auch aus Pietätsgründen wünschenswert wäre. Die Leserschaft sollte noch über die Beerdigung von Willi Jennewein informiert werden. Es sollte gewissermaßen eine Abschiedsausgabe werden. Von Silberburg und Becker fanden die Haltung des Anwaltes sehr nobel.

„Soweit ich weiß, waren die beiden, der Alte und Wolfgang Lachmann, im Vorstand von irgendwelchen Vereinen oder Klubs und kannten sich privat sehr gut. Das wird nicht lustig, da kommt viel unangenehme Arbeit auf uns zu. Ich rufe nachher mal Winfried Roth an, vielleicht hat der einen Tipp für uns", kommentierte Becker die Ausführungen des Anwalts mit heiserer Stimme. Von Silberburg nickte tonlos.

Der Insolvenzanwalt informierte noch darüber, dass er auf jeden Fall heute noch eine Betriebsversammlung abhalten werde, und zwar ohne dem noch vom Gericht einzusetzenden Kollegen vorzugreifen, damit die Mitarbeitenden über ihre Rechte und Pflichten informiert würden.

„Wenn ich das alles richtig verstanden habe", meinte von Silberburg zu Wolfgang Lachmann und Becker gewandt, „sind alle zum kommenden Weihnachtsfest arbeitslos? Oder sehe ich das falsch, Herr Lachmann?"

„Sie sehen das schon richtig, Herr von Silberburg. Ein, wenn auch kleiner, Lichtblick ist vorhanden: Es gibt im Verlag eine Pensionskasse. Diese haben wir, also ich, im Auftrag von Herrn Willi Jennewein, so strukturiert, dass alle Mitarbeitenden, proportional zu ihrer Betriebszugehörigkeit einen entsprechenden Betrag erhalten. Dieses Pensionskonto kann kein Gericht der Welt knacken, auch nicht im Konkursfalle. Es ist gesichert und ausschließlich für die Mitarbeitenden bestimmt. Nach erster Schätzung dürften doch pro Kopf ungefähr zwischen einem und sechs Monatsgehälter zur Verfügung stehen. Das ist doch was, oder?"

„Ja, das ist wirklich beachtlich", stimmte Becker zu. Sie verabschiedeten sich von dem Anwalt mit dem Hinweis, dass sie in ihren Büros jederzeit rufbereit wären.

Von Silberburg und Becker standen auf der Treppe am Haupteingang zum Verlagshaus. Sie sahen zu, wie Polizeibeamte kistenweise Ordner in Kleinbusse hievten, es wurden immer mehr.

„Das ist jetzt wirklich das Ende", sagte Carl Becker bewegt zu seinem Freund.

„Ja", meinte Silberburg mit rauer Stimme und ohne Hohn, „ein elendes Ende!"

Kapitel 36

Domine, conserva nos in pace
(Der Herr bewahre uns in Frieden)

Die letzte Ausgabe der Heidelberger Zeitung erschien mit dem Aufmacher: Auf Wiedersehen, Good by, Au revoir, Arrivederci. Um den großen Artikel war ein fetter schwarzer Rand gelegt und in der Mitte des Kastens prangte ein Porträt des Verlegers. Frieder Mack hatte sein ganzes schreiberisches Können in diesen seinen letzten Artikel gelegt. Die ganze Beerdigungsstory in allen Facetten, das Leben des Verlegers, ein Leben, das nur dem Guten gewidmet war und das grausame Lebensende, gleichbedeutend mit dem Ende der Heidelberger Zeitung, für das alle möglichen Umstände, nur nicht die Unternehmensleitung, also der Verleger selbst, eine Schuld oder Verantwortung zu tragen hätten.

„Der Herr möge uns wirklich bewahren vor so viel Schwachsinn", von Silberburg war am Telefon und schimpfte, „der Frieder Mack, sag' mal, der trinkt doch angeblich nichts außer Cola und Wasser. Ich habe den Eindruck, dass der stockbesoffen war, als er den Mist geschrieben hat!" Silberburg holte tief Luft.

„Einen Preis kann er dafür nicht bekommen, aber lass' es doch, es ist doch ohnehin alles beendet, fertig. Es war die letzte Ausgabe. Vielleicht hat es sogar manchen Lesern gefallen. Wir machen uns einfach nichts draus, in Ordnung?"

„Ja, eigentlich hast du Recht. Bist halt ein lieber Carlo. Hast du schon mit Winfried Roth gesprochen?", wollte Silberburg wissen.

Carl Becker hatte bereits ein langes Gespräch mit Roth geführt. Sie hatten sich in den späten Abendstunden zu einem Glas Rotwein getroffen. Roth hatte seinen Anwalt noch eingeschaltet mit dem Ergebnis, dass ein Anwaltskonsortium unter Einbeziehung des Insolvenzanwaltes die Abwicklung des Verlags übernehmen solle. Es wäre zu zeitaufwendig gewesen, wenn von Silberburg und Becker sich um alle Details hätten kümmern müssen. Außerdem war bald Januar und damit begann für beide ein neuer Lebensabschnitt – sie hatten die Geschäfte sozusagen als Generalbevollmächtigte von Winfried Roth zu führen. Bestimmt keine leichte, aber eine spannende und interessante Aufgabe, für welche die beiden Männer die richtigen Voraussetzungen mitbrachten – sachlich und menschlich.

Hannes und Eva Jennewein hatten sich bei Else Sander angemeldet, sie waren gerade eingetroffen. Der Tod des Verlegers schien beide doch mehr getroffen zu haben, als Becker vermutet hatte.

„Er war zwar ein Menschenverächter, sicherlich kein besonders wertvoller Mensch, auch kein guter Vater, aber er war unser Vater. Liebe und Zuwendung waren für ihn Fremdworte. Trotzdem, es tut weh, und dieser Abschied ohnehin", sagte Hannes Jennewein sehr bewegt und Eva saß mit Tränen in den Augen daneben. Carl Becker wusste, dass es aussichtslos war, die Zeitung weiterzuführen – die Verschuldung war zu groß und es war den Geschwistern Jennewein nicht zuzumuten, Geld in der benötigten Größenordnung zu beschaffen. Schweren Herzens erklärte ihnen Becker diesen Sachverhalt.

Andererseits wollte Becker natürlich beiden helfen. Deshalb hatte er bereits mit Egon Tilz gesprochen, der aufgrund seines weitverzweigten Imperiums den beiden versierten Fachleuten problemlos eine gute Position anbieten konnte.

Hannes Jennewein war ein hervorragender Techniker und Druckingenieur mit zusätzlichem Kaufmannsdiplom, und Eva eine versierte Marketing- und Vertriebsfrau mit Spezialwissen in diesem Bereich. Außerdem war sie an der Universität mehrfach ausgezeichnet worden, beide galten als gesuchte Fachleute im Schwarzen Gewerbe. Becker berichtete ihnen von seinen Gesprächen mit Egon Tilz, worüber sie sich sehr erfreut zeigten.

Auf die Frage, die Becker wohl erwartet hatte, was er selbst und von Silberburg mache würden, erzählte er beiden die Wahrheit. Währenddessen hatte Else Sander mit von Silberburg telefoniert, der gerade zur Tür herein marschierte.

„Wenn alles schon besprochen ist, dann kann ich ja wieder gehen", meinte von Silberburg in leicht beleidigtem Ton.

„Ich wusste gar nicht, dass du im Hause bist, ich dachte, du bist in Frankfurt!" Becker schaute seinen Freund erstaunt an.

„In Frankfurt, was soll ich denn dort, welche Zeitung soll ich denn vertreten? Meine Lieben, es ist fertig hier. Der Herr bewahre uns in Frieden!" sprach von Silberburg mit trauriger Stimme.

„Ach hör' doch auf mit dem Unsinn und spiele nicht den Gepeinigten. Wir alle können froh sein, dass das alles, so schlimm es war, doch noch einigermaßen glimpflich für uns ausgeht. Habe ich Recht?", wollte Becker wissen. Alle stimmten zu.

Man sprach noch darüber, dass die Geschwister Jennewein mit Egon Tilz kurzfristig einen Termin ausmachen würden. Von Silberburg und Becker erboten sich, bei dem Gespräch mit dabei zu sein. Becker wollte aber vorab nochmals mit Egon Tilz sprechen. Daraufhin verabschiedeten sich die Geschwister Jennewein, sie hatten noch mit allen möglichen Ämtern Papierkram zu erledigen. Becker gab ihnen noch den Hinweis, derlei zeitraubende Dinge die Anwaltskanzlei erledigen zu lassen.

Werner von Silberburg präsentierte, als er mit Becker alleine war, eine, wie er meinte, grandiose Idee: „Wir besuchen den Heinrich Wesseling im Gefängnis und fragen ihn, wo er das Geld versteckt hat. Wir sagen ihm, dass wir wüssten, dass es weitaus mehr als 5,4 Millionen waren. Man kann ja mal auf den Putz klopfen."

Tatsächlich machten sie am nächsten Tag den Besuch im Gefängnis. Heinrich Wesseling war sehr freundlich aber verschlossen wie eine Nussschale. Er drückte sein Bedauern über den Tod von Willi Jennewein aus. Aber man sah es ihm an, dass er jedes Wort, das er mit den beiden sprach, vorher genau abwog und dass er log. Er hätte das komplette Geld Willi Jennewein übergeben, er habe das ja auch vor Gericht gesagt – er selbst habe nichts, aber auch gar nichts; das war alles, was er äußerte.

Werner von Silberburg war von dem Gespräch enttäuscht, man sah es seinem Gesicht an.

„Ja hast du denn geglaubt, dass der Wesseling uns erzählt, dass er da oder dort das Geld deponiert hat? Niemals sagt der etwas. Ich bin ziemlich sicher, dass er das Geld, zumindest einen großen Teil davon, versteckt oder irgendwo hinterlegt hat. Und falls Willi Jennewein auch etwas von dem Geld hatte, dann wird auch das nie mehr zu finden sein. Haken wir die ganze Malaise ab. Sollen andere suchen. Oder auch nicht. Einverstanden?", Becker schaute Silberburg sekundenlang in die Augen. Silberburg blinzelte mit einem Auge und meinte: „Na ja, wenn der Heinrich Wesseling uns gesagt hätte, wo das Geld ist, hätten wir es uns gegriffen und durch zwei geteilt."

„Hä, ist das dein Ernst?" Becker schaute seinen Freund leicht entsetzt an.

„Natürlich nicht, mir gefallen nur immer deine entsetzten Blicke." Schallend lachte Werner von Silberburg.

Kapitel 37

Deum cole, litteris stude, amicus fove
(Ehre Gott, studiere die Bücher, pflege die Freundschaft)

Winfried Roth hatte schon immer besondere Ideen, deren Tragweite sich erst im Nachhinein eröffneten. Seine engste Mitarbeiterin, Yvonne Schmidlin, hatte eine handverlesene Gruppe von Menschen zu einem Mittagessen zu Wolf Schönmehl in das Schloss-Restaurant im Heidelberger Schloss eingeladen. Roth hatte das vorher mit Carl Becker, mit dem er schon fast sein ganzes Leben befreundet war, besprochen. Es lag nahe, dass er im Vorfeld auch mit einigen anderen Teilnehmern gesprochen hatte.

Hannes und Eva Jennewein, Dr. Meinhard Spycher von der Mannheimer Allgemeinen Zeitung, Egon Tilz von der Pfälzer Zeitung, Werner von Silberburg, Carl Becker und seine Sekretärin Else Sander sowie er selbst und Yvonne Schmidlin nahmen Platz an einem großen runden Tisch, dessen Mitte mit einem wundervollen Gesteck in warmen herbstlichen Tönen dekoriert war. Wer Winfried Roth kannte wusste, dass jetzt ganz sicher keine große Rede zu erwarten war, sondern lediglich einige gut formulierte Feststellungen, die an Deutlichkeit nichts vermissen ließen. Der Ober füllte auf seinen Wink zunächst neun Champagner-Gläser. Winfried Roth war ein perfekter Gastgeber. Er drehte mit dem Glas in der Hand die Runde um den Tisch, stieß mit Jedem und Jeder an und sagte dabei kurz und bündig: „Auf unsere Freundschaft!" Das war eine der höchsten Auszeichnungen, die Winfried Roth zu vergeben hatte.

Die Gespräche bei Tisch plätscherten so vor sich hin, trotzdem herrschte eine erkennbare Spannung – verständlicherweise wollten alle wissen, was hinter dieser Einladung steckte. Winfried Roth hatte sicher noch eine Trumpfkarte, irgend etwas Spezielles im Ärmel, soviel war sicher.

Roth hatte mit Wolf Schönmehl ein exquisites spätherbstliches Menü zusammengestellt. Solchen Aufgaben widmete er sich mit Hingabe und unglaublicher Liebe zum Detail. Einem Mix bunter Salate folgte eine Wildkraftbrühe mit kleinen Entenleberklößchen. Als Zwischengericht hatte Schönmehl ein Fischplättchen mit kleinen Heilbutttranchen kreiert, garniert mit marinierten Flusskrebsen. Als Neutralisierer wurde ein Mini-Rosmarin-Sorbet gereicht, der Auftakt für den Hauptgang, einen klassischen Rehrücken Baden-Baden. Ein Fest für den Gaumen, Wolf Schönmehl war in seinem Element. Wirklich rund wurde das Geschmackserlebnis durch Schönmehls Dessertvariationen, wahre Kunstwerke der Patisserie, die er in der ihm eigenen, unglaublich delikaten Weise gestaltete. Selbstverständlich wurde zu jedem Essensgang der passende Wein kredenzt, der, vom leichten Landwein über den Saint Emilion, Entre Deux Mers, Bordeaux Grand Cru bis zum Haute Sauternes zum Dessert, vollständig aus Willi Roths neuer Wahlheimat stammte.

Winfried Roth nutzte die entspannte Stimmung nach diesem opulenten Mahl, um seinen Freunden mitzuteilen, dass er in Kürze nach Carpentras in Frankreich ziehen würde, um sich ganz der Lavendelzucht zu widmen. So ganz wollte man ihm das nicht glauben, doch er hatte sich tatsächlich intensiv mit diesen Duftpflanzen beschäftigt, die ihn faszinierten, und bereits Kontakt mit Lavendelbauern aufgenommen. Einmal Unternehmer - immer Unternehmer, höchstwahrscheinlich trug er sich mit dem Gedanken, groß ins Lavendelgeschäft einzusteigen, er konnte es einfach nicht lassen.

„Meine Lieben, jetzt aber ernsthaft, ich möchte euch noch ein paar wichtige Veränderungen mitteilen", ergänzte Roth in sachlichem Ton. „Yvonne Schmidlin geht mit uns nach Carpentras, sie übernimmt dort alle Sekretariatsaufgaben. Else Sander wird mit Carl Becker und Werner von Silberburg in die neuen Roth'schen Büros ziehen. Sollte Else weitere Unterstützung personeller Art brauchen, was sicher der Fall sein wird, dann kann sie das gemeinsam mit Becker und von Silberburg organisieren." Das war keine große Überraschung für Else Sander, sie war vorab von Becker informiert worden.

„Wie Egon Tilz mir versichert hat, werden Eva und Hannes Jennewein ab Januar nächsten Jahres, das ist schließlich nicht mehr lange, bei der Pfälzer Zeitung die ihnen angemessenen Spitzenpositionen bekommen. Und wenn der Buschfunk nicht geschwindelt hat, wird Egon im Laufe des nächsten Jahres mit einem nicht unerheblichen Anteil bei den Mannheimern einsteigen. Stimmt das, mein lieber Meinhard?" wandte sich Roth scherzend an Spycher.

Dr. Meinhard Spycher wirkte etwas verlegen, sagte aber dann, dass so etwas Ähnliches geplant sei, man würde dann ja sehen, wie das so läuft. Er hüstelte ein paar Mal und Egon Tilz lachte mal wieder schallend.

„Mensch, Meinhard", lästerte Egon Tilz, „wir sind hier unter Freunden und da musst du nicht so herumgackern. Wir übernehmen euren Laden und gemeinsam machen wir etwas Vernünftiges. Das ist doch gut so, oder vielleicht nicht? Seit Jahren wird von Synergie geredet – und was ist herausgekommen? Nichts. Also, jetzt geht's los, einverstanden, Meinhard?"

„Ja, natürlich. Da mache ich endlich mal eine vernünftige Zeitung", meinte Meinhard Spycher.

„Wir!", sagte Egon Tilz. „Bitte?", meinte irritiert Meinhard Spycher.

„Wir machen gemeinsam eine vernünftige Zeitung! Mensch, das dauert aber, bis das deine Gehirnwindungen durchlaufen hat!", ereiferte sich Egon Tilz.

Winfried Roth nahm den Faden wieder auf: „Nach meinen Informationen erhält ein großer Teil der Mitarbeitenden des Verlags, die ihren Arbeitsplatz verlieren, eine ordentliche Abfindung. Ich habe einen „Runden Tisch" mit Betriebsrat, befreundeten Arbeitsrichtern, Gewerkschaftsleuten und Unternehmern der grafischen Branche hier in der Region initiiert, um möglichst viele Menschen vor der Arbeitslosigkeit zu bewahren. Es gibt hier sehr positive Anzeichen", berichtete Winfried Roth. „Wenn ich das alles richtig sehe, kann ich mich beruhigt ein wenig zurücklehnen in Frankreichs Süden – soweit möglich, habe ich alles geordnet. Außerdem habe ich zwei hervorragende Menschen gefunden, meine Freunde, die hier vor Ort meine Interessen wahrnehmen, als wären es ihre eigenen. Das weiß ich ganz genau. Also kann ich jetzt das „Laissez faire" pflegen, sehr viel lesen, meine Freundschaften pflegen und ansonsten ein gesundes und ruhiges Leben führen. Dass ich hin und wieder ein Unternehmen kaufe oder verkaufe, na ja, das ist ja völlig normal, nichts Außergewöhnliches. Das hat ja auch mit Arbeit nichts zu tun." Er konnte es natürlich nicht lassen, alle wussten das und schmunzelten darüber.

„Mein lieber Winnel, auch ich mache es kurz – wir alle danken dir für deine Freundschaft. Wir werden sie pflegen - vielleicht mehr und häufiger, als es dir recht ist. Du weißt ja, Lavendelsträucher sind beliebt", ergänzte Carl Becker launig die Ausführungen Roths.

„Gestattet auch mir noch ein paar Worte", meldete sich mit kräftiger Stimme Egon Tilz, „vieles ist anders gekommen, als wir alle geglaubt haben. Aber es wird sich jetzt auch vieles zum Guten wenden. Vielleicht gehen unsere gemeinsamen Träume doch noch in Erfüllung: Mannheim, Ludwigshafen, Heidelberg als super Zeitungsstandorte mit einer Redaktion, einer Druckerei und einer Verwaltung. Zum Wohl!"

„Ich schließe mich an, lieber Egon. Noch ein letztes Wort: Vielleicht gibt es dann für den Heidelberger Bereich wieder einen Verleger namens Jennewein?", Becker schaute in die Runde und bemerkte sehr erschrockene Blicke.

„Ich meine natürlich Hannes Jennewein! Zum Wohl!"

Curriculum Vitæ

"Das Maß aller Dinge ist der Mensch"

ist für Claus Beckenbach nicht nur ein Spruch, es ist ein Teil seiner Lebensüberzeugung.

Der gebürtige Heidelberger hat das Verlags- und Zeitungsgeschäft von der Pike auf gelernt. Geschenkt wurde ihm nichts. Gerade auf die Welt gekommen, fiel sein Vater in den letzten Kriegstagen und er wuchs bei seiner Mutter im Heidelberger Vorort Wieblingen auf - direkt am Fluss, am Neckar.

"Ich habe keine luxuriöse, dafür eine gute und glückliche Kindheit erlebt. Sie hat mich geprägt; dafür bin ich dankbar."

Nach mehreren Stationen in Druckereien, Werbeagenturen und im Verlagswesen in der Schweiz, lernte Beckenbach den legendären Journalisten und Buchautor Günter Fraschka kennen, der schließlich auch sein journalistischer Lehrmeister und Verlagschef wurde.

Mehr als 13 Jahre war Beckenbach in Bonn akkreditiert und gemeinsam mit Fraschka für Teile der Öffentlichkeitsarbeit des Deutschen Bundestages interfraktionell zuständig: Publikationen über Bundes- und Reichstag wurden konzipiert, produziert und in Millionenauflagen bundesweit vertrieben. Viele Beiträge von Bundestagspräsidenten, Fraktionsvorsitzenden und Abgeordneten stammten aus der Feder von Claus Beckenbach.

Anfang der achtziger Jahre kam er zurück in die Heimat, wo er später zum Geschäftsführer und Redaktionsleiter einer Zeitung berufen wurde. Seine Veröffentlichungen zeichnen Beckenbach als kompetenten Journalisten aus. Die zahlreichen von ihm veröffentlichten Artikel, unlängst über die angebliche Klimakatastrophe oder über die Steuerschlupflöcher, zeigen ihn als wenig schreckhaften Menschen.

Es lag auf der Hand, dass Beckenbach irgendwann beginnt, Bücher zu schreiben. Dieses ist sein Erstes – weitere mit brisanten Inhalten werden folgen.

Claus Beckenbach ist verheiratet und hat eine Tochter - seine Freizeit verbringt er gerne in und auf dem Wasser. Wirtschaftspolitische Debatten im Kreise kompetenter Freunde sind für ihn entspannende Momente, die, wie er sagt, seinen Horizont immer erweitern.